# 서른 즈음, 꼭 읽어야 할 금강경

# 서른 즈음, 꼭 읽어야 할 금강경

정운

민족사

## 일러두기

- 경전명은『 』, 품명은「 」로 표기한다.
- 아뇩다라삼먁삼보리阿耨多羅三藐三菩提는 산스끄리뜨어 anuttarā(아뇩다라)는 무상無上, samyak(삼먁)은 정등正等, saṃbodhih(삼보디)는 정각正覺으로 번역된다. 곧 무상정등정각無上正等正覺이지만, 이 책에서는 '최상의 깨달음'으로 통일한다.
- 발아뇩다라삼먁삼보리심은 최상의 깨달음을 얻고자 하는 마음을 낸 것.
- 색·성·향·미·촉·법 6경六境은 형상·소리·냄새·맛·감촉·법으로 번역한다.
- 이 경전은 대승경전이므로 지명이나 경명經名, 스님들 이름은 한국에서 유통되는 보편적인 용어로 표기한다.

# 책장을 열며 …

고향에 돌아온 느낌이라고 할까?

1992년 컴퓨터 보급이 시작되려는 즈음, 컴퓨터를 구입했다. 컴퓨터 자판을 익히기 위해 연습용으로 경전을 선택했다. 당시, '수행으로 사경도 하는데 자판 연습하면서 기도[사경]하면 좋겠다'는 마음으로 경전을 입력했다. 그때 처음으로 입력했던 경전이 『금강경』이다. 지금 이 책자의 『금강경』 원문은 30여 년 전에 직접 입력한 것이다.

90년대 후반부터 근자에 이르기까지 사찰 불교대학과 대학에서 『금강경』을 10여 차례 강의했으며, 몇 년 전부터 『금강경』 1만 독 서원을 세우고 독송하고 있다. 물론 여러 경전을 연구하며, 논문화하거나 강의하고 있지만 필자에게 『금강경』은 특별하다. 『금강경』을 강의하며, 독송하는 시·공간만큼은 환지본처還至本處한 마음이다. 고향으로 돌아가 초목이 있는 숲속 정원에서 부처님과 독대하는 기분이라고 할까!

승려로서의 삶은 확고했고, 어리석음을 지혜로 전환코자 분투했던 시절이 필자의 30대였다. 이 30대 마지막 끝자락에 처녀작을 세상에 내놓았다.

경전 가운데 『법화경』을 사람으로 볼 때, 50대의 포용력에 비견한다면, 『금강경』은 불법의 젊은 감각이 담겨 있어 30대에 비견된다. 늘 필자는 지혜가 충만한 『금강경』을 사람의 인생 중 가장 빛나는 최전성기에 비유하곤 했다.

『금강경』은 불법의 최고 정수를 담고 있음이요, 대승불교의 이정표이다. 불자든 비불자든 『금강경』은 인생길에 꼭 한번은 읽어야 할 삶의 지침서라고 본다. 승속을 떠나 이 경전은 인생에 터닝포인트가 될 거라고 믿어 의심치 않는다.

필자는 전공이 중국선이지만, 수년 전부터 경전 강의와 연구에 마음을 쓰고 있다. 경전 관련 저서도 몇 권 있고, 경전 관련한 논문을 10여 편 넘게 등재지에 수록했다. 앞으로도 경전 관련한 연구에 매진할 예정이다. 어떤 불교학을 전공하든 불교학자는 경전을 기본으로 삼아야 한다고 본다.

『금강경』을 강의한 자료나 논문은 몇 편 되지만, 출판으로는 선뜻 용기가 나지 않았다. 아직도 경 해석이 부족하다는 자괴감 때문이다. 마침 민족사 대표 윤창화 님과 주간 사기순 님의 은근한 권유에 힘입어 『금강경』에 토를 붙여 출판하게 되었다. 민족사에 감사를 전한다.

사찰을 창건하고, 불상을 조성하는 일만이 불사가 아니라 책 출판 또한 대불사라고 생각한다. 이 삶을 마칠 때까지 경전 숲길에 머물기를 기원한다. 『금강경』에 이런 내용이 있다.

"이 경전이 설해지거나 독송하는 곳이라면

일체 세간의 천·인·아수라가 다 와서 공양 올리기를
마치 불탑에 하는 것과 똑같이 할 것이다.
그리고 이 사람은 최상의 제일 희유한 법을 성취한다.
이 경전이 있는 곳이라면,
부처님과 존중받는 제자가 있는 도량과 같다."

『금강경』을 수지하거나 독송만으로도
보리菩提를 증득할 수 있고,
부처님의 호념護念을 받으며, 부촉을 받는다.
이 세상의 수많은 마음이 고프고,
삶이 힘겨운 중생들의 아픔이 치유될 수 있다고 본다.

영원한 진리[금강경]의 힘으로
살아있는 모든 중생이 행복하기를 발원한다.

부처님 고요한 세계 들어가신 지 2566년
이천이십이년 백곡이 풍성한 가을날

대승불전연구소 지겸정운至謙定芸

## 차례



## 금강의 장

## 반야의 장

## 바라밀의 장

## 경의 장

# 1
# 금강의 장

## 1.
## 『금강경』은 어떤 경전인가?

기원전 1세기 전후 보살사상이 대두되면서 대승불교 운동이 일어났다. 대승불교가 발생한 이후 경전이 결집되었는데, 처음으로 반야부 경전이 결집된다. 『금강경』은 대반야부 경전 600권 분량 중 577권에 해당한다. 기원전 1세기부터 기원 3세기 사이에 이루어진 경전으로 사위성 기수급고독원에서 부처님과 해공解空 제일인 수보리 존자의 문답형식으로 구성되어 있다.

『금강반야바라밀다경』은 산스끄리뜨어로 『와즈라체디까 쁘라즈냐 빠라미따 수뜨라Vajracchedikā prajñā-pāramitā sūtra』이다.

와즈라체디까[금강석金剛石, Vajracchedika]는 가장 견고하며, 어떠한 번뇌일지라도 깨뜨릴 수 있는 지혜를 상징.

쁘라즈냐[반야般若, prajñā]는 깨달음의 지혜.

빠라미따[바라밀波羅蜜, pāramitā]는 '저 언덕에 이른다[도피안到彼岸]'는 뜻으로 지혜의 완성.

수뜨라sūtra는 경전.

따라서 『금강반야바라밀다경』은 '다이아몬드처럼 견고하며 빛나는 깨달음의 지혜로써 번뇌와 고통이 사라져 평화와 행복만이 있는 저 언덕에 도달하게 해줌'을 설하는 경전이다.

『금강경』의 전체 구성은 보리심을 발한 보살의 대승적 실천행을 골자로 한다. 그 방법에는 중생을 제도하려는 발원이 담겨 있으며, 작불作佛의 서원을 세우고, 6바라밀을 실천하는 일 등이다. 또한 부처로부터 부처가 될 것이라는 예언[수기授記]을 받는 대승 사상이 등장한다. 실천 체계이자 깨달음의 경지를 표현하는 무주심無住心, 청정심淸淨心을 중시한다.

## 2.
## 경전 역경

경전의 경명은 역자에 따라 조금씩 다르다.

구마라집 · 보리유지 · 진제 등은 『금강반야바라밀경金剛般若波羅蜜經』,

달마급다는 『금강능단반야바라밀경金剛能斷般若波羅蜜經』,

현장과 의정은 『능단금강반야바라밀경能斷金剛般若波羅蜜經』이라 하였다.

학계에서는 현장 · 의정의 번역에 따라 연구되고 있지만, 한국에서는 일반적으로 독송 · 강독할 때는 구마라집 역을 따르고 있다[학문 연구에도 구마라집본이 활용됨].

구마라집 역의 『금강경』이 32분으로 나누어져 있는데, 원래 이 경전은 이런 나눔이 없었다. 양나라 무제[502~549 재위] 아들인 소명태자昭明太子[501~531]가 32분으로 나눈 뒤 각 분과마다 분목分目[제목]을 붙인 것이다. 중국문학을 공부하는 사람이 연구하는 필독

서가 『소명문선昭明文選』인데, 이 또한 소명태자가 편집한 것이다. 소명태자의 지적 능력을 엿볼 수 있다.

## 3. 『금강경』 역경자, 구마라집은 어떤 인물인가?

### 1) 구마라집의 행적

구마라집鳩摩羅什[344~413]은 구자국龜玆國 사람이다[현재는 구자국이 중국 땅에 편입되어 있지만, 예전에는 중국 땅에 영입되지 않았음]. 아버지는 인도 바라문 종족이며, 어머니는 구자국 왕의 딸이다.

구마라집은 구자국에서 출생하였고, 어머니를 따라 7세에 출가하였다. 구마라집은 10대 때 타림분지와 파미르고원을 둘러싼 중앙아시아 여러 나라에서 불학을 배워 초기불교 및 대승불교 경전에 해박해 인도 및 서역에 명성이 자자했다.

그런데 남북조 시대 때, 도안 스님이 전진왕前秦王 부견에게 구마라집을 추천함으로써 구마라집이 중국으로 오게 된다. 이 도안道安[312~385]과 혜원慧遠[334~416]에 의해 중국불교의 기초가 이루어졌다. 구마라집이 중국으로 오게 된 사연을 소개한다.

구마라집을 데리고 오라는 전진 부견왕의 명령을 받고 신하 여광呂光이 구마라집을 데리고 오는 중에 전진이 망하고, 부견이 죽었다는 전갈을 받았다. 여광은 감숙성甘肅省 양주凉州[현 무위武威]에 후량국後凉國을 세우고 황제를 자칭하며 구마라집을 17년간 유폐하였다. 후에 후진後秦의 요흥姚興 왕이 후량국을 쳐서 401년 구마라집을 장안長安[현 서안西安]으로 모시고 와서 국사로 책봉하였다. 이때부터 구마라집은 소요원逍遙園에 머물면서 경전을 역경하였다. 3천여 명의 제자가 있었는데, 대표제자 4철四哲은 도생道生 · 도융道融 · 승조僧肇 · 승예僧叡이다. 역경은 『개원석교록』에 따르면, 74부 384권을 번역하였다.

### 2) 구마라집의 업적

중국에서 번역된 경전은 현장玄奘[602~664] 법사를 기준으로 구역과 신역으로 나뉜다. 즉 현장 이전의 대표적인 번역가인 구마라집의 번역은 구역舊譯에 해당하고, 현장 이후의 경전 번역을 신역新譯이라고 한다. 구마라집은 서역 사람이고 현장은 중국인인데, 현재 유통되고 있는 대승불교 경전은 대부분 구마라집본이다. 학자들의 보편적인 설에 의하면, 불교가 중국에 유입된 이래 도교적인 성향에 비추어 한역되었는데, 구마라집 이후 격의불교가 사라졌다고 본다. 또한 다른 역경자들의 번역보다 구마라집의 문장이 매끄럽고 번역이 훨씬 뛰어나다.

구마라집은 범어본에 없는 것을 의역했다. 즉, 극락極樂[더할 나위 없는 즐거움] · 지옥 · 공명조共命鳥[1] · 번뇌즉보리煩惱卽菩提 · 번뇌즉도량煩惱卽道場 · 색즉시공色卽是空 · 공즉시색空卽是色 · 제법실상諸法實相[2] 등이다.

---

1 몸은 하나인데, 머리를 두 개 가지고 있는 새[鳥]이다. 상생조相生鳥 · 공생조共生鳥라고도 한다. 한 머리가 서로 시기 · 질투하다 독을 먹어 결국 죽음을 자초한다. 결국 공생共生이 아닌 공멸共滅하게 됨을 말한다. 이 이야기는 『불본행집경』과 『잡보장경』에 전한다.

2 제법실상, 모든 존재의 있는 그대로의 모습을 열 가지로 표현하여 10여시十如是라고 한다. 또한 이 실상을 공空이라고 하는데, 구마라집의 독특한 해석이다.

『금강경』과 관련해서 보면, 10품의 '응무소주應無所住 이생기심而生其心'을 삽입하였다. 또한『금강경』 범어본에는 "응운하주應云何住 운하수행云何修行 운하섭복기심云何攝伏其心" 세 가지 질문인데, 구마라집은 "응운하주應云何住 운하항복기심云何降伏其心" 두 가지 질문으로 의역하였다.

구마라집은 입적에 앞서 이렇게 말했다.

"내가 번역하여 전한 경전은 모두 충실하다. 여러분과 함께 번역한 경전이 후세까지 널리 사람들의 손에서 손으로 전해져 읽히길 바랄 뿐이다. 지금 여러분에게 진심으로 고하노니 만일 나의 번역에 오류가 없다면 내 시신을 화장한 뒤에도 혀가 타지 않을 것이다." – 〈고승전〉

구마라집 다비식 때 장작이 다 타고 시신이 형체를 잃었지만, 오직 그의 혀만은 그대로 남아 있었다고 한다.

## 4.
## 『금강경』이 어떻게 조계종[선종]의 소의경전이 되었는가?

67년 중국에 불교가 유입된 이래 당나라 중기까지 여러 종파가 발달했다. 이 가운데 선종은 처음에는 소의경전이 『능가경』이었으나[3] 6조 혜능六祖慧能[638~713] 이후부터 『금강경』으로 소의경전이

3 초조 달마[=보리달마]가 중국으로 건너와 2조인 혜가에게 이런 말을 하였다.

바뀌었다.

'조계종'은 여러 종파 가운데 선禪을 표방하는 종파이다. 선종은 초조初祖 달마가 520년에 인도에서 중국으로 오면서부터 종파로서 성립되었다. 선종의 달마로부터 시작되어 2조 혜가 이후 법맥이 6조 혜능까지 전승된다.[4]

우리나라 조계종은 6조 혜능의 법손인 제자들로부터 나말여초에 법맥을 받아왔으며, 지금에 이르고 있다. 또한 '대한불교조계종' 할 때, 조계종이라는 명칭은 6조 혜능이 광동성 조계산曹溪山에 상주했던 산 이름을 그대로 딴 것이다.

『육조단경』에 의하면, 혜능이 태어난 곳은 옛날부터 유배지로 유명한 영남 신주이다. 오랑캐 땅이라 불리는 고장에서 태어난 혜능은 속성이 '노盧'씨로서 권세 있는 집안의 후예라고 한다. 그는 홀어머니를 모시고 살며, 땔감을 해서 파는 나무꾼이었다. 어느 날 그가 땔감을 짊어지고 집으로 돌아가는 중 잠깐 쉬어가기 위해 주막집에 들어갔다가, 방에서 한 승려의 『금강경』 읽는 소리를 들었다. 그때 '응무소주 이생기심'이라는 구절을 듣고 출가를 결심한다. 마침내 혜능은 호북성 기주 쌍봉산에 주석하고 있는 5조 홍인에게 출가하였다. 훗날, 스승 5조 홍인이 혜능에게 『금강경』을 설해주었는데, 이때도 혜능이 '응무소주 이생기심' 구절을 듣고 깨달았다고 한다. 이런 인연으로 『금강경』을 조계종의 소의경전으로 하기 시작했다.

당나라 말기 안사의 난(755년) 이후부터는 선과 정토종만이 번성

---

"내가 이 중국 땅을 관찰해 보니 오직 이 『능가경』만이 있을 뿐이다."- 『속고승전』

4 6조 혜능 이후 법맥이 한국의 선사들에게 현재까지 전승되고 있지만, 혜능 이후로는 7조를 정확히 명시하지 않았다.

했고, 기타 교종은 거의 사장死藏되었다고 볼 수 있다. 당연히 선과 정토 관련 경전과 실천법이 유통되고, 발전되었다. 선종이 발전하면서 당연히 소의경전『금강경』또한 널리 전해졌다.

## 5.
## 한국불교와『금강경』

대한불교조계종[=선종]은 우리나라 불교 종단 가운데 장자 격에 해당하는데,『금강경』을 소의경전으로 한다.[5] 이 경전은 우리나라 삼국시대 때 유입되었고, 고려 중기 보조지눌普照知訥[1158~1210] 국사에 의해 유통되기 시작했다.

「보조비」에서 "송지頌持를 권함에는『금강경』으로 하고, 입법연의立法演義로『육조단경』을 본의本意로 하며, 이통현의『화엄론』과 대혜의『대혜어록』을 양 날개로 삼았다."라고 언급하고 있다. 이렇게 지눌로부터 시작해『금강경』이 널리 유통되기 시작했다고 볼 수 있다.『금강경』은 사찰 강원[승가대학]에서 조선 중기 이후부터 교재로 사용되고 있다. 또한 사찰 불교대학에서 강의교재로 가장 많이 유통되고 있으며, 불자님들이 기도를 할 때 가장 많이 활용되는 경전이다. 수년 전, 조계종 종단에서 표준본『금강경』을 발간하였다.

5 종헌종법 제 3조 "본종本宗의 소의경전所依經典은 금강경金剛經과 전등법어傳燈法語로 한다."

6.
# 『금강경』의 중심 사상

❶ 일반적으로 다른 경전에서는 청중이 사부대중과 팔부신장이 등장하는데, 이 경전은 1,250인의 비구승으로만 구성되어 있다.

❷ 공사상의 대표적인 경전인데도 불구하고, '공空'이라는 말은 한 번도 나오지 않는다.[6]

『금강경』은 해공제일解空第一 수보리 존자와 부처님의 대화 형식이라는 점에서도 공사상의 극치를 보여준다. 『금강경』에 공이라는 단어가 한 번도 등장하지 않는데도 철저한 공사상의 경전이라고 하는 점은 실천적인 측면이 담겨 있어서다. 즉, 보시를 하고도 보시했다는 관념에 떨어지지 않는 무주상보시나 분별심 · 관념 · 집착 등 번뇌를 끊어버리라는 실천적인 행을 기반으로 하기 때문이다.

❸ 상相에 집착하지 말라.

집착 없는 마음을 강조하는데, 무주상無住相 · 응무소주應無所住 등으로 표현하고 있다. 즉 법法조차도 집착하면 법이 아니므로 진리에도 집착하지 말고, 자비를 베풀 때도 중생에게 자비를 베풀되 베푼 자선을 마음에 두지 않아야 진정한 자비이다.

❹ 법法[진리]에도 집착하지 말라.

진리[법法]조차도 최고라고 집착하지 말라, 법상法相을 내지 말

---

6 공사상은 고정불변한 실체가 없는 것을 뜻한다. 곧 무아의 증득이다. 사람이든 물질이든 사회 현상이든 조건과 관계 속에서 잠시 모여 있는 것이다. 공은 아무것도 없는 것이 아니다. "아무것도 없는 공에서 만유가 생긴다[진공생묘유眞空生妙有]." 공과 유는 둘이 아니다. 비워져야 채워지고, 채워졌어도 비게 되어 있다. 『금강경』에서 공하다는 관념까지도 공하며, 공이라는 관념조차 없고, 일체 어느 것에도 집착이 없어야 한다.

라. 분별심 · 관념 · 집착 등 번뇌를 끊고 반야를 얻으면 깨달음을 증득한다.

▷ 응당히 법에 집착하지 말고, 비법에도 집착하지 말라.

[불응취법不應取法 불응취비법不應取非法] (6품)

▷ 나의 설법을 뗏목과 같이 여길지니라. 법도 오히려 버려야 하거늘 어찌 하물며 법 아닌 것이겠는가?

[지아설법知我說法 여벌유자如筏喩者 법상응사法尙應捨 하황비법何況非法] (6품)

▷ '최상의 깨달음'이라고 정의 내릴 일정한 법이 없습니다. 또한 여래께서 어떤 일정한 법을 설하지 않았습니다.

[무유정법無有定法 명아뇩다라삼먁삼보리名阿耨多羅三藐三菩提 역무유정법亦無有定法 여래가설如來可說] (7품)

▷ 여래가 얻은 법은 진실하지도 않지만 거짓되지도 아니하다.

[여래소득법如來所得法 차법此法 무실무허無實無虛] (14품)

▷ 부처님께서 연등불 도량에서 최상의 깨달음이라고 할 만한 법을 얻은 바가 없습니다.

[불어연등불소佛於燃燈佛所 무유법無有法 득아뇩다라삼먁샴보리得阿耨多羅三藐三菩提] (17품)

▷ 일체법이 다 불법이다.

[일체법一切法 개시불법皆是佛法] (17품)

❺ 대승경전답게 수행의 완성으로서 6바라밀을 강조한다.

6바라밀을 통해서 공사상 실천을 강조하고 있는데, 집착심이 없는 6바라밀 실천이다. 즉 무주상보시無住相布施~무주상지혜無住相智慧이다. 특히 이 가운데 법보시와 인욕 수행[14품]이 강조되어 있다.

『금강경』은 6바라밀 가운데 보시·인욕·반야를 강조한다. 6바라밀 가운데 보시 성취를 강조하면서 지계 성취는 언급이 없다. 이는 보시의 성취 속에 지계의 정신이 있어서이다[지계도 언급되어 있으나 단어만 언급]. 반야의 성취는 있으나 선정 성취는 없다. 반야의 성취 속에 선정이 있어서다.

❻ 악업 소멸

경을 수지·독송할 때, 타인으로부터 멸시나 천대를 받아 과거 전생에 지었던 악업을 미리 소멸하고 깨달음을 구하는 지름길임을 강조한다.

▷ 이 경을 수지·독송하면, 다른 사람들로부터 경천輕賤함을 받을 것이다. 이 사람은 과거세의 죄업으로 악도에 떨어질 것인데, 현세에 경천함을 받음으로 인해 전세의 죄업이 소멸될 뿐만 아니라 마땅히 최상의 깨달음을 성취하게 될 것이다.

[수지독송차경受持讀誦此經 약위인경천若爲人輕賤 시인是人 선세죄업先世罪業 응타악도應墮惡道 이금세인以今世人 경천고輕賤故 선세죄업先世罪業 즉위소멸則爲消滅 당득아뇩다라삼먁삼보리當得

阿耨多羅三藐三菩提] (16품)

❼ 경전 숭배 · 신앙

경전이 모셔진 곳은 부처님이 모셔진 곳과 같다는 것.

▷ 이 경 혹은 4구게 등이 설해지는 곳이라면, 마땅히 알아라. 이 곳은 일체 세간의 천 · 인 · 아수라가 다 와서 공양 올리기를 마치 불탑이 있는 곳처럼 할 것이다.

[시경是經 내지 사구게등乃至四句偈等 당지차처當知此處 일체세간천인아수라一切世間天人阿修羅 개응공양皆應供養 여불탑묘如佛塔廟] (12품)

▷ 이 경전이 있는 곳이라면, 부처님과 존중받는 제자가 있는 곳과 같다.

[약시경전소재지처若是經典所在之處 즉위유불약존중제자則爲有佛若尊重弟子] (12품)

▷ "만약 이 경전이 있는 어느 곳일지라도 일체 세간의 천 · 인 · 아수라로부터 공양을 받을 것이다. 마땅히 알아라. 이곳[경전이 있는 곳]은 바로 불탑이 모셔진 곳과 같기 때문에 (수많은 중생들이) 이곳에 와서 공경하고 예를 갖추어 돌면서 수많은 꽃과 향을 뿌릴 것이다."

[재재처처在在處處 약유차경若有此經 일체세간천인아수라一切世間天人阿修羅 소응공양所應供養 당지차처當知此處 즉위시탑則爲是

塔 개응공경皆應恭敬 작례위요作禮圍遶 이제화향以諸華香 이산기처而散其處] (15품)

❽ 역설적 · 부정적인 표현이 많다. 즉 무유정법無有定法 · 불가득不可得 · 무소득無所得 · 즉비논리卽非論理

## 7.
## 수기授記 사상과 작불[作佛=성불成佛]

석가모니불이 과거 연등불로부터 수기 받는 내용이 등장한다.

▷ 연등불이 내게 수기를 주며, '그대가 내세에 석가모니불이 되리라'라고 하였다.

[연등불燃燈佛 여아수기與我授記 작시언作是言 여어내세汝於來世 당득작불當得作佛 호석가모니號釋迦牟尼] (17품)

수기授記란 범어 vyākaraṇa(야까라나)로, 구별 · 분석 · 발전의 뜻이다. vyākaraṇa를 기별記別 · 기설記說 · 기記 등으로 한역한다. 이 기별記別(vyākaraṇa)은 경전의 서술 방식이나 내용 형식을 12가지로 분류한 12분교十二分教 가운데 하나이다.[7] 원래 기별은 서로 묻고 대

7 불교는 3장三藏[經律論]과 12분교十二分教로 구성되어 있다. 12분교는 12분경十二分經이라고도 하며, 경전의 서술 방식이나 내용 형식을 12가지로 분류한 것이다. ①계경契經(sūtra) ②응송應頌(geya) ③기별記別(vyākaraṇa)은 서로 묻고 대답하는 가운데 법의 진리를 아는 것인데, 후대에 수기授記로 변함. ④풍송諷頌(gāthā) ⑤무문자설無問自說(udāna) ⑥인연因緣(nidāna) ⑦비유譬喩(apadāna) ⑧본사本事(itivuttaka) ⑨본생本生(jātaka) ⑩방광方廣(vaipulya)

답하는 가운데 법의 진리를 터득하는 것인데, 후대에 부처님께서 제자들에게 '장래에 최고의 깨달음을 성취해 부처가 될 것'이라고 예언해 주는 수기로 변화된 것이다.

수기授記는 주는[授]는 쪽에서 말한 것이며, 수기受記는 받는 편 입장에서 말한 것이다. 부처님에게 성심성의로 꽃·향·등·옷·음식·일산·음악 등을 공양하여 부처가 되고 싶다고 원하는 자에게는 부처님으로부터 작불作佛[=성불成佛]한다는 기약[예언]을 받는다는 것이다.

석가모니 부처님이 성불할 수 있었던 것[→과덕果德]은 과거 수많은 생을 거치면서 보살행을 실천[→인행因行]했기 때문이다. 과거의 선행한 원인으로 현재 부처가 되었듯이 현세에 열심히 정진한 과덕으로 미래세에 반드시 부처가 된다[수기작불授記作佛]는 사상으로 발전되었다. 이 수기는 대승불교에서 '성불한다'는 근거로 확립되었다.

석가모니 부처님이 전생에 동물·상인·바라문 등으로 태어났을 때 선행을 했다는 일련의 이야기가 만들어졌는데, 이를 『본생경本生經(jataka)』이라고 한다. 여기서 석가모니 부처님의 전생은 성불이 확정된 보살이다. 즉 선인善因[=인행因行]으로 해서 성불하는데, 부처님이 사람들에게 성불을 보증해 주었다는 형식[수기작불授記作佛]의 이야기로 변형된 것이다. 이에 초기불교에서는 과거불로서 7불이 존재한다. 이 과거 7불도 '동일한 진리를 설한다'는 점이다.

---

⑪미증유법未曾有法(abdhutadharma) ⑫논의論議(upadesa). 먼저 불교를 9분교로 나누었는데, 후에 ⑥인연·⑦비유·⑫논의를 포함시켜 12분교로 세분화하였다. 빨리 삼장에서는 9분교로만 구분하고, 산스끄리뜨 한역경전에서 12분교로 구분하였다.

이렇게 석가모니 부처님이 과거 연등불로부터 수기를 받는다면, 다시 현재 부처인 석가모니불이 존재하고, 그 미래 부처가 있기 마련이다. 곧 미륵불이다. 과거의 부처를 인정한다면, 당연히 미래에도 다불多佛을 인정하게 된다. 이렇게 과거·미래의 부처에는 반드시 현재불이 존재해야 한다. 이때부터 일불일보살一佛一菩薩에서 일불다보살一佛多菩薩이 되고, 대승경전의 출현과 함께 연등불 수기에서 시작된 수기작불의 형식 내용이 정립되었다고 볼 수 있다.

이 수기사상은 『금강경』 외에도 『법화경』에 두드러지게 나타나고 있다. 『법화경』에서 수기사상은 이승·여인·악인 등 모든 사람들이 부처가 된다는 사상으로 발전되었다. 더 나아가 사소한 선법행에도 수기작불한다는 사상이다. 이런 수기작불은 4세기 이후로는 경전에 나타나지 않는다.

그런데 대승불교 초기를 지나 4세기 무렵에 결집된 『열반경』·『승만경』·『여래장경』 등에 불성[8]과 여래장[9] 사상으로 발전되어 등장한다.[10] 또한 이 불성과 여래장은 중국에서 선사상이 발달하는데, 큰 영향을 미쳤다. 동아시아 선종禪宗에서는 여래장이라는 말보다 불성이라는 말이 보편적이다. 중국에서 여래장보다는 불성이라는 말이 먼저 정착되었기 때문에 '불성'이라는 단어가 일반적이다. 중국의 선종은 불성의 자각과 반야 사상의 실천을 일체화함으로써 돈오

---

8 불성(Buddha-dhātu)의 dhātu(다뚜)는 성性이나 법계法界로 번역한다. 성性은 성질이나 속성보다는 근본이나 원인, 근간이라는 뜻이다. 부처가 될 원인, 성품이 있다는 말이다.

9 여래장은 범어로 tathāgata(따타가따, 如來)-garbha(가르바, 태아, 어머니의 자궁)이다. 번뇌에 뒤덮인 중생에게 여래의 참 성품이 담겨 있다는 뜻이다.

10 『열반경』에 '일체중생실유불성一切衆生悉有佛性'이 나타나 있다면, 『여래장경』·『승만경』에서는 '일체중생유여래장一切衆生有如來藏'이 나타나 있다.

를 강조한다. 바로 이 점은 중국 선사상의 토대이다.

## 8.
## 지복겸수智福兼修[지혜와 복을 함께 닦다]

"빵을 주어 배고픔을 벗어나도록 해 주는 것보다 빵 만드는 기술을 가르쳐서 평생 배고프지 않도록 하는 방법을 알려주어야 한다." 고 한다. 이 말은 곧 무조건 자비를 베푸는 것이 아니라 (가난에서 벗어나도록) 지혜를 주어야 한다는 말이다. 이러한 점을『금강경』으로 읽으면, 복덕보다는 지혜를 얻는 것을 중히 여기라는 것으로 볼 수 있다.

자기 자신에게도 복덕을 쌓는 것과 동시에 지혜를 증득해야 할 것이요, 타인에게 베푸는 것 또한 복덕을 전하는 동시에 지혜를 전해주라는 것이다. 대승불교를 일으킨 '보살'이라는 측면에서도 자신만의 수행이 아닌 중생들과 더불어 함께 무여열반을 얻도록 해야 한다[공덕功德]. 이것은 자신만의 공덕인 복덕만이 아니라 당연히 지혜[반야般若]를 함께 겸비해야 한다는 점이다.

『금강경』이 양적으로는 적은 경전이지만 '복덕福德'이라는 단어가 18번 나타나 있고, '복'이라는 한 글자만 나타난 경우도 8번이니, 총 26차례 '복'자가 나타나 있다. 복에는 반드시 덕이 있어야 하고, 복만 있고 덕이 없으면 진정한 복이 아니다. 덕은 도덕道德 · 품덕品德의 뜻이고, 복덕은 불교에서 공덕과 같은 말로 사용해도 좋을 듯하다.『금강경』에 나타난 대승적인 수행 방법으로 볼 때, 신심이 충만하여야 하고, 6도와 5종 수행법을 실천해야 한다. 이런 실천 신행에는 자리自利와 이타利他가 겸비되어 있는데, 이 점이 지복智福, 지혜와 복덕을 겸수兼修, 함께 수행하는 것이다.

## 9.
## 보시

❶ 보시의 세 종류

재물로 하는 ⓐ 재보시財布施, ⓑ 진리나 법으로 전하는 법보시法布施, ⓒ 무외보시無畏布施가 있다.

ⓒ 무외보시는 다른 사람들로 하여금 두려움을 느끼지 않게 하는 것이지만, 좋은 모습이나 인상 좋은 말로 상대를 편안하게 해 주는 보시라고 할 수 있다. 『금강경』에서는 두 번째 ⓑ 법보시를 강조하고 있다. ⓐ 재보시로 얻은 복덕은 인천人天의 복덕福德인데, 작은 과보이다. ⓑ 불법을 공부하고, 다른 사람에게 권장하는 진리를 공유함은 대복덕大福德이다. ⓐ 재보시와 ⓑ 법보시는 비교될 수 없다. 인생에서 도를 깨닫고, 이루는 것이 큰 복이다. 바로 지혜의 성취가 인생의 큰 복을 받는 것이다.

그렇다고 ⓐ 재보시를 경시하는 것은 아니다. 초기불교에 6념六念 사상이 있다. 즉 3보를 믿고, 계를 지키며, 보시하면, 생천生天한다는 사상이다. 재보시만 잘해도 하늘 세계에 태어날 수 있는 공덕이 있다는 것이다. 기원정사를 보시했던 급고독장자는 너무 보시를 많이 해서 재력이 없어졌다. 그는 부처님께 인사를 하러 갈 때, 보시할 물건이 없으면 자기 집의 흙을 파서 가져다가 사찰의 꽃나무에 뿌렸다고 한다. 즉 지극한 정성으로 공양 올리는 일이 무엇보다 중요하다는 뜻이다.

또한 내가 아닌 다른 사람이 보시하는 것을 보고 기뻐하는 공덕에 대해 부처님께서는 이렇게 말씀하셨다.

"어떤 사람이 보시하는 것을 보고, 그를 도와 함께 기뻐한다면 그 얻는 복이 매우 크다."

그러자, 한 사문이 물었다.

"그러면 그 복덕이 다할 때가 있습니까?"

부처님께서 말씀하셨다.

"비유컨대, 한 개의 횃불이 있는데 수천 명의 사람이 각기 불을 붙여 가지고 가서 음식을 익혀 먹거나 어둠을 밝힐지라도 원래의 한 개 횃불은 조금도 변함이 없는 것처럼 그 복덕도 또한 이와 같으니라." -『사십이장경』

❷ 보시의 기본요건

『금강경』에서 강조하고 있는 것은 무주상보시이다. 『금강경』에서는 어떠한 보시이든 간에, 누군가에게 무엇을 베풀고 나서 '베풀었다'는 생각[상相]을 버리는 무주상보시를 강조한다. 『채근담』에서도 "은혜를 베풀었거든 그에 대한 보답을 바라지 말아야 한다. 보답을 바라게 되면 이미 그 은혜는 깨진 것이다. 온 세상에 널리 알려질 만큼 큰 공로를 세웠다 할지라도 본인 스스로 공을 내세워 자랑하여 뽐낸다면 그것은 이미 물거품처럼 사라지고 말 것이다. 그러므로 공은 모든 이에게 돌려야 한다."

❸ 보시는 삼륜三輪이 청정해야 한다.

'보시 물건'과 '보시를 하는 자', '보시를 받는 자'가 모두가 청정해야 한다는 말이다.

❹ 참다운 보시

『잡보장경』에 이런 내용이 있다.

어떤 사람이 부처님을 찾아와 물었다.

"저는 하는 일마다 제대로 되는 일이 없으니 이 무슨 이유입니까?"

"그것은 네가 남에게 베풀지 않았기 때문이다."

"저는 가진 것이 아무것도 없는 빈털터리입니다. 남에게 줄 수 있는 재물이 있어야 주지, 도대체 뭘 준단 말입니까?"

"우바새여! 그렇지 않느니라. 재산이 아무리 없더라도 다른 사람들에게 베풀 수 있는 일곱 가지 보시[무재칠시無財七施]가 있다. 그 일곱 가지 보시란 화안시 · 자안시 · 애어시 · 심시 · 신시 · 상좌시 · 방사시이다."

ⓐ 화안시和顔施란 무외보시처럼 상대방에게 늘 편안하고 행복한 얼굴로 대하는 보시이다.

ⓑ 자안시慈眼施란 자비로운 눈빛, 곧 환한 얼굴을 띠는 것이다. 불교에서는 상대에게 자비로운 마음을 갖는 자애명상[mettā, 자애관慈愛觀]이 있다. 이 자애명상은 위빠사나 수행에 깊게 들기 위한 사마타 수행의 하나로도 활용된다.

ⓒ 애어시愛語施는 악담하지 않고, 좋은 말을 해 주거나 상대에게 희망을 불어넣는 말을 해 주는 것이다.

ⓓ 심시心施는 지극한 마음이나 진심으로 상대를 대하는 것이다.

ⓔ 신시身施는 신체로 상대를 돕는 것이다.

ⓕ 상좌시床座施는 자리를 내어준다는 의미인데, 현대적으로 다양하게 해석될 수 있다. 상대가 일할 수 있는 여건이나 배려 등도 될 수 있다. 또한 나이가 들어 아랫사람에게 자리를 내어주는 것도 이에 해당한다.

ⓖ 방사시房舍施는 상대가 머물 수 있는 잠자리나 보금자리를 마련해 준다는 뜻이다. 옛날에는 교통이 발달하지 않아 잠자리를 보시하는 의미가 매우 컸다. 현대적인 의미로는 손님을 잘 맞이하고, 상대에게 물질이 아닌 따뜻한 마음으로도 보시하는 것이라고 생각된다.

## 10.
## 재보시와 법보시를 비교하며 법보시 강조

재보시보다 법보시가 더 수승하다는 부분을 전부 살펴보면, 품이 전개되어 갈수록 재물의 양과 공양물이 점점 많고 커짐을 알 수 있다. 그런 뒤에 아무리 재보시를 크게 했을지라도 재보시보다 법보시의 공덕이 수백 배, 수천 배 크다고 서술한다.

▷8품

"만약 어떤 사람이 삼천대천세계에 칠보를 가득히 채워 보시한다고 해보자."

[약인만삼천대천세계칠보若人滿三千大千世界七寶 이용보시以用布施]

↔ 다시 어떤 사람이 이 경을 수지하거나 4구게 등으로 다른 사람을 위해 설한다면, 그 복은 (앞의) 저 복보다 수승하느니라.
[유인有人 어차경중於此經中 수지내지사구게등受持乃至四句偈等 위타인설爲他人說 기복승피其福勝彼]

▷11품

"만약 선남자 선여인이 칠보를 갠지스 강가의 모래 수만큼이나 삼천대천세계에 가득히 채워서 보시한다고 해보자."
[선남자선여인善男子善女人 이칠보만이소항하사수삼천대천세계以七寶滿爾所恒河沙數三千大千世界 이용보시以用布施]

↔ "선남자 선여인이 이 경 가운데 혹은 4구게 등을 수지해서 다른 사람을 위해 설해준다면 이 복덕은 저 앞의 복덕보다 매우 뛰어나다."
[선남자선여인善男子善女人 어차경중於此經中 내지수지사구게등乃至受持四句偈等 위타인설爲他人說 이차복덕而此福德 승전복덕勝前福德]

▷13품

"만약 어떤 선남자 선여인이 갠지스 강가 모래 수만큼의 (소중한) 목숨으로 보시하는 이가 있다고 해보자."
[약유선남자선여인若有善男子善女人 이항하사등신명보시以恒河沙等身命布施]

↔ "혹 다시 어떤 사람이 이 경 가운데서 혹은 4구게 등을 수지해서 다른 사람을 위해 설해준다면, 이 복은 (저 전자의 복보

다) 매우 많으니라.”

[약부유인若復有人 어차경중於此經中 내지수지사구게등乃至受持四句偈等 위타인설爲他人說 기복심다其福甚多]

▷15품 ☞ 여기서는 재물 보시보다 믿음을 중시하고 있다.

“만약 다시 어떤 선남자 선여인이 아침에 갠지스 강가의 모래 수만큼의 몸으로 보시하고, 다시 정오 무렵에 갠지스 강가 모래 수만큼의 몸으로 보시하며, 또 저녁에 갠지스 강가 모래 수만큼의 몸으로 보시한다. 이렇게 무량 백천만 억 겁 동안 몸으로 보시를 한다고 해보자.”

[약유선남자선여인若有善男子善女人 초일분이항하사등신보시初日分以恒河沙等身布施 중일분부이항하사등신보시中日分復以恒河沙等身布施 후일분역이항하사등신보시後日分亦以恒河沙等身布施 여시무량백천만억겁如是無量百千萬億劫 이신보시以身布施]

↔ 또 다시 어떤 사람이 이 경전을 듣고, 기꺼이 신심을 냄으로써 역행하지 않는 이가 있다. 이 복은 (전자의) 복보다 매우 뛰어나다.

[약부유인若復有人 문차경전聞此經典 신심불역信心不逆 기복승피其福勝彼]

▷19품 ☞ 여기서는 비교가 아니다. 아무리 많은 보시를 하여도 재보시는 진정한 복덕이 아님을 강조하는 내용이다.

“만약 어떤 사람이 삼천대천세계에 칠보를 가득 채워 보시한다면, 이 사람은 이 인연으로 얻는 복덕이 많지 않겠는가? …

복덕이 실로 있다고 한다면, 여래는 '복덕이 많다'고 설하지 않았을 것이다. 복덕이 없기 때문에 여래는 복덕이 많다고 하는 것이다."

[약유인若有人 만삼천대천세계칠보滿三千大千世界七寶 이용보시以用布施 시인是人 이시인연以是因緣 득복다부得福多不 … 약복덕유실若福德有實 여래如來 불설득복덕다不說得福德多 이복덕무고以福德無故 여래설득복덕다如來說得福德多]

▷24품

"만약 어떤 이가 삼천대천세계 가운데 있는 산 가운데 왕인 수미산만큼의 칠보 덩어리를 쌓아놓고 보시했다고 하자."

[약삼천대천세계중若三千大千世界中 소유제수미산왕所有諸須彌山王 여시등칠보취如是等七寶聚 유인有人 지용보시持用布施]

↔ "그런데 혹 어떤 사람이 이 '금강반야바라밀경'이나 4구게 등을 수지·독송하며, 다른 사람을 위해 해설해 주는 사람이 있다. 전자의 복덕은 후자의 복덕에 비해 1백 분의 일에도 미치지 못하고, 1백천 만억 분 내지 어떤 산수 비유로도 미치지 못한다."

[약인若人 이차반야바라밀경以此般若波羅蜜經 내지사구게등乃至四句偈等 수지독송受持讀誦 위타인설爲他人說 어전복덕於前福德 백분불급일百分不及一 백천만억분百千萬億分 내지산수비유乃至算數譬喩 소불능급所不能及]

▷28품 ☞ 여기서도 비교는 아니다. 일체법이 무아인 진리를 아는 것

이 재보시보다 훨씬 수승함을 강조한다.

"만약 보살이 갠지스 강가 모래 수만큼의 세계에 칠보를 갖고 보시한다고 해보자."

[약보살若菩薩 이만항하사등세계칠보以滿恒河沙等世界七寶 지용보시持用布施]

↔ "혹 다시 어떤 사람이 일체법이 무아인 것을 알고, 인忍을 성취한다면, 이 보살의 공덕은 전자의 공덕보다 훨씬 뛰어나다."

[약부유인若復有人 지일체법무아知一切法無我 득성어인得成於忍 차보살此菩薩 승전보살소득공덕勝前菩薩所得功德]

▷32품

"혹 어떤 사람이 무량 아승지 세계에 칠보를 가득히 채워 보시하는 이가 있다고 해보자."

[약유인若有人 이만무량아승지세계칠보以滿無量阿僧祇世界七寶 지용보시持用布施]

↔ "또 어떤 선남자 선여인이 보살심[=보리심菩提心]을 내어 이 경 혹은 4구게 등을 수지하거나 독송하며 다른 사람을 위해서 해설해 준다면, 이 복은 전자의 복보다 매우 뛰어나느니라."

[약유선남자선여인若有善男子善女人 발보살심자發菩薩心者 지어차경持於此經 내지사구게등乃至四句偈等 수지독송受持讀誦 위인연설爲人演說]

11.
# 신심信心 강조

▷ 6품

"세존이시여! 혹 이와 같은 언설을 듣고 진실한 믿음을 내는 중생이 있겠습니까?"

부처님이 수보리에게 말씀하셨다.

"그런 말 하지 말라. 여래가 입멸한 지 500년이 지나서도 계를 지키고 복을 닦는 자가 있으며, 신심을 냄으로써 참되게 실천하는 자가 있을 것이다."

[세존世尊 파유중생頗有衆生 득문여시언설장구得聞如是言說章句 생生-실신부實信不 불고수보리佛告須菩提 막작시설莫作是說 여래멸후후오백세如來滅後後五百歲 유有-지계수복자持戒修福者 어차장구於此章句 능생신심能生信心 이차위실以此爲實]

▷ 14품

"세존이시여! 다시 어떤 사람이 이 경전을 듣고, 믿음이 청정해져서 실상[궁극적 진리]을 낸다면, 마땅히 이 사람은 제일 희유한 공덕을 성취한 것임을 알아야 합니다."

[세존世尊 약부유인若復有人 득문시경得聞是經 신심청정信心淸淨 즉생실상則生實相 당지시인當知是人 성취제일희유공덕成就第一希有功德]

▷ 15품

"이렇게 무량 백천만 억 겁 동안 몸으로 보시를 한다. 또 다시 어떤 사람이 이 경전을 듣고, 신심을 내어 역행하는 마음이 없는 이가 있다. 이 복은 (전자의) 복보다 매우 뛰어나다."

[여시무량백천만억겁如是無量百千萬億劫 이신보시以身布施 약부유인若復有人 문차경전聞此經典 신심불역信心不逆 기복승피其福勝彼]

▷ 21품

수보리가 부처님께 이렇게 말했다.

"세존이시여! 미래세에 중생이 이 법을 듣고, 신심을 내겠습니까?"

부처님께서 말씀하셨다.

"수보리야, 그들은 중생이 아니며, 중생이 아닌 것도 아니다.

[수보리백불언須菩提白佛言 파유중생頗有衆生 어미래세於未來世 문설시법聞說是法 생신심부生信心不 불언佛言 수보리須菩提 피비중생彼非衆生 비불중생非不衆生]

▷ 14품

"세존이시여! 저는 지금 이와 같은 경전을 듣고, 믿고 이해하며 수지하는 것이 어렵지 않습니다. 그런데 혹 미래세 500년에 어떤 중생이 이 경전을 듣고, 믿고 이해하며 수지한다면, 이 사람은 제일 희유합니다."

[세존世尊 아금득문여시경전我今得聞如是經典 신해수지信解受持 부족위난不足爲難 약당래세若當來世 후오백세後五百歲 기유중생其

有衆生 득문시경得聞是經 신해수지信解受持 시인是人 즉위제일희유則爲第一希有].

▷ 31품

"수보리야, 최상의 깨달음을 얻고자 하는 마음을 낸 사람은 일체법에 대해 이와 같이 알고, 이와 같이 보며, 이와 같이 믿고 이해하여 법상을 내지 말아야 한다."

[수보리須菩提 발아뇩다라삼먁삼보리심자發阿耨多羅三藐三菩提心者 어일체법於一切法 응여시지應如是知 여시견如是見 여시신해如是信解 불생법상不生法相]

## 12.
## 『금강경』에 나타난 상相에 대한 개념

경전에서 그 답은 "자아에 대한 상相을 갖지 않고, 자신이 행한 어떤 것에도 집착하거나 관념을 갖지 않는 번뇌를 여읜 경지, 즉 무상無相 · 이상離相 · 무주심無住心 · 무심無心 · 청정심淸淨心에 머물러야 한다."고 제시하고 있다. 『금강경』에서 가장 많이 등장하는 '상相'에 대한 개념을 살펴보기로 하자.

① 모양 · 형상 · 신체이다. 눈으로 보이는 어떤 존재의 모습이다.
② 자애自愛 · 아만심 · 분별심 · 자만심 등이다. 일반적으로 아상이라고 통칭한다.
③ 관념 · 사견으로 자기중심의 사고로 가득 차 있는 경우이다.

④ 법상法相이다. 법상이란 법에 대한 개념인데, 여기서 법에는 진리도 포함되지만, 모든 생각이나 마음, 사유작용으로 개념화하는 방식이 포함된다.

⑤ (대상을 인식하는) 경계·현상 등 생각이 한정되어 있는 의미를 넘어서고 있으며, 그 사유思惟를 자신의 개념 안에 구속시키는 틀(frame)의 의미이다.

☞ 『금강경』의 상에 대한 해석은 전반적으로 ②·③을 가장 많이 의미한다.

## 13.
## 『금강경』의 상相에 대한 한문 해석

① 4산四山이라고도 한다. 사상이 깨달음을 얻는 데 방해가 된다고 하여 '산山' 자를 붙였는데, 이것을 넘지 못하면 결국 보리심을 구하지 못하기 때문이다.

② 우리가 독송하는 『금강경』 15품과 31품에서 4상을 4견四見, 즉 아견我見·인견人見·중생견衆生見·수자견壽者見이라고 하였다. 같은 의미인데, 견見이란 견해見解를 말하는 것이요, '견해'라는 것은 우리의 마음이 외경外境을 접接하면서 쌓아 만들어진 일종의 개념으로서, 이것은 각자가 경험한 바에 따라 다르게 형성된다. 때로는 지식이 되지만, 때로는 집착하는 바이고, 곧 자신의 주관이며, 접하는 모든 것을 판단하는 근거가 되기 때문이다.

③ 4상四想이라고도 한다. 아상我想 · 인상人想 · 중생상衆生想 · 수자상壽者想이다. 중국의 한역자들 가운데 구마라집과 보리유지만 '상相'자를 붙였고, 대부분의 번역자들이 '상想' 자로 한역하였다.

## 14.
## 4상四相에 대한 해석

❶ 종단본 조계종출판사에서 발행한 금강경 용어 해석이다.

아상我相은 자아가 있다는 관념
인상人相은 개아가 있다는 관념
중생상衆生相은 중생이 있다는 관념
수자상壽者相은 영혼이 있다는 관념이라고 해석하고 있다.

이 4상에 대해서는 『금강경』 주석본마다 각각 다르고, 근자에도 학자들이나 스님들의 해석이 조금씩 다르다.

❷ 6조 혜능[638~713]이 언급한 일반 재가자 4상

ⓐ 아상 : 어리석은 사람이 '나는 재물이 많으며, 학문이 뛰어나고 좋은 가문 사람이다.'라고 하면서 교만심이 가득하고, 다른 사람들을 경시하는 것.
ⓑ 인상 : 인 · 의 · 예 · 지 · 신을 입으로 떠들면서 생각이 교만하고

자만심이 많은 것.

ⓒ 중생상 : 좋은 일은 자기에게 돌리고, 나쁜 일은 다른 사람에게로 돌리는 것.

ⓓ 수자상 : 어떤 일에서든 그 대상 경계에 취사분별심이 강한 것.

❸ 6조 혜능이 언급한 수행자의 4상

ⓐ 아상 : 마음에 나와 상대는 다르다는 생각으로 교만하며, 다른 사람들을 경천하게 여기는 것.

ⓑ 인상 : 스스로 계戒 지키고 있음을 자랑하고, 파계한 자를 가볍게 여기는 것.

ⓒ 중생상 : 삼악도의 고통을 싫어하고 천상계에 태어나기를 원하는 것.

ⓓ 수자상 : 오래 사는 것을 좋아해 선업을 닦으면서 그것에 집착하는 것.

## 15.
## 『금강경』에서 제시하는 5종 수행[다섯 가지 수행방법]

❶ 수지受持 · ❷ 독讀 · ❸ 송誦 · ❹ 위인해설爲人解說 · ❺ 사경寫經[=서사書寫]

5종은 수지 · 독 · 송 · 위인해설 · 사경이다. 이에 대해서는 대승불교경전인 『법화경』 · 『금강경』 · 『유마경』 · 『화엄경』 등에 공통적으로 나타나 있다. 특히 『법화경』 19품 「법사공덕품」에서는 법사로서 꼭 실천해야 할 것으로 5종 수행에 대해 상세히 서술하고 있다.

『금강경』에서 ❶ 수지에 대한 언급은 15차례 언급하고 있으며, ❷ 독과 ❸ 송은 한 단어인 '독송'으로 하여 10차례 언급하고, ❹ 해설은 8차례 언급하며, ❺ 사경은 15품에 1차례 언급되어 있다.

❶ 수지受持는 『금강경』에 '신해수지信解受持'가 두 번이나 언급되어 있다. 이 점도 세 가지로 볼 수 있다.

ⓐ 믿고 이해한 뒤에 (가르침을) 받아들인다.
ⓑ 신해와 수지를 모두 믿음으로 해석해서 믿음을 강조한다.
ⓒ 부처님의 뜻을 잊지 않고, 받아 지니는 것으로 진리에 수순해 살아가는 것이다.

ⓐ ⓑ ⓒ를 종합하면, 경전의 내용을 받아들일 뿐만 아니라 그에 의거해 지속적으로 수양하며, 진심으로 받아들임을 뜻한다. 그러니 그런 마음의 경계를 영원히 유지해 나가는 것이 수지의 참 의미라고 본다. 즉 경전을 독송할 때나, 절을 할 때, 불학을 공부할 때도 이 경계가 유지되어야 한다고 사료된다.

❷ 독讀은 경전을 되풀이하여 읽는 것으로 독경讀經이다.

❸ 송誦은 암기된 경전 문구를 외우는 것으로 송경誦經이다. 우리나라 조계종에서는 간경看經이라고 하여 수행방법 중의 하나로 간주하고 있다.

❹ 해설解說은 타인에게 부처님의 좋은 진리를 해설하고 전달하는 것인데, 법보시에 해당한다. 법보시, 즉 경전에서는 '위인해설[爲

人解說, 혹은 위타인설爲他人說]'이라고 하였다. 소명태자가 나눈 32분 가운데 11분 제목이 무위복승분無爲福勝分이라고 하는 데서도 추론해볼 수 있다. 이는 재물로 보시 공덕을 짓는 유위복有爲福보다 법보시의 무위복이 수승함을 말한다.

❺ 사경寫經은 경전 내용을 그대로 베껴 쓰는 것이다. 사경에 대해서는 자세히 언급하기로 한다.

☞ ❶ 수지 ❷ 독 ❸ 송 ❺ 사경 수행이 자리적自利的인 측면이라면 ❹ 해설은 이타적利他的인 측면이라고 볼 수 있다.

## 16.
## 사경寫經

### 1) 사경의 역사

서사書寫와 똑같은 말이다. 경전에서는 서사와 사경을 번복해 쓰고 있다. 우리나라는 처음으로 통일신라 경덕왕 때에 사경했다는 기록이 있다.

고려시대는 '법 사리'라고 하여 부처님을 모실 때 복장腹藏이나 탑 안에 안치했는데, 지금도 이렇게 행해지고 있다. 14세기 고려 말기 때는 사경이 성행했고, 원나라 요청으로 사경승을 원나라에 파견하기도 하였다. 고려 중후기에 국가가 어려울 때, 국난극복을 위해 방책으로 팔만대장경을 완성하는 작업 또한 사경 작업이었다.

사경에 많이 유통되는 경전은 『금강경』뿐만 아니라 『반야심경』과 『법화경』도 있다. 또한 『부모은중경』을 사경하여 부모의 공덕을 기리기도 했다.

### 2) 사경하는 목적

불교에서 사경하는 목적은 대략 네 가지이다.

첫째, 경전을 후손에게 전하고, 널리 보급하기 위함이다.

둘째, 수행하는 방편으로 독송을 한다.

셋째, 신앙적 의미를 지닌 공덕功德을 쌓는다.

넷째, 마음의 평온을 얻기 위함이다.

### 3) 사경으로 수행한 스님들

고려 때, 천책天頙[?~?] 스님은 천태종 승려이다. 천책은 『선문보장록禪門寶藏錄』이라는 중요한 자료를 저술하신 분이다. 천책은 7~8세에 글을 익혔고, 문과에 급제한 후 성균관에 들어갔으며, 이미 15세에 과거에 합격한 유학자다. 어느 날 홀연히 유학의 공허함과 세상의 허심虛心을 통렬히 깨닫고 있던 차에 경전을 접한 뒤에 마음의 허전함을 해결하고자 우연히 금자金字로 『법화경』을 사경했다. 이를 계기로 천책은 출가하였다.

환암혼수幻菴混修[1320~1392] 스님은 나옹혜근의 제자로서 조계종 역사에 중요한 분이다. 29세에 금강산으로 들어가 수행에 전념하고 있는데, 31세에 모친이 병환으로 위급하다는 소식을 들었다. 스님은 모친이 있는 곳[경북 성주]으로 내려가 그곳에서 5~6년을 지냈다. 스님은 모친이 별세하자, 『법화경』을 독송하고 사경하며 모친에게 효도를 다했다.

초석범기楚石梵琦[1296~1370] 스님은 명나라 초기에 사경으로 깨달은 분으로 유명하다. 초석범기 스님은 출가해서 경전을 공부하면서도 미심쩍은 부분을 해결하지 못해 내내 마음이 편치 않았다. 이후 스님은 스스로 여러 경전을 열람하면서 금자金字로 경전을 사경했다. 이후 얼마 지나지 않아 어느 날 밤에 잠을 자고 있는데, 성루城樓에서 북소리를 듣고 깨달았다. 즉 스님은 이해하지 못한 경전 내용을 사경으로 깨닫는 계기가 된 것이다.

감산덕청憨山德清[1546~1623] 스님은 명나라 때 스님이다. 33세에 부모님 은혜를 기리며 혈서血書로『화엄경』한 부를 사경했다. 한 글자 한 글자, 붓을 그을 때마다 염불을 하면서 사경했다. 사람들이 말을 걸어도 멈추지 않고 경을 베꼈다. 이렇게 사람들과 여러 일을 보면서도 한 글자도 틀리지 않았다. 경을 베껴 쓰면서도 마음 상태는 항상 그대로였고, 털끝만큼도 동정動靜에 떨어지지 않았다. 사경을 하는 동안에 꿈속에서 청량 대사·미륵보살·문수보살을 친견했다. 미륵보살은 감산덕청에게 이렇게 말해주었다.

"분별은 마음이고, 분별없는 것이 지혜이다. 마음에 의지하면 물들게 되고, 지혜에 의지하면 청정해진다. 물들면 생사에 윤회하고, 청정하면 부처님조차 없다."

본환本煥[1907~2012] 스님은 청말 중화민국 스님이다. 23세에 출가한 이후로 줄곧 참선 수행을 했다. 20대 후반에 90여 일간 잠을 자지 않고 용맹정진했는데, 이때 잠을 이겨내기 위해 줄로 머리카락을 들보에 매단 채 수행하였다. 이후 31세에 오대산 다섯 봉우리를 모두 참배하고,『능엄경』·『지장경』·『화엄경』「보현행원품」등 20여만 자를 혈서血書로 사경했다. 이때 사경한 것 중에『화엄경』「보현행원품」은 현존해 있다고 한다.

이렇게 피로 경전을 사경한 것을 중국에서는 '한 사람의 출가'라고 표현한다. 혈서인 경우, 피를 받아서 바로 쓰는 것이 아니라 백급白芨(한약에서 쓰이는 약재 가운데 하나)과 함께 개어서 먹을 갈 듯 간 뒤에 사용하는 것이다.

## 17.
## 즉비논리卽非論理

즉비논리는 긍정을 하고, 다음 부정을 한 뒤 다시 긍정하는 세 단계로 설해져 있는 논리이다. 즉 독특한 표현 방식인 즉비논리는 'A 즉비卽非 A, 시명是名 A'라는 공식으로 이루어져 있다. 『금강경』이 선경禪經으로서 수행자들이 애독하는 것은 무상無相의 진리도 있지만, 경전의 독특한 표현 방식인 즉비논리 구조 때문이다. 이 즉비논리는 『금강경』 전체 30여 차례 언급되어 있다. 즉비논리는 일본의 스즈키 다이세츠[鈴木大拙, 1870~1966]가 명명한 이래, 동아시아 불교학자들에게 일반화되어 쓰이고 있다. 『금강경』에 표현되어 있는 즉비논리는 대략 세 가지 유형이다.

㉮형[11] :

"여래가 설하는 '일체 모든 상'이 곧 상이 아니다."

[여래설如來說 일체제상一切諸相 즉시비상卽是非相]

---

11 如來所說身相 卽非身相(5품) / 是福德 卽非福德性 是故如來說福德多(8품) / 佛法者 卽非佛法(8품) 如來說 一切諸相 卽是非相(14품) / 說一切衆生 卽非衆生(14품)

㉯형[12] :

"여래가 설하는 세계는 세계가 아니라 이름이 세계이다."

[여래설如來說 세계世界 비세계非世界 시명세계是名世界]

㉰형[13] :

"선법이라는 것은 여래께서 선법이 아닌 것을 말하는 것이요, 단지 이름해서 '선법'이라고 한다."

[선법자善法者 여래설如來說 즉비선법卽非善法 시명선법是名善法]

경전에서 가장 일반적인 ㉰형의 형식만을 보자[즉비논리에서 편의상 이해하기 쉽기 위해 번호를 통일해 붙임].

12 須陀洹 名爲入流 而無所入 不入色聲香味觸法 是名須陀洹(9품) / 斯陀含 名一往來 而實無往來 是名斯陀含(9품) / 阿那含 名爲不來 而實無不來 是故名阿那含(9품) / 實無有法 名阿羅漢(9품) / 佛說非身 是名大身(10품) / 如來說世界 非世界 是名世界(13품) / 如來說諸心 皆爲非心 是名爲心(18품) / 說法者無法可說 是名說法(21품) / 衆生衆生者 如來說非衆生 是名衆生(21품) / 我於阿耨多羅三藐三菩提 乃至無有少法可得 是名阿耨多羅三藐三菩提(22품)

13 莊嚴佛土者 卽非莊嚴 是名莊嚴(10품) / 佛說般若波羅蜜 卽非般若波羅蜜 是名般若波羅蜜(13품) / 諸微塵 如來說非微塵 是名微塵(13품) / 如來說第一波羅蜜 卽非第一波羅蜜 是名第一波羅蜜(14품) / 忍辱波羅蜜 如來說非忍辱波羅蜜 是名忍辱波羅蜜(14품) / 如來說人身長大 卽爲非大身 是名大身(17품) / 一切法者 卽非一切法 是故 名一切法(17품) / 如來說莊嚴佛土者 卽非莊嚴 是名莊嚴(17품) / 如來說具足色身 卽非具足色身 是名具足色身(20품) / 如來說諸相具足 卽非具足 是名諸相具足(20품) / 善法者 如來說 卽非善法 是名善法(23품) / 凡夫者 如來說 卽非凡夫 是名凡夫(25품) / 佛說微塵衆 卽非微塵衆 是名微塵衆(30품) / 如來所說三千大千世界 卽非世界 是名世界(30품) / 如來說一合相 卽非一合相 是名一合相(30품) / 世尊說我見人見衆生見壽者見 卽非我見人見衆生見壽者見 是名我見人見衆生見壽者見(31품) / 所言法相者 如來說卽非法相 是名法相(31품)

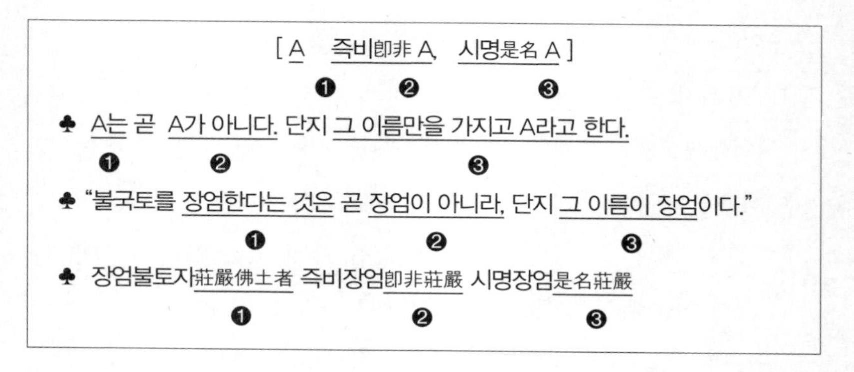


앞의 예시에서 본 대로 즉비논리는 먼저 ❶ 긍정을 하고, 다음 ❷ 부정을 한 뒤 ❸ 다시 긍정하는 세 단계로 이루어져 있다. 이 즉비논리는 선의 이치를 넘어 교학적인 원리까지 담겨 있다. 여러 각도에서 즉비논리를 보자.

1) 무아의 이치에서 본 즉비논리

'나'라고 하는 존재는 5온이 모여 '나'를 이루고 있다[무아無我]. ·················· ❶

'나'를 구성하고 있는 개체들은 고정됨이 없이 끊임없이 생멸 변화한다[무상無常]. ·················· ❶

각각의 색·수·상·행·식, 각각은 실체가 없다[무자성無自性]. ·················· ❷

실체가 없이 각각이 모인 것이므로 진정한 '나'라고 할 수 없다[비아非我]. ·················· ❷

단지 5온의 거짓된 '나'라고 이름 붙일 뿐이다[시명是名 '아我', 5온가화합五蘊假和合]. ·················· ❸

앞에서 본 대로 무상無常하기 때문에 자성이 없는 무아無我이며, 무상無相인 것이다. 그래서 실체가 없기 때문에 5온五蘊의 가화합假和合이라고 이름 붙일 뿐이다.

### 2) 『금강경』에서 말하는 진리[법法 · 실상實相]와 불립문자不立文字 교외별전敎外別傳 사상을 즉비논리 차원에서 봄

선은 교 밖의 진리를 전함이요, 문자를 세우지 않는다. 즉 불립문자 교외별전은 선의 특징이요, 선사들의 법맥이 전수되는 근간이 되기도 한다. 『무문관』 6칙에 의하면, 영산회상에서 세존께서 "정법안장正法眼藏 열반묘심涅槃妙心 실상무상實相無相 미묘법문微妙法門이 있는데, 이것을 불립문자 교외별전으로 가섭에게 전하노라."라고 하셨다. 법을 이심전심으로 전하는데, 문자를 내세우지 않는다는 점에 주목해 보자.

진제와 속제 차원에서 보면 ❶과 ❷는 속제라고 할 수 있고, ❸은 진제이다. 그러나 이 ❸ 진제라고 하는 것조차 단지 이름일 뿐이다. 참다운 진리라고 하지만, 그 진리라고 표현하는 것조차 참 진리가 아닌 것이다.

『금강경』으로 본다면 "가장 높은 최상의 깨달음이라고 하지만, 그 최상의 깨달음조차 정해진 법이 없으며, 여래께서 설한 단정적인 법이 없는 것이다[무유정법無有定法 명아뇩다라삼먁삼보리名阿耨多羅三藐三菩提 역무유정법亦無有定法 여래가설如來可說]."라고 하였다. 진리 · 깨달음은 언어문자로 표현할 수 없는데다 혹 표현해 놓은 문자도 하나의 가설일 뿐이다.

『능가경』에서는 "어리석은 사람은 달을 가리키는 손가락을 보고 달이라고 집착하는데, 언어 문자에 집착하는 자는 나의 진실을 보지 못하는 것이다[여우견지월如愚見指月 관지불관월觀指不觀月 계착명자자計著名字者 불견아진실不見我眞實]."라고 하며 언어문자를 지월指月에 비유하였다.

『금강경』에서는 "나의 설법을 뗏목과 같이 알라[지아설법知我說法 여벌유자如筏喩者]."라고 하였다. 이를 즉비논리로 정리해 보자.

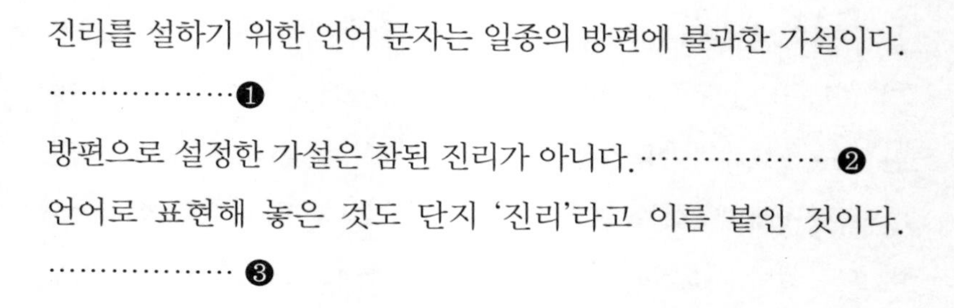

진리를 설하기 위한 언어 문자는 일종의 방편에 불과한 가설이다. ………………❶

방편으로 설정한 가설은 참된 진리가 아니다. ………………❷

언어로 표현해 놓은 것도 단지 '진리'라고 이름 붙인 것이다. ………………❸

그래서 진리조차도 참다운 진리가 아니므로 법상法相을 내지 말라는 것이다. 『금강경』 31품에서는 "법상이라는 것은 여래가 법상이 아니라고 설함이요, 단지 법상이라고 이름한다[소언법상자所言法相者 여래설如來說 즉비법상卽非法相 시명법상是名法相]."고 하였다. 이를 적절히 표현해주는 말이 있는데, 동안상찰同安常察[?~961]의 "무심유격일중관無心猶隔一重關"이다. 무심이라는 것도 오히려 하나의 관문에 막혀 있다. 즉 무심도 무심이라고 말하면 벌써 무심이 아니다. 무심은 단지 무심이어야 무심이요, 무심이라고 관념을 둔다면 무심이 아니다.

❶ 궁극적인 지혜[실상實相]라고 하는 것도

❷ 궁극적인 지혜가 아니므로 여래께서는

❸ 단지 이름하여 궁극적인 지혜이다.

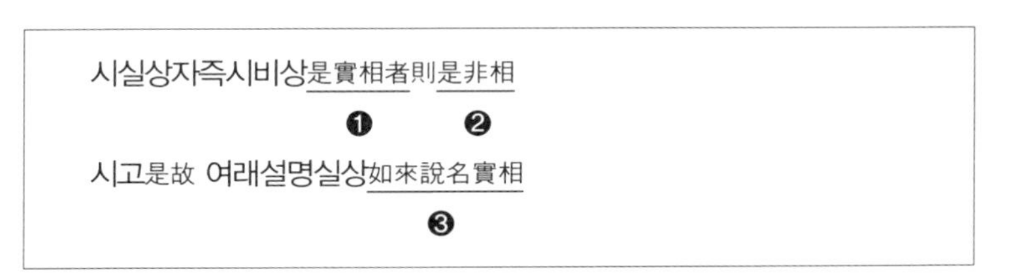
시실상자즉시비상是實相者則是非相

❶ ❷

시고是故 여래설명실상如來說名實相

❸

이렇게 깨달음의 자리, 궁극적 경지를 마지막 세 번째의 ❸도 시명是名 A, 곧 깨달음의 궁극적인 경지가 아니라는 것이다.

### 3) 청원유신青原惟信의 오도송으로 즉비논리를 봄

길주의 청원유신은 상당上堂하여 이렇게 설하였다.

❶ "이 늙은이가 30년 전, 참선을 하지 않았을 때는
　산을 보면 곧 산이고, 물을 보면 곧 물이더라.
　[산시산山是山 수시수水是水].
　후에 선지식을 친견하고 선리禪理를 깨치고 보니,
❷ 산을 보아도 산이 아니고, 물을 보아도 물이 아니더라.
　[비산시산非山是山 비수시수非水是水].
　불법의 도리를 철저히 깨닫고 나서 보니,
❸ 산을 보면 산은 산이요, 물을 보면 물은 물이더라.
　[지산시산只山是山 지수시수只水是水]."

선사가 첫 번째 본 산과 물은 30년 후에 본 것과 똑같다. 그렇다면 무엇이 같고, 무엇이 다르다는 것인가? 『유마경』에서 "높은 육지에서는 연꽃이 피지 못하고 낮고 질척한 진흙탕에서만 연꽃이 피어나는 것처럼 번뇌가 여래의 씨앗인 줄을 알아야 한다."고 하였다. 곧 번뇌 속에서 깨달음이 있는 것이요, 생사 속에서 열반이 있는 것이다[번뇌즉보리煩惱卽菩提, 생사즉열반生死卽涅槃]. 선사가 이전에 보았던 산과 물은 육안의 번뇌로 본 것이요, 깨달은 뒤에 본 것은 있는 그대로의 실상을 법안으로 본 것이다.

선종의 4조 도신 선사가 3조 승찬 선사를 만났을 때, 도신이 승찬에게 말했다.

"스님의 자비로써 해탈 법문을 하나 주십시오."
"누가 그대를 해탈하지 못하도록 묶어 두었는가?"
"아무도 묶은 사람이 없습니다."
"묶은 사람도 없는데, 무엇을 벗어나려고 한단 말이냐?"
[원화상자비걸여해탈법문願和尙慈悲乞與解脫法門
사왈師曰 수박여誰縛汝
왈무인박曰無人縛
사왈師曰 하갱구해탈호何更求解脫乎]

도신은 자신 이외의 어느 누군가가 번뇌를 일어나게 한다고 생각하고, 외부에서 해탈 법문을 구한다. 번뇌를 끊어야 해탈 열반을 구할 수 있는 것이 아니라 번뇌 속에 해탈 열반이 원래 구족되어 있다. 묶여 있는 사람도 해탈할 사람도 없는 것이다. 그러면 즉비논리로 청원유신의 오도송을 정리해 보자.

청원유신이 처음으로 보았던 ❶ 산과 물은 번뇌 속에서 목격한 것이다. ❷ 다음은 자신이 불성을 가지고 있음을 알지 못하고, 외부에서 진리를 찾고자 했으므로 산과 물에 대한 부정적 견해를 언급한 것이다. ❸ 그런데 세월이 흘러 깨닫고 보니, 결국 자신 안에 내재된 자성을 발견하였다. '생사즉열반', '번뇌즉보리'이므로 굳이 해탈 열반을 찾을 필요조차 없는 근본 마음자리가 부처의 자리임을 발견한 것이다.

이와 같이 전개한 대로 즉비논리는 선사들의 경지에서 볼 수 있지만, 그 이면에는 편견 · 고정관념 · 분별심 · 차별심을 깨며, 집착을 버릴 것을 강조하는 지혜의 논리라고 볼 수 있다.

# 2

# 반야의 장

## 1품 ……………………………………………【법회인유분法會因由分】

# 법회가 열리게 된 연유

나는 이와 같이 들었다. 어느 때 부처님께서 사위국 기수급고독원에서 대비구스님 천이백오십 인과 함께 계셨다.

여시아문 일시 불 재사위국기수급고독원 여대비구중
如是我聞 一時 佛 在舍衛國祇樹給孤獨園 與大比丘衆
천이백오십인구
千二百五十人俱

그때 세존께서 공양할 때가 되어 가사를 입고, 발우를 들고 걸식하기 위해 사위성에 들어가 차례차례 걸식해 마친 뒤에 다시 본래 머물던 도량으로 돌아왔다.

(부처님께서) 공양을 마치고 가사와 발우를 거두신 뒤 발을 씻은 후에 자리를 펴고 앉으셨다.

이시 세존 식시 착의지발 입사위대성 걸식 어기성중 차제
爾時 世尊 食時 着衣持鉢 入舍衛大城 乞食 於其城中 次第
걸이 환지본처 반사흘 수의발 세족이 부좌이좌
乞已 還至本處 飯食訖 收衣鉢 洗足已 敷座而坐

## 1품 개요

석가모니 부처님께서 일상생활 속의 모습을 보여주고 있다. 지극히 평범한 부처님의 소박한 모습 그대로를 드러내고 있다. 부처님의 이러한 일련의 행위는 반야의 체현이다. 단지 중생의 삶과 같이 볼 수 없다.[14]

**➔ "나는 이와 같이 들었다[여시아문如是我聞]"의 아난존자**

여기서 '아我'는 부처님의 10대 제자 가운데, '다문제일多聞第一'인 아난존자를 지칭한다. 어떻게 해서 아난이 다문, 가장 많이 들은 제자가 되었는가?

어느 날 부처님께서 이런 말씀을 하셨다.

"나는 이제 늙어 몸은 갈수록 쇠하고 매우 힘들다. 나를 시봉할 시자가 필요하다. 시자 한 사람을 추천해 보아라."

여러 사람이 자청도 하고, 추천을 하였으나 부처님께서 거절하셨다. 목련존자가 부처님의 의중을 알고, 아난존자에게 찾아가 부탁하였다. 이때, 아난존자가 이렇게 말했다.

"목련존자님, 부처님의 시자가 되는 것은 쉬운 일이 아닙니다. 혹 세존께서 저의 세 가지 소원을 들어주신다면, 저는 곧 부처님의 시자가 될 것입니다.

14 후대에 선사상이 정립되면서 옷 입고 밥 먹으며, 물 긷는 행위 등 모두를 불성의 작용으로 보면서 이를 '부처의 행'이라고 보는 것으로 발전되었다.

첫째, 저는 부처님께서 입으시던 새 옷이나 헌 옷을 입지 않으며,
둘째, 장자들이나 왕족들의 초청이 있어 공양 받는 경우 부처님의 공양은 들지 않고,
셋째, 때가 아니면 부처님을 뵙지 않는 것입니다. 이 세 가지 약조를 들어주시면 저는 시자가 될 것입니다."
목련이 부처님께 아난의 세 가지 요구를 말하자, 부처님께서 말씀하셨다.
"목련아, 아난은 총명하고 지혜롭다. 혹 어떤 이들은 '아난 비구가 옷을 위하여 세존을 모신다. 아난은 밥을 위해 세존을 모신다.'고 말할지 모른다. 또 아난은 자신이 부처님을 친견해야 할 때를 잘 알고, 하지 말아야 할 때와 사부대중이 부처님을 친견하고, 친견하지 말아야 할 때를 잘 분별하는 것이다."

– 중아함 33권, 『시자경』

이런 세 가지 약조를 인연으로 아난은 부처님의 세납 55세 무렵부터 열반하실 때까지 25년을 모셨다. 이렇게 부처님을 가장 가까이에서 모시면서 부처님의 말씀을 많이 듣고, 경전을 결집할 때 아난이 기억한 내용을 토대로 했기 때문에 대승불교 경전의 맨 앞에 나오는 '여시아문'에서 아我는 아난을 지칭한다.

● 들음[문聞]과 깨달음

문聞은 지혜를 얻는 세 가지 방법[3혜三慧 : 문사수聞思修] 가운데 처음으로 등장한다. 특히 아함부 경전에서는 대부분 끝마무리

에 '듣고 사유한 후에 반드시 수행하라'고 하였다. 굳이 문聞→사思→수修, 순서가 아니라 세 카테고리 수행을 통해 삼매에 들어갈 수 있다. 대승경전에서도 "자세히 듣고 자세히 듣고 잘 사유하라[제청諦聽 제청諦聽 선사념지善思念之]."는 표현이 많다. 특히 여시아문은 경전 뒷부분에 나타난 신수봉행信受奉行[믿고 받아들이며, 받들어 행함]과 짝을 이룬다.

일반적으로 수행에 있어서는 보는 것보다는 듣는 이근耳根이 훨씬 뛰어나다. 이근은 6근 가운데 가장 영민한 감각기관이다. 이근 하나만으로도 5근을 가장 원만하게 받아들일 수 있기 때문이다. 선사들이 깨달음을 이룰 때도[→기연機緣] 이근을 통해서 정각을 이룬 경우가 대부분이다.

무문혜개無門慧開[1183~1260] 스님은 '조주무자'로 6년간의 씨름 끝에 재齋를 알리는 큰 북소리를 듣고 문득 깨달았다. 이때 "청천백일에 천지를 진동하는 뇌성이 울렸다."고 표현하였다. 우리나라 경허 선사도 밖에서 사람들이 "소가 되어도 고삐 뚫을 구멍조차 없다."며 주고받는 말을 듣고 깨달았다. 보수寶壽 화상和尙은 두 사람이 싸우다 화해하면서 "면목이 없네 그려."라는 소리를 듣고 '부모미생지전 본래면목'이라는 화두를 깨달았다. 사리불은 조카인 디가나까 비구가 경전을 독송하는 소리를 듣고 그 경전의 의미를 새기다가 삼매를 얻어 깨달았다. 또 송나라 때 소동파는 폭포 소리를 듣고 깨달았다.

한편 『능엄경』에서 수행 방법으로 25원통을 제시하는데, 이중

관음보살이 수행한 이근원통耳根圓通이 가장 뛰어난 것으로 제시되고 있다. 이 이근원통은 반문문성反聞聞性, 즉 듣는 성품[聞性]을 다시 돌이켜 관한다는 수행법으로 체계화되어 있다. 그러니 해탈을 하는 큰 방편길이 들음[문聞]이라는 점을 염두에 두자.

→ 사위국舍衛國 기수급고독원祇樹給孤獨園

급고독장자가 부처님께 기원정사를 보시한 도량을 말한다. 부처님 재세 시에 사위성에 사는 급고독장자(Anāthapindikārāmā)는 사찰을 지어 부처님께 보시하려고 하였다. 마침 급고독장자의 마음에 드는 동산이 하나 있었는데, 그 동산은 많은 돈을 주어도 살 수 없는 기타 태자의 소유지였다.

기타 태자는 사위국 파사익왕의 아들이다. 기타 태자에 관한 기록에는 태자의 훌륭한 인물됨을 전하고 있다. 『증일아함경』 3권에서는 "성중聖衆에게 공양을 올렸는데, 뜻이 항상 평등하였다." 『현우경賢愚經』에서는 기타 태자가 "모든 부처님과 여러 제자에게 중생을 교화할 것을 요청하였다." 『증일아함경』 26권에서는 "태자가 함부로 중생의 생명을 해치지 않았다."라고 하였다.

급고독장자가 기타 태자에게 사정을 말하고 그 땅을 자신에게 팔라고 하자, 태자는 "동산에 금을 다 깔면 팔겠다."고 하였다. 팔지 않으려고 한 말이었는데 장자가 동산에 금을 다 깔자, 태자가 그 모습에 감동을 받아 보시에 동참하기로 하였다. 이리하여 기원정사[Jetavana: 기타 태자의 숲에 지어진 정사]가 지어졌다.

부처님께서 기원정사에서 25안거를 보내셨던 터라 초기불교 경전에는 기원정사가 자주 등장한다. 기원정사는 『금강경』 설법지이기도 하고, 『능엄경』 또한 이곳에서 설하셨다. 인도 기원정사 유적지에 가보면 사리불과 목련존자의 탑이 있다. 남은 흔적만으로도 그 옛날 수많은 승려들이 거주했던 큰 도량임을 알 수 있다.

중국 사찰 가운데, 급고독장자와 기타 태자의 상을 모셔놓는 당우가 있는 사찰도 많다. 또 중국의 대표적인 지장도량인 구화산 기원사祇園寺는 16세기 명나라 때 창건된 절인데, 산문 앞에 백여 개의 긴 석판石板을 깔아놓았다. 석판 중간은 연꽃으로 조각되어 있고, 양쪽 끝에는 옛날 화폐가 조각되어 있다. 이는 급고독장자가 동산에 금을 깔아놓음으로써 기원정사가 창건된 것을 상징하는 의미라고 한다.

급고독장자는 기원정사를 보시하고도 매일 2천여 명의 비구스님들에게 공양을 올렸다. 또 부처님께 녹자모강당을 보시했던 위사까 역시 매일 몇천 명의 비구스님들에게 공양을 올렸다. 장자와 위사까는 스님들의 음식 식성이나 취향을 잘 알고 있어 주변 사람들이 비구들에게 공양을 올리고자 하면, 이 두 사람에게 조언을 구할 정도였다. 장자가 나이가 들어 비구들에게 공양 수발하는 일이 힘에 부치자, 세 딸들에게 명하여 스님들께 공양을 올리게 하였다. 큰딸 마하수밧다와 둘째 딸 쭐라수밧다는 수다원과를 성취했고, 셋째 딸은 사다함과를 성취했다.

장자는 매일 세 차례씩 기원정사를 찾아가 부처님께 아침에는 쌀죽으로 공양을 올리고, 점심에는 그날에 알맞은 음식을 준비하여 부처님께 공양했으며, 저녁에는 꽃이나 향, 향수 등을 가지고 가서 부처님께 올리고 설법을 들었다. 그는 한 번도 빈손으로 부처님을 찾아뵌 적이 없었다.

➜ 1,250인千二百五十人

녹야원에서 5비구, 베나레스에서 60명 제자, 우루빈나 가섭이 500명의 제자와 함께 교단에 들어왔다. 부처님께서 이 500명과 마가다국을 유행하였다. 이 일을 계기로 500명이라는 숫자가 종종 쓰였다. 이후 가야 가섭·나제 가섭[우루빈나 가섭의 동생들]이 각각 300명과 200명의 제자를 데리고 교단에 들어왔다. 이후 사리불과 목련이 산자야의 제자였는데, 산자야의 제자들 250명을 데리고 교단에 들어왔다. 그리하여 순식간에 교단의 구성원이 늘어났는데, 비구 1,250명이라는 숫자는 이들을 뜻한다.

➜ 공양할 때[식시食時]란 정오 한 끼의 식사

부처님 재세 시부터 수행자는 오전 사시에 한 끼만 식사하고, 오후에는 공양하지 않는다. 또한 '7가식七家食'이라고 하여 탁발을 나갔을 때, 일곱 집이 넘어도 공양을 얻지 못하면 그날 공양은 하지 않는다. 설령 불친절하고 그에게 음식을 주지 않는 집일지라도 잠깐 서 있다가 다른 집으로 옮겨 가야 한다. 2차 결집이 일어나게 된 원인이 10사비법十事非法[열 가지 옳지 않은 법]인데, 여기서도 탁발 문제와 관련이 있다. 취락간정聚落間淨[다른 장소에 가서 머물거나 탁발하는 것], 주처정住處淨[탁발이나 설법에 멀리 나가서 부득이한 경우, 마을에 머무를 수 있는 것] 등이다.

현재도 남방불교 국가에서는 스님들은 오후불식을 지킨다. 그러나 북방불교국가에서는 다음날 새벽까지 너무 긴 공복이라 하여 '약식藥食'이라는 이름으로 저녁공양을 하고 있다. 중국으로 불교가 들어와서 당나라 때, 청규淸規가 정해지면서 승려의 공양 문제나 노동이 합법화되었다. 우리나라도 이를 따른다.

→ 걸식乞食

걸식은 탁발이라고도 한다. 탁발은 차별하지 않는 마음을 기르기 위한 방편 수행이라 할 수 있다. 인도에서는 승려가 반드시 지켜야 할 수행법으로 사의지四依止가 있었다. 즉 '탁발로 걸식하고, 가사는 분소의糞掃衣를 걸치며, 나무 아래서 수행하며[수하좌樹下坐], 약은 부란약腐爛藥[자신의 소변]을 먹어야 한다고 하였다. 걸식은 화연化緣이라고 한다. 인도에서는 승려가 밥을 지어 먹어서도 안 되고, 밭을 갈아 채소를 길러 먹어서도 안 되고, 걸식을 해야 했다. 걸식에 있어서도 부자와 가난한 집을 선택하는 것이 아니라 순서대로 해야 했다.

『유마경』에 의하면, 가섭은 가난한 집에서 걸식했고, 수보리는 부잣집에서 걸식했다. 수보리존자는 차마 가난한 집에서 공양을 받기가 안타까워서 부잣집만을 선택했다. 반면 가섭존자는 일부러 가난한 사람에게 걸식하였다. 과거 전생에 탐욕심이 많았기 때문에 현생에 가난하므로 '탐욕심을 버리고 베푸는 공덕을 행하라'는 애틋한 마음을 가지고 가난한 이들을 찾아가 걸식한 것이다. 그런데 부처님은 이들에게 이렇게 타일렀다.

“그대들은 마음이 공평하지 못하다. 빈부귀천에 상관없이 평등하게 해야 한다. 분별심이 있어서는 안 된다. 사람들이 주는 대로 받고, 양이 부족하더라도 더 얻어먹겠다고 다른 집으로 가면 안 된다.”

우리나라는 문화적으로 맞지 않은데다 삿되게 활용하는 이들로 인해 공식적으로 탁발이 금지되어 있지만, 남방에서는 지금도 승려들이 탁발을 하고 있다.

## 2품 ……………………………………… 【선현기청분善現起請分】

# 수보리가 질문하다

그때 장로 수보리가 대중 가운데 있다가 자리에서 일어나 오른쪽 어깨를 드러내고, 오른쪽 무릎을 땅에 댄 뒤에 합장 공경하였다.

시 장로수보리 재대중중 즉종좌기 편단우견 우슬착지 합
時 長老須菩提 在大衆中 卽從座起 偏袒右肩 右膝着地 合
장공경
掌恭敬

(수보리가) 부처님께 이렇게 사뢰었다.

"희유하십니다. 세존이시여! 여래께서는 모든 보살을 잘 호념해 주시고, 모든 보살을 잘 부촉해 주십니다.

이백불언 희유 세존 여래 선호념제보살 선부촉제보살
而白佛言 希有 世尊 如來 善護念諸菩薩 善付囑諸菩薩

세존이시여! 선남자 선여인이 최상의 깨달음을 얻고자 하는 마음을 내었다면, 어떤 마음을 가져야 하며, 그 마음(번뇌)을 어떻게 다스려야 합니까?"

세존 선남자선여인 발아뇩다라삼먁삼보리심
世尊 善男子善女人 發阿耨多羅三藐三菩提心
응운하주 운하항복기심
應云何住 云何降伏其心

부처님께서 말씀하셨다.

"기특하고, 기특하구나. 수보리야, 그대가 말한 대로 여래는 모든 보살을 잘 호념하고, 모든 보살을 잘 부촉한다. 그대는 지금 자세히 잘 들어라. 그대를 위해 설해 주리라.

불언 선재선재 수보리 여여소설 여래 선호념제보살 선부
佛言 善哉善哉 須菩提 如汝所說 如來 善護念諸菩薩 善付
촉제보살 여금제청 당위여설
囑諸菩薩 汝今諦聽 當爲汝說

(최상의 깨달음을 얻고자 하는 마음을 낸) 선남자 선여인은 응당히 이와 같은 마음을 가져야 하며[이런 마음자리에 머물러야 하며], 이와 같이 번뇌[망상·자아 집착]를 다스려야 한다."

선남자선여인 발아뇩다라삼먁삼보리심 응여시주 여시항
善男子善女人 發阿耨多羅三藐三菩提心 應如是住 如是降
복기심
伏其心

"예 세존이시여! 즐거이 듣고자 합니다."

유연 세존 원요욕문
唯然 世尊 願樂欲聞

## 2품 개요

수보리 존자가 대중 가운데서 일어나 두 가지 질문을 한다. 이 두 질문은 『금강경』의 핵심 개요이다.

→ 수보리 존자

『금강경』은 처음부터 끝까지 수보리와 부처님과의 대화 형식으로 되어 있다. 『금강경』에서 수보리존자에 대해 '장로長老' 수보리, '선현善現' 수보리, '혜명慧命' 수보리 등 세 가지 명칭이 등장한다. 각각 조금씩 다르다. 수보리가 부처님의 말씀을 이해하는 정도에 따라 이름이 다르다고 보기도 한다.

수보리(Subhūti)는 부처님의 10대 제자 가운데 해공제일解空第一로서 공론空論에 뛰어난 제자이다. 수보리는 부처님보다 나이가 많았다. 『서유기』에 천궁天宮에서 온갖 소란을 피우는 손오공의 77가지 둔갑술이 모두 수보리존자로부터 배운 것이라고 묘사되어 있다. 책에서는 손오공이 수보리존자를 찾아간 것을 마치 6조 혜능[638~713]이 5조 홍인[602~675]을 찾아간 것처럼 묘사하고 있다.

→ 발아뇩다라삼먁삼보리심發阿耨多羅三藐三菩提心

아뇩다라삼먁삼보리는 산스끄리뜨어 anuttarā-samyak-saṃbodhih이다. anuttarā[아뇩다라]는 무상無上, samyak[삼먁]은 정등正等, saṃbodhih[삼보리]는 정각正覺으로 번역한다. 저자는 이 책 전반에 걸쳐 아뇩다라삼먁삼보리를 '최상의 깨달음'이라고 옮겼다.

『금강경』에서는 '발아뇩다라삼먁삼보리심'을 중시한다[대승불교 사상은 모두 그러하다]. 즉 '발아뇩다라삼먁삼보리심'을 줄여서 '발보리심發菩提心'이라고 할 수 있고, 여기서 또 줄여서 '발심發心'이라고 할 수 있다. 한자漢字 발發은 '마음을 일으키다', 혹은 '마음을 내다' 등 동기 부여라고 볼 수 있다. 발심에 대해『대반야경』에서는 "모든 보살은 처음 발심하여 반야바라밀다를 수행하는 것으로부터 10지를 원만케 하여 무상정등보리를 증득하는 것이다."라고 하였다[제보살마하살諸菩薩摩訶薩 종초발심수행從初發心修行 반야바라밀다般若婆羅蜜多 원만십지圓滿十地 증득무상정등보리證得無上正等菩提].

● 참 발심 이야기

동아시아 불교는 대체로 대승불교 국가이다. 대승불교는 출·재가 모두에게 똑같은 출발점에서 성불할 수 있음을 내세운다. 재가불자들 중에 승려들보다 공부가 뛰어난 이들이 많다.『유마경』의 주인공인 유마거사는 실제 인물이 아니고, 당나라 때 방거사와 신라 때 부설거사는 실제 인물로서 매우 뛰어난 경지에 이른 분들이다.

방거사는 성을 그대로 따서 부르지만 온전한 이름이 방온龐蘊[?~808]이다. 방거사는 호북성 양양 사람으로 일찍이 유학을 공부했다. 어느 해, 단하천연丹霞天然[739~824]과 과거시험을 보러 가는 길에 한 스님을 만났다. 잠시 길가에서 대화를 주고받는 도중, 스님께서 이들에게 물었다.

"지금 두 분은 어디 가는 길입니까?"

"저희는 과거시험 보러 갑니다."

"세속에서 명예를 추구하는 관리로 선택되는 것보다 수행해서 부처에게 선택되는 것[선불장選佛場]이 어떻겠습니까?"

"부처에게 선택되려면, 어떻게 해야 합니까?"

"마조라는 유명한 선지식이 있는데, 그 선사를 한번 만나 뵙지 않겠습니까?" -『전등록』

이 소리를 듣고 천연과 방거사는 과거시험을 단념하고, 마조[709~788] 선사를 찾아갔다. 방거사와 가족 모두가 선 수행을 하였고, 단하천연은 출가해서 정각에 올랐다.

또 선불장選佛場이라는 단어에 출가한 이가 있다. 오설영묵五洩靈黙[747~818]이다. 영묵은 과거시험을 보러 가는 도중에 마조가 머물던 홍주 개원사에 들렀다.

마조가 물었다.

"어디에 가는가?"

"과거시험을 치르러 장안에 갑니다."

"수재는 너무 멀리 가는군!"

"그러면 이 근처에도 시험장이 있습니까?"

"눈앞에 부족한 것이 무엇이 있는가?" -『조당집』

영묵은 출가는 했으나 공부가 뜻대로 되지 않았다. 이때 마조 선사가 영묵에게 말했다.

"머리카락을 깎아주는 것은 어려운 일이 아니지만, 대사인연大事因緣과는 별개의 문제네."

스승이 훌륭하다고 제자까지 훌륭해지는 것은 아니며, 출가했다고 해서 부처에게 선택되는 것도 아니다[성불]. 끊임없이 열심히 정진하는 것, 늘 자신을 채찍질하며 발심하는 것이 무엇보다 중요하다.

→ "어떤 마음을 가져야 하며, 어떻게 그 마음(번뇌)을 다스려야 합니까[응운하주應云何住 운하항복기심云何降伏其心]?"

『금강경』은 선종禪宗의 소의경전으로, 마음의 두 가지를 구축점으로 한다. 즉 심心에 있어 보리심菩提心과 그 반대 개념인 번뇌煩惱이다. 경전에서는 '보리심을 일으킨 대승의 보살이 어떤 마음을 가지며, 어떻게 그 번뇌를 다스려야 하는가?'로 문제를 상정하였다.

두 질문은 『금강경』이 설해지는 동기에 해당될 만큼 중요한 구절이다. 종단본 조계종출판사에서 발행한 금강경 해석을 따르자면, 응운하주應云何住는 '어떻게 살아야 하는가?', 운하항복기심云何降伏其心은 '어떻게 그 마음을 다스려야 하는가?'로 번역하고 있다.

❸ 번뇌심→❶ 보리심으로 전환[이고득락離苦得樂]하는데, 먼저 ❷ 발심이 중요 요소이다.

"가장 높고 바른 깨달음의 마음을[아뇩다라삼먁삼보리심阿耨多羅三藐三菩提心] ………… ❶
일으킨[발發] 선남자 선여인이 ………… ❷
어떤 마음을 가져야 하며[응운하주應云何住], ………… ⓐ
어떻게 그 마음을 다스려야 합니까?
[운하항복기심云何降伏其心]" ………… ❸ · ⓑ

선남자 선여인善男子善女人 발아뇩다라삼먁삼보리심發阿耨多羅三藐三菩提心 응운하주應云何住 운하항복기심云何降伏其心

❶ 보리심, ❷ 발심, ❸ 번뇌로운 마음이다. 즉 ❸ 번뇌심을 여의어 ❶ 보리심으로 전환해야 하는데, 그 선결 조건이 바로 보리심을 일으키는 ❷ 발심이다.

주住란 머무는 바 없이 머무는 것이어야 한다. '머무는 것은 머물지 않는 것이요, 머물지 않는 것이 머무는 것[주즉부주住卽不住 부주즉주不住卽住]'이다. 혹은 '머무름이 없는 것이 곧 머무름[무소주無所住 즉시주卽是住]'이다.

ⓐ 응운하주應云何住의 주住와 ⓒ '형상·소리·냄새·맛·감촉·마음의 대상에 머물지 않는다[부주색성향미촉법不住色聲香味觸法]'의 주住와 다르다. ⓒ 주[住, 머묾]는 집착하는 것을 말하는 것이고, '떠나지 않고', '물러서는 마음을 내지 않고', '잊어버리지 않는 것' 등을 말한다. ⓐ의 주[住, 머묾]는 가장 높고 바른 깨달음의 마음에 머물기 위해서는 가장 먼저 발했던 성불成佛, 부처가 되고자 하는 서원의 마음을 잊지 않는 마음을 말한다. ❸ 번뇌란 바위가 틈새를 누르고 있어도 그 틈새를 비집고 잡초가 자라는 것과 같다. 뇌나 심장은 하나의 기계와도 같다. 스위치는 생각·감정·심리작용 속에 있다. 불법에 들어서는 것은 마음이 입정入定 상태에 머무는 것이다.

➜ "잘 호념해 주다[선호념善護念]."

범부에게나 깨달은 자에게나 단지 하나의 법문이 선호념이다. 『금강경』에서 선호념은 어떤 생각을 보호한다는 말인가? 머물지 않는 것[무소주無所住]이다. 어떻게 머물지 않는가? 바로 불생법상不生法相이다.

선善은 자신의 사상이나 생각 또는 의지를 잘 살피는 것이다. 즉 기도를 하든 참선을 하든 마음을 여일하게 갖도록 살피는 것이다. 일념一念이라고 하는 것도 한번 호흡하는 사이이다. 이 일념에 8만4천 번뇌가 들어 있다. 번뇌에서 해탈하고자 한다면 일념을 떨쳐버려야 한다. 그러면 곧 성불이다.

호념護念이란 번뇌의 그 염念을 살피는 것이다. 선호념은 모든 수행의 출발점이자 부처의 원만한 성취이다. 실은 부처가 해주는 것이 아니라 스스로 해야 한다.

선부촉善付囑도 선호념의 개념과 같은 의미가 담겨 있다.

### ➔ 보살이란?

보살이라는 용어는 초기불교와 대승불교의 개념이 다르다. 즉 초기불교에서 보살은 석가모니 부처님만을 지칭하지만, 대승불교에서는 보리심을 낸 행자는 모두가 보살이다.

대승불교 운동은 기원전 50년 무렵에 발생했으며, 보살들에 의해 펼쳐진 운동이다. 원래 '보살'이라는 호칭은 석가모니불의 과거 전생에 선업善業을 닦으며 정진했던 행자行者를 지칭한다. 대승불교 보살들은 석가모니 부처님이 수많은 생을 거듭하며, 보살로서의 길을 닦은 인행因行으로 부처가 되었듯이[果德] 자신들도 석가모니부처님을 귀감으로 삼아 스스로 '보살[bodhisattva, 보리살타菩提薩埵]'이라고 지칭했다. 대승불교의 보살은 재가자든 출가자든 구별 없이 위로는 깨달음[보리菩提; bodhi]을 구하고, 아래로는 모든 중생이 함께 해탈하도록 이타를 실천하는 자[살타薩埵; sattva]라고 정의할 수 있다. 이런 보살들에 의해 『금강경』을 비롯한 대승불교 경전이 결집되었다.

보살의 대표적 바라밀인 육도六度를 실천함이요, 이 육도를 실천하기 위해서는 먼저 서원·발원[15]과 회향이 있어야 한다. 서원·행원을 근간으로 육도를 실천하면서 반드시 반야 공관적空觀的 바라밀행이 따라주어야 한다. 일체 어떤 것과도 차별되지 않는 공적空的인 무집착행[무주심無住心=무심無心]을 말한다. 이 무집착을 주제로 하여 공사상을 설하고 있는 경전이 반야부 가운데 『금강경』이다.

➜ 여금제청汝今諦聽

'제'는 자세히, 주의해서의 뜻이다.

15 이 서원에도 두 가지가 있는데, 총원總願과 별원別願이다. 총원은 어떤 보살이든지 똑같은 이타사상이 담긴 4홍서원四弘誓願이다. 별원은 경전마다 등장하는 각 보살들의 서원이다. 『화엄경』 보현보살의 10행원十行願, 『무량수경』 아미타불의 전신前身인 법장비구의 48대원四十八大願, 『십지경』의 10대원十大願, 『승만경』 승만부인의 10대수十大受와 3대원三大願, 약사여래의 12원十二願, 『천수경』 여래의 10대발원十大發願 등이다.

# 3품 【대승정종분大乘正宗分】

# 대승의 참다운 종지

부처님이 수보리에게 말씀하셨다.

"모든 보살들은 응당히 그 마음(번뇌)을 다스려야 한다. 일체 중생의 종류인 난생·태생·습생·화생·형상이 있는 것·형상이 없는 것·생각이 있는 것·생각이 없는 것·생각이 있는 것도 아니고 없는 것도 아닌 (아홉 종류) 등의 중생을 내가 다 최상의 열반에 들어 멸도하도록 제도하리라.

불고수보리 제보살마하살 응여시항복기심 소유일체중생
佛告須菩提 諸菩薩摩訶薩 應如是降伏其心 所有一切衆生
지류 약난생 약태생 약습생 약화생 약유색 약무색 약유상
之類 若卵生 若胎生 若濕生 若化生 若有色 若無色 若有想
약무상 약비유상비무상 아개영입무여열반 이멸도지
若無想 若非有想非無想 我皆令入無餘涅槃 而滅度之

이와 같이 무량무수 무변한 중생을 멸도에 들게 했지만, 실제로는 한 중생도 멸도에 든 중생이 없다. 수보리야, 만약 보살이 아상·인상·중생상·수자상이 있다면, 보살이 아니기 때문이다."

여시멸도 무량무수무변중생 실무중생 득멸도자 하이고 수
如是滅度 無量無數無邊衆生 實無衆生 得滅度者 何以故 須
보리 약보살 유아상 인상 중생상 수자상 즉비보살
菩提 若菩薩 有我相 人相 衆生相 壽者相 則非菩薩

## 3품 개요

3품은 2품에서 수보리가 질문한 것 가운데 두 번째인 '운하항복기심云何降伏其心'에 대한 답이 이 3품 전체 내용이다. 대승의 바른 종지를 드러내는 데, 그 답은 모든 중생들을 인도하되 인도했다는 관념을 갖지 말라는 것이다. 바른 가르침을 보여주며 아상·인상·중생상·수자상 4상四相을 설명하며 4상이 없어야 부처가 될 수 있으며 해탈할 수 있다고 한다.

➜ '대승大乘'

기원전 100년 무렵, 대승불교를 일으킨 이들이 자신들은 근기가 뛰어나며 모든 이들과 함께 성불한다고 하며 대승大乘(Mahāyāna)이라고 호칭했다. 당시 상좌부 교단을 '그릇이 작다', 혹은 '하열한'·'부족한'의 의미로 소승小乘(Hīnayāna)이라고 하였다. 대승불교라고 할 때, 대승은 보살의 가르침이며, 보살이 부처가 되려는 의지가 바로 보리심菩提心이요, 이 보리심을 일으키면 보살인 것이다. 누구라도 보리심을 발發하면 부처가 될 수 있다는 불성佛性으로 발전되었다. 『법화경』에 등장하는 일승一乘의 교리와 같다고 보면 정확할 듯하다. 『법화경』에서는 성문승이든 연각승이든 모든 이들이 일승[대승]으로 귀착된다.

➔ 일체 중생의 종류[일체중생지류一切衆生之類]

이 세상에 존재하는 모든 생명을 아홉 가지로 분류한 것, '9류중생九類衆生'이라고 한다. 이 세상에 존재하는 중생의 형태 부류이다.

난생卵生은 알에서 껍질을 깨고 태어나는 중생이다. 물고기·새·거북이·뱀 등 조류, 어류, 파충류이다.

태생胎生은 어미의 태에서 태어나는 중생이다. 사람·축생 등 포유류이다.

습생濕生은 습한 곳에서 태어나는 중생이다. 꿈틀꿈틀 움직이는 벌레들, 곧 모기·파리·하루살이 등이 해당한다고 볼 수 있다.

화생化生은 아무것도 없이 홀연히 생기는 중생이다. 보통 하늘세계의 천인들이 화해서 태어난다고 본다.

유색有色은 형상이 있으며, 물질적인 것으로서 눈으로 볼 수 있는 존재이다.

무색無色은 형상이 없으며 물질적인 형태가 없는 것으로, 우리가 알 수도 없고 볼 수도 없는 존재이다. 무색계의 외도와 같은 부류도 여기 속한다.

유상有想은 형체는 없는데 생각과 감각을 지닌 존재이다. 허망한 그림자에 전도되어 임시로 형상을 만들어 그 과보로 이루어지는 중생이다. 신神·귀鬼·정령精靈 등과 같은 부류이다.

무상無想은 생각도 없고, 감각도 없는 존재이다. 둔하고 어리석어 고목이라는 망상의 혹업을 일으키는 중생이다.

비유상비무상非有想非無想은 생각도 없고, 지각도 없지만, 감각만은 갖고 있는 존재이다. 입정入定해 깨어나지 않는 수행자도 이런 부류라고 볼 수 있다. 비유상非有想은 생각이 없는 것은 아니지만 보기에는 없는 것과 같은 것이다.

『금강경』에서는 중생을 아홉 부류로 나누기도 하지만, 12부류로 나누기도 한다[→ 능엄경]. 9류중생에 관해 일부분은 『가산불교대사림』을 참고했다.

→ "내가 다 최상의 열반에 들어 멸도하도록 제도하리라[아개영입무여열반我皆令入無餘涅槃 이멸도지而滅度之]."

보살의 정신은 다름 아닌 '다른 이들에게 이익되게 하는 것을 자신의 이익으로 삼는 것'이다. 자신이 먼저 부처가 되고자 하는 것이 아니라 먼저 중생을 제도하겠다는 서원을 세운 것을 말한다. 곧 자아의 중심성을 벗어나 다른 존재를 이롭게 하는 것이다. 여기서도 두 가지 차원이 있다.

❶ 먼저 중생을 제도하기 위해 성불을 뒤로 미룬다[선도중생후성불先度衆生後成佛].

『열반경』에 "나의 성불을 뒤로 미루고 남을 먼저 제도한다."라고 하였다. 이와 똑같이 『화엄경』에도 "중생제도를 먼저 하고 나의 성불을 뒤로 미룬다."고 했으며, 「보현행원품」에서는 "보현행으로써 깨달음을 이룬다[이보현행오보리以普賢行悟菩提]."라고 하여 보살행 자체만으로 정각을 이룬다는 보살 서원의 확고함을 알 수 있다. 먼저 중생을 제도하고 후에 성불한다.

❷ 성불해 마친 뒤에 중생을 제도한다.

중생제도를 위해 저잣거리로 들어가는 것이다. 이것은 십우도 그림에서도 마지막 열 번째 그림이 이에 해당한다. 즉 완전한 열반[반본환원返本還源]을 이룬 뒤에 다시 중생에게 되돌아와 중생을 구제한다[입전수수入纏垂手].

❶·❷ 차원을 떠나 불자들은 자신이나 가족을 위한 축원이 아니라 이렇게 발원해야 한다.

"이 세상의 모든 생명 있는 존재는 행복하라."

티벳 불자들은 사찰에 가거나 성지순례 때 타르초(Tharchog, 우리나라로 보면 사찰 행사 때 내거는 번旛과 같은 것)를 갖고 가서 나무나 기둥에 매어둔다. 천 조각에 부처님 말씀이나 진언이 쓰여 있는데, 허공에 날려서 이 중생세계가 부처님 세상과 같은 극락이 되길 염원하는 뜻이다.

티벳 승려 팔덴 갸초의 자서전에도 이런 내용이 나온다.

스님이 어릴 적, 9세 때 할머니를 따라 사찰에 참배하러 갔다. 할머니와 어린 꼬마는 대법당에 들어가서 부처님 쪽을 향해 기도문을 외웠다. 참배를 마치고 나와서 어린 꼬마가 할머니에게 물었다.

"할머니, 무슨 기도문을 외우셨어요?"

"마음이 있는 존재들이 모두 평안하고, 그리고 세상에 아픈 사람이 모두 없기를 기도했단다."

➜ 무여열반無餘涅槃

깨달음의 최고 경지다. 불타의 죽음을 반열반般涅槃이라고 하는데, 곧 무여열반을 말한다. 부처님의 생전 열반을 유여열반有餘涅槃이라고 하고, 육신까지 소멸한 열반을 무여열반이라고 해석한다. 곧 육신이라는 번뇌가 남아 있기 때문에 유여열반이라고 하는 것이다.

● "무량 무수 무변한 중생을 멸도에 들게 했지만, 실제로는 한 중생도 멸도에 든 중생이 없다[여시멸도如是滅度 무량무수무변중생無量無數無邊衆生 실무중생實無衆生 득멸도자得滅度者]."

보살로서 중생을 제도하지만, 그 중생을 제도했다는 관념을 갖지 않았기 때문이다.

『사십이장경』에 "접하는 일마다 무심無心하기 어렵다."고 하였다. 예수님 말씀에 "오른쪽 빰을 때리면 왼쪽 빰을 내밀어라. 누가 외투를 훔치거든 속옷까지 내밀어라."라고 하였다. 이 설명은 앞에서 대승·보살 등을 설명하면서 했던 것과 같다고 본다. 중생에게 베풀고도 베풀었다는 관념이 없이 베푼 무주상 자비의 면모를 보자.

당나라 때, 담장曇藏은 마조도일馬祖道一[709~788]의 제자이다. 담장은 스승 마조가 열반한 뒤 남악南岳 서원사西苑寺에 머물렀다. 담장은 개 한 마리를 키웠는데, 늦은 밤에 경행을 하면 개가 와서 옷을 물었다. 오랜 시간 경행했다는 뜻으로 알고, 담장은 바로 방으로 들어가는 습관이 있었다. 어느 날, 개가 문 옆에 엎드려 계속 짖었다. 이튿날 아침, 새벽에 공양간 앞에 큰 구렁이 하나가 나타나 입을 벌리고 독을 내뿜고 있었다. 사미승이 겁에 질려 있자, 선사가 말했다.

"죽음을 어찌 피할 수 있겠는가? 저 놈이 독을 뿜고 달려들면, 나는 자비로운 마음으로 받아들인다. 독은 진실한 성품이 없어서 끓어오르면 강해지고, 자비는 인연을 가리지 않으니 원수와 친척이 같은 것이다."

이 말이 끝나자마자, 미물인 구렁이도 스님의 말에 감화를 받았는지 슬그머니 사라졌다. 또 어느 날 저녁, 암자에 도둑이 들었다. 담장이 도둑에게 말했다.

"누추한 암자까지 찾아오느라 고생이 많습니다. 혹 마음에 드는 물건이 있으면 마음대로 가져가십시오."

우리나라에도 '천진도인'이라 일컫는 혜월[1861~1937, 경허의 제자] 스님의 일화가 감동적이다. 혜월이 정혜사에 머물 때이다. 어느 날, 도둑이 쌀을 훔치러 왔다. 도둑이 쌀가마니를 지게에 지려는데 너무 무거워 끙끙거리자 혜월 스님이 지게를 살짝 들어주며 말했다.

"쉿, 대중이 깨면 안 되네. 아무 소리 하지 말고 어서 내려가게. 양식이 떨어지면 또 찾아오게."

➜ 4상四相 : 아상 · 인상 · 중생상 · 수자상

이 4상에 대해서는 금강의 장(p.42)에서 언급하였다. 일반적인 개념의 4상이다.

❶ 아상 : 두 가지이다. 첫째는 자아에 대한 개념으로 영원하고 불변하는 실체가 있다고 보는 것이다. 둘째는 나에 대한 자아 개념이 강한 것이다. 생명을 지닌 개체로서의 인간적 · 정신적 측면에서 상대에 대한 우월감을 갖고 있는 것이라고 본다. 『사십이장경』에서 인생을 살아나가는 데 20가지 어려움을 들었는데, 12번째에 "아만심을 꺾기 어렵다[제멸아만난除滅我慢難]."고 하였다. 요즘 말로 해서 꼰대의식으로 아랫사람을 대하는 것이나 혹은 젊은이가 노년층 어르신들을 무시하는 것이라고 본다. 관념 속에 '나'가 굳건히 자리 잡고 있는 것이다.

❷ 인상 : 아상이 무아의 요소들로 이루어진 것을 부정하는 것이라면 인상은 나 밖의 모든 것들로 이루어진 요소를 부정하며 알지 못하는 것이다. 당연히 상대방과 나에 대한 관념을 정확히 구분하고, 상대에 대한 배려도 없으며 상대에 군림하려 드는 것이다.

❸ 중생상 : 인간이 만물의 영장이라는 차원에서 모든 생명에 대한 개념을 명확히 구분하는 것이다. 모든 동식물에 이분법적 사고로 차별을 두는 것이다.

❹ 수자상 : 태어나는 순간부터 죽을 때까지 일정한 길이의 개념으로 생각하는 것. 즉 과거세 미래를 염두에 두지 않고, 오롯이 수명이 지속되는 동안만 살아 있는 거라고 보는 것이다.

→ 4상에 대한 종합

나와 상대에 대한 이분법적 사고가 없는 경지에 이르러야 한다. 곧 공안으로 말하면 방하착放下著인데, '옳다·그르다·예쁘다·밉다, 싫다·좋다, 선·악, 나·너다'라고 하는 이분법적인 관념을 버리는 것이다. 더 나아가 상대적인 관념을 내려놓았을 뿐만 아니라, 이 '버렸다'는 것조차 내려놓는 것이 4상에 대한 처방이라고 본다. 아상이 가장 기본이고, 아상만 없애면 모든 것들은 자동으로 사라진다.

## 4품 ……………………………………【묘행무주분妙行無住分】

# 수행에는 머묾(집착)이 없어야 한다

"또 수보리야, 보살은 어떤 대상[법]에도 집착하지 않고, 보시해야 한다. 형상에 집착하지 않고 보시해야 하며, 소리·냄새·맛·감촉·법에 집착하지 않고 보시해야 한다.

부차수보리 보살 어법 응무소주 행어보시 소위부주색보시
復次須菩提 菩薩 於法 應無所住 行於布施 所謂不住色布施
부주성향미촉법보시
不住聲香味觸法布施

수보리야, 보살은 응당히 이와 같이 보시하되, 대상에 집착해서는 안 된다. 만약 보살이 대상에 집착하지 않고 보시한다면 그 복덕은 헤아릴 수 없느니라.

수보리 보살 응여시보시 부주어상 하이고 약보살 부주상
須菩提 菩薩 應如是布施 不住於相 何以故 若菩薩 不住相
보시 기복덕 불가사량
布施 其福德 不可思量

수보리야, 그대는 어떻게 생각하는가? 동쪽의 허공을 헤아릴 수 있겠는가?"

"헤아릴 수 없습니다. 세존이시여!"

"수보리야, 남방·서방·북방·네 간방·상하의 허공을 헤아릴 수 있겠는가?"

"헤아릴 수 없습니다. 세존이시여!"

수보리 어의운하 동방허공 가사량부 불야 세존
須菩提 於意云何 東方虛空 可思量不 不也 世尊
수보리 남서북방 사유상하허공 가사량부 불야 세존
須菩提 南西北方 四維上下虛空 可思量不 不也 世尊

"수보리야, 보살이 대상에 집착하지 않고 하는 보시의 복덕도 또한 이와 같이 가히 헤아릴 수 없느니라. 수보리야, 보살은 단지 이와 같이 (내가) 말한 대로 마음이 머물러야 한다."

수보리 보살 무주상보시복덕 역부여시 불가사량 수보리
須菩提 菩薩 無住相布施福德 亦復如是 不可思量 須菩提
보살 단응여소교주
菩薩 但應如所教住

## 4품 개요

2품에서 수보리가 질문한 것 가운데 첫 번째 '응운하주應云何住'에 대한 답이 4품의 내용이다. 보살이 '어떻게 보리심을 유지해야 하는가?'라는 질문인데, 그 답은 "보살은 마땅히 그 어디에도 머무는 바 없이 보시하라[무주상보시無住相布施]."고 한다.

● 제목 묘행무주분妙行無住分에서 묘행妙行은 보리행으로 깨달음을 이루는 행, 부처를 이루는 행, 대우주의 진실한 행이라는 뜻이다.

➜ 색 · 소리 · 냄새 · 맛 · 감촉 · 법[색성향미촉법色聲香味觸法]

색色은 일정한 대상으로서의 모든 형태 등 우리가 현상계에서 경험하는 일정한 대상이다. 성聲은 각종 소리, 향香은 여러 냄새, 미味는 시고, 달고, 쓰고, 짜고, 매운 맛. 촉觸은 감촉으로서 몸의 각 기관이 접촉하는 것. 법法은 자신들의 마음속의 생각 혹은 관념으로서 일체의 심리나 정신 등을 말한다.

이를 여섯 경계인 6경六境이라고 하며, 번뇌를 일으키는 주범이라고 하여 6진六塵이라고 한다. 여섯 경계에서 벗어날 수 있어야 마음이 청정하게 된다. 신라 선덕여왕 시대의 거사인 부설의 임종게를 통해 6진 경계의 벗어난 경지를 보자.

눈으로 보는 바가 없으니, 분별이 없고,
귀에 듣는 소리 없으니, 시비가 끊겼네.
분별과 시비를 모두 아래로 놓아 버리고,
다만 본성(마음의 부처)을 보고 스스로 귀의하네.
목무소견무분별目無所見無分別
이청무성절시비耳聽無聲絶是非

분별시비도방하分別是非都放下

단간심불자귀의但看心佛自歸依

→ "대상[법]에도 집착하지 않고, 보시해야 한다. 형상에 집착하지 않고 보시해야 하며, 소리·냄새·맛·감촉·법에 집착하지 않고 보시해야 한다[어법於法 ⓐ 응무소주應無所住 행어보시行於布施 소위부주색보시所謂不住色布施 ⓑ 부주성향미촉법보시不住聲香味觸法布施]."

여기서 ⓐ 응무소주應無所住의 머묾은 집착하는 것을 말하고, ⓑ 부주성향미촉법不住聲香味觸法의 머묾은 '떠나지 않고', '물러서는 마음을 내지 않고', '잊어버리지 않는 것'을 말한다.

최상의 깨달은 자리[마음]에 머물기 위해서는 가장 먼저 성불하고자 하는 원력의 마음을 잊지 않는 것이 중요하다. 이런 마음을 유지할 수 있다면 다른 존재의 이익을 잊지 않는 것이다. 예를 들어 누군가 나를 욕하면서 눈으로 못마땅한 매서운 눈초리로 흘겨보았다. 그 후 며칠 동안 그 눈빛과 욕 소리 때문에 잠을 못 이룬다. 그렇다면 거기에 머물러 있는 것이다. 이때 대상 경계에 머물러 있지 않은 스님들을 만나 보자.

한산寒山과 습득拾得은 전설적인 인물로 알려져 있지만, 중국 당나라 때 생존했던 인물들이다. 한산은 해진 옷에 나막신을 신고 다녔으며, 천태산 국청사에서 대중들이 먹다 남은 밥과 나물을 습득에게 얻어먹었다. 그들의 기이한 언행을 이해하지 못한 사람들은 그를 멸시하고 천대했다.

한산이 습득에게 물었다.

"세상 사람들이 나를 비방하고, 욕하며, 비웃고, 천대시하며, 싫어합니다. 어떻게 하면 좋을까요?"

"그냥 참고, 양보하고, 피하고, 견디며, 괘념치 말라. 이렇게 하고 몇 년이 지나서 어떤지 한번 보아라."

한산이 또 물었다.

"혹 피할 수 있는 또 다른 방법은 없을까요?"

습득은 미륵보살의 게송으로 답하였다.

"이 못난 늙은 것은 다 떨어진 옷을 입고 그저 밥만으로도 배가 부르네. 떨어진 것도 기우면 추위를 막기에 그만이며, 모든 일에 연緣을 따를 뿐이라네. 어떤 이가 늙은 것을 욕하면 늙은 것은 그냥 그렇다 하고, 어떤 이가 늙은 것을 때리면, 늙은 것은 스스로 쓰러져 버리네. 내 얼굴에 침 뱉어도 절로 마르도록 내버려 두니 나도 기력을 아끼고 그도 번뇌가 없네. 이 소식을 안다면 어찌 도를 마치지 못할까 근심할 것이 있으랴."

습득은 한술 더 떠서 이렇게 말했다.

"누군가가 그대를 욕하거나 깔보고 때려도 상대방을 내버려 두어라. 상대방의 행위에 응하지 않을 정도의 경지가 되면 깨달음에 이른 것이다."

### → "집착하지 않고 보시하라."

보시에 대한 일반적인 이야기는 앞에서 자세하게 다루었다. 4품에서는 '집착하지 않고 하는 보시'에 대해서 4번이나 반복하여 언급하고 있다.

응무소주應無所住 행어보시行於布施
응여시보시應如是布施 부주어상不住於相
부주상보시不住相布施 / 무주상보시無住相布施

6바라밀 가운데 보시바라밀을 행할 때도 베풀었다는 집착심이나 관념이 없이 보시하라는 뜻이다. 곧 무주상보시이다. 이렇게 대상에 집착하지 않고 보시한다면 그 복덕은 헤아릴 수 없을 만큼 매우 크다고 강조하고 있다. 이렇듯이 『금강경』도 초기 대승 경전답게 수행의 완성으로서 6바라밀을 강조한다. 무주상보시는 10품에 나타난 '응무소주 이생기심應無所住 而生其心'의 구조와 같다. 조금 더 확대하여 살펴보자.

응무소주 이생기심은 6조 혜능[638~713]이 듣고 출가 결심을 하게 된 매우 중요한 구절이다. 이 구절은 『금강경』의 대표 주제 가운데 하나로서 후대 선종이 발달하면서 승려들이 수행 목표로 설정하기도 하였다. 경에서 무주상, 곧 무심을 강조하기 때문에 선종의 선사들이 『금강경』을 더욱 주목하게 되었다.

10품에 의하면, "모든 보살은 응당히 청정심을 내어야 한다. 보살은 형색에 집착하지 않고 마음을 내어야 하며, 소리·냄새·맛·감촉·생각의 대상 경계에 집착하지 않고[응무소주應無所住] 마음을 내어야 한다[이생기심而生其心]."고 하였다. 즉 보살은 6근의 대상 경계인 소리·냄새·맛·감촉·생각의 대상, 6경境에 집착하거나 머무는 마음이 없이 마음을 내라'는 뜻이라고 할 수 있다. 소주所住란 바로 앞 문장 단어인 『금강경』에서 청정심을 말한다.

집착하지 말라는 것은 어디에도 집착하지 않는 공사상, 대승심을 의미한다. 달마와 양무제의 대화를 보자. 달마가 520년 인도에서 해로를 통해 중국 남쪽으로 들어왔다. 양무제梁武帝[464~549]가 달마를 만나보고 싶어 했다.

양무제가 '자신은 공덕을 많이 지었는데, 어떤 과보가 있느냐?'는 질문에 달마는 양무제에게 아무것도 없다고 말했다. 물론 선적인 측면에서 내용이 있지만, 여기서는 『금강경』 입장에서만 보자. '관념을 두고 보시하거나 과보 받을 것에 집착한다면 공덕이 하나도 없다'고 한 것이다. 바로 무주상無住相이 양무제에게 없었던 것이다.

보살은 마음에 집착하지 않고 보시를 행하라는 '무주상보시'에서 무주상이 곧, 무심無心이다. 즉 집착이나 관념, 분별심[주상住相]을 갖지 말고, 6바라밀을 실천하라는 것이다. 『금강경』에서는 바라는 것 없이 보시하라는 무주상보시만을 언급하고 있지만, 무주상지계無住相持戒·무주상인욕無住相忍辱 등 6바라밀을 모두 함축하고 있다.

## 5품 【여리실견분如理實見分】

# 여래의 참다운 모습을 보다

"수보리야, 어떻게 생각하느냐? 몸의 형태로써 여래를 볼 수 있는가?"

수보리 어의운하 가이신상 견여래부
須菩提 於意云何 可以身相 見如來不

"아닙니다. 세존이시여! 몸의 형태로써 여래를 볼 수 없습니다. 여래께서 말씀하신 몸의 형태란 몸의 형태가 아니기 때문입니다."

불야 세존 불가이신상 득견여래 하이고 여래소설신상 즉
不也 世尊 不可以身相 得見如來 何以故 如來所說身相 卽
비신상
非身相

부처님께서 수보리에게 말씀하셨다.

"무릇 모든 상은 다 허망하다. 만약 모든 상을 상 아닌 것으로 볼 줄 안다면 참 여래를 만날 수 있으리라."

불고수보리 범소유상 개시허망 약견제상 비상 즉견여래
佛告須菩提 凡所有相 皆是虛妄 若見諸相 非相 則見如來

## 5품 개요

'이치와 같이 실답게 본다.'는 뜻으로 5품의 핵심은 범소유상凡所有相 개시허망皆是虛妄 약견제상비상若見諸相非相 즉견여래則見如來로 무주상無住相의 이치를 잘 설명하고 있다. 4구게를 통해 '사상이나 형태, 혹은 가르침은 영원하지 않고, 진리가 아니라는 것을 알게 될 때 여래를 보리라'라고 하며, 실상實相을 보아야 한다는 것을 알려주고 있다.

→ 몸의 형태[신상身相]

부처님의 신상을 나타내는 32상 80종호를 말한다.

→ 부처는 우리에게 단지 모든 상은 상이 아님을 말할 뿐 결코 공을 말하지 않는다. 바로 머무는 바가 없기 때문이다[무소주無所住].

『금강경』이 공사상이라고 하면서 '공' 단어가 한 번도 나오지 않는 것과 같은 이치이다. 공이라고 언급할 것조차 필요 없었기 때문이다.

→ "무릇 모든 상은 다 허망하다. 만약 모든 상을 상 아닌 것으로 볼

줄 안다면 참 여래를 만날 수 있으리라[범소유상凡所有相 개시허망皆是虛妄 약견제상若見諸相 비상非相 즉견여래則見如來]."

5품은 이 게송에 핵심이 담겨 있다. 이를 이해하기 위해 어떤 수행법이 필요한지를 보자.

몸과 마음에서 일어나고 있는 현상[대상]을 있는 그대로 본다는 뜻으로 '여실지견如實知見'이라고 한다. 빨리어로 하면, 야타부땅(yathābūtaṁ)이다. 곧 대상을 모양대로 보는 것이 아니라 그들의 무상無常 · 고苦 · 무아無我인 특성을 그대로 보는 것을 말한다. 해탈지견解脫知見이란 반야지혜를 얻어 깨달음의 경지에 이른 의미이다.

『금강경』의 게송으로 종합해 정리하면, 이러하다.

ⓐ 무릇 세상에 존재하는 모든 상[범소유상凡所有相]은

ⓑ 모두 다 허망한 것이다[개시허망皆是虛妄].

ⓒ 만약 세상에 존재하는 모든 상을 상 아닌 것으로 본다면[약견제상비상若見諸相非相],

ⓓ 곧 여래를 보리라[즉견여래則見如來]."

위 4구게에서 ⓐ구와 ⓑ구는 삶의 현실을 그대로 직시하라는 것이다. 참 현실에서 그대로 깨어 있어 무상한 것임을 알아야 한다. 다음 ⓒ구와 ⓓ구는 이렇게 허망하다고 하지만 이런 허망함 속에서도 참 본질을 파악해야 한다. 어떤 형상이든지 그 형상은 인연으로 모여 이루어져 있다. 인간으로 치면, 5온五蘊이 모두 공하다는 것을 조견照見해야 한다. 그런 뒤에 조견이 사무쳐 증득된다면 고액苦厄으로부터 벗어난다. 즉 이는 『반야심경』의 "조견오온개공照見五蘊皆空 도일체고액度一切苦厄"을 말한다. 반야의 지혜로 5온이 모두 공함을 관조한 후에 해탈하게 되고 자재하게 되는 것이다.

월정사의 한암(1876~1951) 스님의 깨달음도 『금강경』과 관련된다. 한암의 자전적 오도기悟道記인 「일생패궐一生敗闕」에 이런 내용이 있다. 스님은 22세에 출가한 지 2년 뒤인 1899년에 금강산 신계사에서 보조지눌 국사의 『수심결』을 읽다가 몸이 떨리면서 마치 죽음이 당도한 것 같은 느낌을 받았다. 스님은 사교입선捨教入禪하여 청암사 수도원에서 참선하며 경허 스님의 『금강경』 법문을 듣고 1차 개오하였다. 그 『금강경』 법문은 5품의 게송이라고 한다.

● 5품 4구게와 관련한 이야기

황벽희운黃檗希運[?~856]은 『전심법요』에서 "부처는 형상에 집착하지 않는다."고 하였다. 어떻게 형상에 집착하지 않는다는 것인가? 공안 중에 단하소불丹霞燒佛이 있다.

당나라 때의 단하천연丹霞天然[739~824]은 만행 도중, 추운 겨울날 낙동洛東 혜림사慧林寺에서 하룻밤을 묵게 되었다. 그런데 잠을 자려니, 추워서 잠을 잘 수가 없었다. 천연은 법당에서 목불木

佛을 내려 쪼개서 불을 피워 따뜻하게 밤을 지새웠다. 다음날 승려들이 예불을 하려고 보니, 불상이 없었다. 마침 부엌에 있던 원주스님이 타다 남은 목불을 발견하고 소리쳤다.

"세상에 이런 법이 어디 있습니까?"

천연이 문을 열고 나오며 말했다.

"이 절 부처님 법력이 대단하다고 들었는데, 부처님 몸에서 사리가 나오지 않더군요."

"나무 불상에서 무슨 사리가 나옵니까?"

"사리도 없는 부처인데, 불 좀 피워서 몸 좀 녹였거늘 무슨 큰 죄라도 됩니까?"

청동 부처는 용광로를 지나지 못하고, 목불木佛은 불을 지나지 못하며, 진흙 부처는 물을 지나지 못하는 법이다[금불부도로金佛不度爐 목불부도화木佛不度火 니불부도수泥佛不度水]. 영원한 것이라면, 그 형체가 그대로 존재해야 한다. 모든 만물은 일정한 조건에 따라 변하게 되어 있는 무상한 것이다. 이에 형상에 집착해 그것이 최상이고, 최고라는 분별심을 갖지 말라는 이야기다. 단하소불 공안은 관념을 두거나 집착심을 갖지 말라는 것이지, 법당의 부처를 함부로 훼손해도 된다는 것이 전혀 아니다. 석가모니 부처님이 열반에 들면서 제자들에게 "사리를 섬기지 말고, 열심히 정진하라."는 말씀도 한번쯤 상기하자.

일본 임제종의 종조인 에이사이[榮西, 1141~1203]의 일화이다.

에이사이가 건인사建仁寺에 머물고 있을 때, 한 걸인이 병들고 굶주린 몸으로 선사를 찾아왔다. 선사는 줄 물건이 없자, 법당으로 들어가 약사여래상의 금박 광배를 잘라서 걸인에게 주었다. 선사는 "이걸 팔아서 약도 지어 먹고, 몸을 회복하라."는 말씀까지 곁들였다. 제자들은 스승에게 부처님을 욕되게 한 일이라며 투덜거리자, 선사가 제자들에게 말했다.
"무엇이 욕된 일인가? 단하 선사는 목불을 태웠는데, 나는 부처님을 태운 것도 아니지 않은가? 만약 부처님이었다면 팔을 빼 줬을 것이네. 광배 하나 빼어 중생에게 준 것이 무슨 큰일이라고 소란을 피우는가?"

10년 후 이 걸인은 관리가 되어 백성들에게 자비를 베풀었고, 선사의 후원자가 되었다. 불상 뒤에 광배가 없다고 불상이 아닌가?

이렇게 에이사이처럼 자비도 지혜의 작용에서 나와 무주상無住相으로 베푸는 것이야말로 진정한 자비다. 분별심에서 나와 인위적으로 억지로 베푸는 것은 위선이다. 지혜를 바탕으로 자비가 자연스럽게 표출되어야 하는 법이다.

## 6품 ……………………………………【정신희유분正信希有分】

# 바른 믿음은 희유한 일

수보리가 부처님께 말했다.

"세존이시여! 혹 이와 같은 말씀을 듣고, 진실한 믿음을 내는 중생이 있겠습니까?"

수보리 백불언 세존 파유중생 득문여시언설장구 생실신부

須菩提 白佛言 世尊 頗有衆生 得聞如是言說章句 生實信不

부처님께서 수보리에게 말씀하셨다.

"그런 말 하지 말라. 여래가 입멸한 지 500년이 지나서도 계를 지키고, 복을 닦는 자가 있으며, 이런 말에 신심을 내고 진실하게 실천하는 자가 있을 것이다.

불고수보리 막작시설 여래멸후 후오백세 유지계수복자 어

佛告須菩提 莫作是說 如來滅後 後五百歲 有持戒修福者 於

차장구 능생신심 이차위실

此章句 能生信心 以此爲實

마땅히 알라. 한 부처님·두 부처님·셋·넷·다섯 부처님께 선근을 심었을 뿐만 아니라 무량 천만 부처님 도량에서 많은 선근을 심어 이 말을 듣고서 일념이라도 청정한 믿음을 낼 것이다.

당지시인 불어일불이불삼사오불 이종선근 이어무량 천만
當知是人 不於一佛二佛三四五佛 而種善根 已於無量 千萬
불소 종제선근 문시장구 내지일념 생정신자
佛所 種諸善根 聞是章句 乃至一念 生淨信者

수보리야, 여래는 이 모든 중생이 무량한 복덕이 있음을 다 알고 다 보느니라.

수보리 여래 실지실견 시제중생 득여시무량복덕
須菩提 如來 悉知悉見 是諸衆生 得如是無量福德

이 모든 중생은 아상·인상·중생상·수자상이 없으며, 법상과 비법상도 없기 때문이니라.

하이고 시제중생 무부아상 인상 중생상 수자상 무법상 역
何以故 是諸衆生 無復我相 人相 衆生相 壽者相 無法相 亦
무비법상
無非法相

이 모든 중생이 혹 상을 갖고 있으면 아상·인상·중생상·수자상에 집착하는 것이고, 혹 법상을 갖고 있어도 아상·인상·중생상·수자상에 집착하는 것이며, 혹 비법상을 갖고 있어도 아상·인상·중생상·수자상에 집착하기 때문이니라.

하이고 시제중생 약심취상 즉위착아 인 중생 수자 약취법
何以故 是諸衆生 若心取相 則爲着我 人 衆生 壽者 若取法
상 즉착아 인 중생 수자 하이고 약취비법상 즉착아 인 중
相 卽着我 人 衆生 壽者 何以故 若取非法相 卽着我 人 衆
생 수자
生 壽者

이러니, 응당히 법에 집착하지 말고, 비법에도 집착하지 말라.

시고 불응취법 불응취비법
是故 不應取法 不應取非法

이러기 때문에 여래가 늘 이렇게 말하지 않았느냐?
'그대들은 나의 설법을 뗏목과 같이 여길지니라.' 법도 오히려 버려야 하거늘 어찌 하물며 법 아닌 것이겠는가?"

이시의고 여래상설 여등비구 지아설법 여벌유자 법상응사
以是義故 如來常說 汝等比丘 知我說法 如筏喩者 法尙應捨
하황비법
何況非法

## 6품 개요

중생들은 부처를 믿으면서도 어떤 상相을 갖고 집착하는 성향이 강한데, 무상無相을 말하면 후세 '중생들이 바른 신심을 낼 수 있겠느냐?'는 질문이다. 그러면서 바른 신심을 낸다면 희유하다

는 내용이다.

● '바른 믿음[정신正信]'이란?

바른 믿음은 정신淨信, 청정한 믿음을 말한다. 적어도 마음이 청정한 사람이어야 하는데, 이 정도의 근기라면 청정심에 이른 사람으로 볼 수 있다. 10품에서도 "모든 보살마하살은 응당히 이와 같이 청정심을 내어야 한다[제보살마하살諸菩薩摩訶薩 응여시생應如是生-청정심淸淨心]."고 했는데, 청정심이라고 언급한 것과 무관하지 않다.

➔ 5백세란?

정법·상법·말법 시대를 1천 년으로 나누기도 하고, 5백 년으로 나누기도 한다. 정법正法 시대는 부처가 세상에 있던 시기로 깨달은 수행자가 많이 나오는 시대이다. 상법像法 시대는 부처님이 계시지 않으니, 승려들이 불상과 경전만 있고, 수행은 하지 않고 불사만 하는 시대이다. 말법末法 시대는 불법은 사라지고 미신만이 판치며, 수행자가 나오지 않는 시대이다. 여기서 5백 년이란 상법 시대를 말하며, 후대에도 지계持戒해 수복修福하는 자가 있을 것이라고 언급하고 있다.

➔ "혹 법상을 갖고 있어도 아상·인상·중생상·수자상에 집착하는 것이며, 혹 비법상을 갖고 있어도 아상·인상·중생상·수자상에 집착하기 때문이다[약취법상若取法相 즉착아인중생수자卽着我人衆生壽者 하이

고何以故 약취비법상若取非法相 즉착아인중생수자卽着我人衆生壽者].”

경전 내용을 분석하면, 먼저 상相·법상法相·비법상非法相으로 전개되어 가고 있다.

『능엄경』에서 “일체의 상을 떠나되 일체법에 즉한다[이일체상離一切相 즉일체법卽一切法].”고 하였다. 일체의 상을 떠난다는 것은 ‘무법상無法相’, 일체법에 즉한다는 것은 ‘역무비법상亦無非法相’이다. 가령 ‘사찰에 가서 반드시 향을 피워야 한다’는 원리를 놓고 보자. 반드시 해야 불자이고, 그렇지 못하면 불자가 아닌가? 그 어떤 한쪽에 집착하는 것도 법상인 것이다. 바닷가 인근 절에는 신도들이 불단에 생선을 올리는 것은 어떤가? 어부들은 부처님께 공양을 올리고 싶은데, 늘 생활에서 쉽게 보는 것이 물고기다. 물고기를 공양 올린 이분들에게 틀렸다고 한다면, 이 또한 상에 집착하는 것이다. 누가 옳은 것도 아니지만, 누가 틀린 것도 아니다.

➔ “응당히 법에 집착하지 말고, 비법에도 집착하지 말라[불응취법不應取法 불응취비법不應取非法].”

보시를 한 이후에 ‘보시를 했다.’고 생각하면 법을 취하는 것이고, 반대로 ‘아무런 보시 공덕이 없으니 더 이상 보시할 것이 없다고 생각하는 것’은 비법을 취하는 것이 된다. 법도 취하지 말고, 비법도 취하지 말라고 하는 것은 원망과 걱정 없이 후회하지도 않으며 무주상으로 집착 없이 보시하는 것을 말한다. 수행 차원에서도 이와 같다.

당나라 때, 선사인 마조도일[709~788]을 조사선의 개조開祖라 칭한다. 선사가 남악산 전법원傳法院에서 수행하고 있을 때, 남악 회양[677~744]을 만났다. 회양은 그가 법기法器임을 알고 다음과 같이 물었다.

"대덕은 무엇을 하려고 좌선을 하는가?"

"부처가 되려고요."

그러자, 회양이 암자 앞에 있는 돌 위에 대고 기와를 갈기 시작했다.

"무엇을 하려고 하십니까?"

"기와를 갈아서 거울을 만들려고 한다."

"기와를 갈아서 어떻게 거울을 만듭니까?"

"소가 수레를 끌고 가는데 만일 수레가 나가지 않는다면, 수레를 채찍질해야 하는가? 아니면 소를 채찍질해야 하는가?"

마조가 아무 말도 못하자, 회양이 이어 말했다.

"자네가 지금 좌선坐禪을 익히고 있는지, 좌불坐佛을 익히고 있는지 알 수가 없군. 만일 좌선을 익히는 중이라면 선이란 결코 앉아 있는 것만이 아니며, 혹 그대가 좌불을 익히고 있는 중이라면 부처는 원래 일정한 모양새가 없는 걸세."

이 이야기를 '마전작경磨塼作鏡[기와를 갈아서 거울을 만든다]'이라고 한다. 회양이 말한 대로 무엇을 채찍질해야 수레가 나가겠는가? '좌선을 해야 → 성불한다'로 직결될 수 있는 것인가? 누워 있든 서 있든 앉아 있든 어떤 형태로든 선이 가능하다. 또한 앉아 있는 부처[坐佛] 흉내를 낸다고 해서 부처가 되는 것이 아니고, 좌선坐禪하는 형태로 앉아 있다고 부처가 아니다. 외부적인 형태는 거짓 허상에 불과하다. 수행자는 부처와 같은 마음 씀이 작용해야 정각을 이룬다는 뜻이다. 진정한 마음 작용이 중요한 것이다. 3품에서도 언급했던 혜월 스님[1861~1937, 경허의 제자] 이야기를 하나 덧붙인다.

한 선객이 혜월을 찾아와 말했다.
"참선을 배우고자 찾아왔습니다."
"참선해서 무엇 하려고 하느냐?"
"부처가 되려고 합니다."
"참선은 앉아서 하는 건가, 서서 하는 건가?"
"앉아서 합니다."
"그놈의 부처는 다리병신인 모양이지 앉아만 있으니…."

➔ "나의 설법을 뗏목과 같이 여길지니라[지아설법知我說法 여벌유자如筏喩者]."

이편 언덕에서 저편 언덕으로 건너기 위해 뗏목이 필요하다. 그런데 다행히도 강을 다 건넌 뒤에 그 뗏목이 너무 고마워서 평생 짊어지고 다닌다면, 어찌 되겠는가? 뗏목이란 과감히 버려야 한다. 목적하는 바를 이루었는데, 무겁게 왜 짊어지는가? 장자도 "고기를 잡았으면 통발을 버려라[득어망전得魚忘筌]."라고 하였다. 또한 장자는 성인의 말과 글을 '조박糟粕'이라고 표현했다. 『장자』

「천도天道」편에 이런 내용이 있다.

제齊나라 환공桓公이 방에서 책을 읽고 있을 때, 마당에서 수레바퀴를 만들고 있던 목수가 다가와서 물었다.
"황송합니다만, 대체 무슨 책을 읽고 계십니까?"
제환공이 말했다. "성인이 남긴 글이다."
"그 성인들은 어디에 계십니까?"
"이미 죽고 없지."
"그렇다면 읽고 계신 것은 옛사람들의 찌꺼기가 아닙니까?"
"(예상치 못한 힐난에 화를 내며) 네놈이 무얼 안다고 그러느냐? 죽고 싶지 않으면 한마디 일러보아라."
"저는 수레 만드는 일을 하고 있습니다. 바퀴의 굴대 구멍을 깎을 때 너무 많이 깎으면 헐겁고, 적게 깎으면 빡빡해서 들어가지 않습니다. 정확하게 깎는 것은 손의 감각에 달려 있습니다. 그 방법은 마음에 있을 뿐, 말로는 표현할 수가 없습니다. 자식에게 가르쳐 줄 수도 없고 또한 저로부터 이어받을 수도 없습니다. 그래서 나이 칠십이 넘도록 수레바퀴를 만들고 있습니다. 옛 성인들도 깨달은 그 무엇을 전할 수 없어 자신만이 안고 죽었을 것입니다. 그러니 제후께서 읽고 있는 그 책이 찌꺼기가 아니고 무엇이겠습니까?"

그것이 내 것으로 소화되지 않는 한, 성인의 가르침은 하나의 휴지 조각에 불과하다. 일반 세상사도 어느 분야든 달인이 되고

자 한다면, 뼈저린 경험과 반복을 해야 조금이나마 얻는다. 단순히 말이나 이론으로써 얻어지는 것이 아니다. 일반 진리도 그러한데 불교는 행行을 통해 깨달음이라는 목적지에 도달하는 것이다. 깨달음의 경지를 표현한, 그리고 도달하기 위한 방편들을 불교에서는 뗏목이나 손가락에 비유한다. 경전의 가르침은 달[월月]을 가리키는 손가락과 같다. 달을 가리키기 위해 손가락이 필요한 것이다. 이를 통해 달을 볼 수 있기 때문이다.

『능엄경』에 지월指月[달을 가리키는 손가락]을 들어 잘 표현하고 있다.

> "'달이 어디 있느냐?'고 물으면, 사람들은 손가락으로 달을 가리키며, '달이 저기 있다'고 한다. 그런데 손가락을 쳐다봐서는 안되며, 단지 달만을 봐야 한다. 손가락만 쳐다보면, 달을 볼 수 없으니, 아무 소용이 없다. 손가락은 달이 아니다." 그러면서 "어리석은 자는 손가락을 쳐다볼 뿐 달은 쳐다보지 않는다. … 이처럼 문자에 집착하는 자는 자신의 참다운 성품을 보지 못한다."

부처님께서 설한 진리도 어느 지역을 찾아가기 위한 지도책에 불과한 것이지 그 지도책이 목적이 아니다. 최상의 정각을 증득하는 길에 대한 방법[방편, 진리]들은 뗏목이고, 손가락이다. 선에서는 이 뗏목조차 제공하지 않는다. 스스로 뗏목을 만들어 건널 방법을 찾아서 건너라고 한다.

# 7품 ……………………………………【무득무설분無得無說分】

## 얻은 것도 없고, 설한 것도 없다

"수보리야, 그대는 어떻게 생각하는가? 여래가 최상의 깨달음을 증득했다고 생각하는가? 여래가 설한 법이 있는가?"

수보리 어의운하 여래 득아뇩다라삼먁삼보리야 여래 유소설법야
須菩提 於意云何 如來 得阿耨多羅三藐三菩提耶 如來 有所說法耶

수보리가 말했다.

"제가 부처님의 설하신 뜻을 알기로는 '최상의 깨달음'이라고 정의할 일정한 법이 없습니다. 또한 여래께서 어떤 일정한 법을 설하지 않았습니다.

수보리언 여아해불소설의 무유정법 명아뇩다라삼먁삼보리 역무유정법 여래가설
須菩提言 如我解佛所說義 無有定法 名阿耨多羅三藐三菩提 亦無有定法 如來可說

여래가 설하신 법은 얻을 수도 없고, '법'이라고 할 수도 없으

며, '비법'이라고 할 수도 없기 때문입니다. 모든 성인들은 다 무위법 속에서도 차별이 있기 때문입니다."

하이고 여래소설법 개불가취 불가설 비법 비비법 소이자
何以故 如來所說法 皆不可取 不可說 非法 非非法 所以者
하 일체현성 개이무위법 이유차별
何 一切賢聖 皆以無爲法 而有差別

## 7품 개요

이 품은 부처님께서 설한 반야바라밀의 진리를 수보리가 바르게 이해하고 있는지를 시험하고 있다. 수보리는 이런 부처님의 물음에 반야바라밀의 언어를 사용해 답변함으로써 자신의 이해를 증명하고 있다. 수보리가 얻은 것도 없고 설한 것도 없다고 하면서, 정해진 법法이 없는 게 진리라는 것을 아는 것이 '아뇩다라삼먁삼보리(최상의 지혜, 깨달음)'라고 하였다. 즉 법도 아니요, 법 아닌 것도 아니라 하여 여래의 설법에 대한 집착을 끊게 하였다.

- **"얻은 것도 없고, 설한 것도 없다[무득무설無得無說]."**

『능가경』에도 이런 내용이 있다.

"(여래인) 내가 어느 날 밤 최정각을 얻고 나서 그 후 반열반般涅槃에 들 때까지 그 중간에 한 자도 설하지 않았으며, 또한 이전에 말한 것도 없고, 앞으로도 설할 것이 없다."

설하지 않았다고 하는 것을 세 가지 차원에서 보자.

첫째, 불자들이 언어에 집착해 본질을 보지 못함에 대한 경고이다.

둘째, 여래가 법을 설했다고 하지만, 이는 중생들을 이끌기 위한 방편설이다.

셋째, 부처도 중생에게 법을 설해서 중생을 제도했다는 관념을 갖고 있지 않다는 것이다.

우리나라 도선道詵[827~898] 국사는 스승 혜철에게서 '무설설無說說 무법법無法法'을 듣고 깨달음을 얻었다. 설하되 설한 자[설자說者]가 없고, 설법을 들었으되 들은 자[문자聞者]도 없다. 진리가 있다고 하지만 법이란 있는 것도 아니고 없는 것도 아닌 청정본연의 자성에 입각해 있기 때문이다.

『금강경』 7품이 무득무설분無得無說分이다. 설한 자도 없고, 들은 자도 없으니 당연히 그 '무엇'이라는 법문도 없다. 그 법문으로 깨달았다는 증득자도 없는 것이다.

● 『금강경』에서 언급하고 있는 무위無爲와 유위有爲

불교 경전이나 불법으로 자주 거론되는 유위나 무위에 대해 한번 보자.

❶ 유위법有爲法과 무위법無爲法

유위법이란 뒤의 무위법 이외의 모든 것을 말한다. 32품 게송 중 "일체 모든 것은 꿈·환상·물거품·그림자[일체유위법一切有爲法 여몽환포영如夢幻泡影 …]"

⇔ 무위법은 7품에서 언급하고 있다. 최상의 깨달음인 해탈 경계나 열반 세계를 말한다.[16]

당나라 시대 방거사(?~808)도 불법에 귀의하면서 "시방十方의 무리가 한 자리에 모여서 제각기 '무위의 진리'를 배우나니, 여기는 바로 부처를 뽑는 곳[선불장選佛場]."이라고 하였다. 조계종의 종조인 도의 국사의 선사상을 '무위임운지종無爲任運之宗'이라고 한다. 무위법은 선경禪經이라 일컫는 『유마경』이나 어록 등에 많이 나타나 있다. 경전이 중국에서 한역되고, 불교가 발전하면서 중국의 문화[특히 도교]에서 차용된 면이 있다.

❷ 유위복有爲福[=유루복有漏福]과 무위복無爲福[=무루복無漏福]

유위복有爲福에 대해 언급하고 있다. 이는 재물로 보시한 복덕이나 세상에서 얻을 수 있는 모든 복을 말한다.

⇔ 무위복無爲福은 최상의 깨달음을 얻은 경지이다. 11품의 제목이 무위복승분無爲福勝分인데, 무위복이 유위복보다 뛰어나다

---

16 유식에서 5위五位[모든 존재와 현상을 다섯 가지로 분류한 것]에서도 무위법이 마지막에 등장한다. ① 색법色法 : 감각기관과 그 대상, 그리고 형상도 없고 감각되지도 않는 작용·힘·잠재력. / ② 심법心法 : 대상의 전체를 주체적으로 인식하는 마음 작용. / ③ 심소유법心所有法 : 심법心法에 부수적으로 일어나 대상의 부분을 구체적으로 인식하는 마음 작용. / ④ 심불상응행법心不相應行法 : 감각되지도 않고 마음과 함께 일어나지도 않는 것. 이를테면, 현상들 사이의 관계, 작용, 성질, 세력, 명칭 등. / ⑤ 무위법無爲法 : 분별하지 않고, 대상을 있는 그대로 파악하는 의식 상태. 열반의 상태.

는 뜻이다.

❸ 유루지有漏智와 무루지無漏智

유루지는 세속지라고 하며, 아무리 수행해도 번뇌를 끊지 못하는 지혜이다.

⇔ 무루지는 4제四諦의 이치를 체득하는 견도見道 이상의 성자가 갖추고 있는 지혜이다. 번뇌의 더러움에 물들지 않은 지혜, 깨달음에 이르기 위해 일으키는 청정한 지혜이다.

❹ 유루법有漏法과 무루법無漏法

유루법有漏法[sāsrava−dharma]은 번뇌가 증장되도록 작용하는 것, ⇔무루법無漏法[anāsravah−dharma)은 번뇌가 끊어진 상태나 번뇌가 끊어지도록 하는 작용[법]을 말한다.

➜ "'최상의 깨달음'이라고 정의 내릴 일정한 법이 없다[무유정법無有定法 명아뇩다라삼먁삼보리名阿耨多羅三藐三菩提]."

이 내용을 여러 경전에서 아울러 살펴보자.

『능엄경』에서는,

"근원으로 돌아가는 성품은 두 길이 없으나 방편을 따라가는 길에는 여러 문이 있다[귀원성무이歸元性無二 방편유다문方便有多門]."

『금강경』 23품에서는,

"이 법은 평등해서 높고 낮음이 없다[시법평등是法平等 무유고하無有高下 시명아뇩다라삼먁삼보리是名阿耨多羅三藐三菩提]."

『법화경』에서는,

"모든 부처님은 방편의 힘으로 일불승一佛乘에서 삼승三乘을 설한 것이다[제불이방편력諸佛以方便力 어일불승於一佛乘 분별설삼分別說三]."

17품에서도 "연등불 도량에서 최상의 깨달음이라고 할 만한 법을 얻은 바가 없다[연등불소燃燈佛所 무유법無有法 득아뇩다라삼먁삼보리得阿耨多羅三藐三菩提]."라고 하였다. 『금강경』이 널리 유통되는 이유 가운데 하나가 무유정법이라고 본다. '이것만이 최상의 깨달음'이라고 주장하거나 강요하지 않는다. 즉 뒤에서 거론할 (법이라고 집착하지 않는) 법상法相을 갖지 말라는 점이다. 한편 무유정법을 일종의 공空 사상으로도 설명할 수 있다. 세상의 그 어떤 존재이든 영원히 고정되어 있는 것은 없다. 그러니 서로의 다름을 인정하고 받아들이는 것이 중요하다. 진리에는 높고 낮은 차등이 없는데, 어리석은 중생들은 법이 '어렵다'고 말하고, '쉽다'고 말한다. 즉 법[진리]이 문제가 아니라 사람이 문제인 것이다.

당나라 때, 승려 반산보적은 마조馬祖[709~788]의 제자이다. 반산이 행각하는 중에 우연히 시장을 지나쳤다. 마침 그때, 반산 스님이 정육점 앞을 지나는 중에 손님과 상인이 물건을 갖고 흥정하고 있었다. 손님이 주인에게 말했다.

"이 고기 가운데서 최고로 맛있는 부위를 주세요."

"어느 부위인들 최상품 아닌 곳이 있겠습니까?"

스님은 상인의 이 말을 듣고 깨달았다고 한다. 이런 논리를 바꿔 말하면, 어느 나라 사람이든 자신의 나라가 가장 선진국이요, 어떤 사람이든 그 부모에게는 최고로 소중한 존재다. 이 세상에 어느 누군들 최상이 아닌 존재가 어디 있겠는가?

북한에 소재하는 금강산은 명칭이 다양하다. 봄에 가니, 그 산에 꽃이 만발한 것이 마치 금수강산처럼 화려해서 '금강산'이라고 불렀다. 또 여름에 가보니, 봄·겨울과 비교될 수 없을 정도로 녹음이 우거진 것이 최고로 좋아 '봉래산蓬萊山[도교에서 말하는 신선 경계]'이라고 불렀다. 또 가을에 가보니, 여름·겨울과는 비교될 수 없는 절묘한 단풍에 '풍악산楓嶽山'이라고 불렀다. 또 겨울에 그 산에 가보니, 이파리도 없고 꽃도 없는 헐벗은 기암괴석의 산체가 뼈처럼 드러나 있어 '개골산皆骨山'이라고 불렀다. 필자는 금강산의 여러 명칭을 보고 우리 조상들의 지혜에 혀를 찰 정도로 감탄했다. 어느 시기, 어느 장소이든 멋지고 훌륭하지 않은 것은 없는 법이다.

또 다른 예를 보자. 베트남에서는 비오는 날에 결혼식이 있으면, 매우 좋은 날이라고 한다. 앞으로 부부에게 행운이 있을 징조라고 한다[자운법우慈雲法雨]. 그런데 해가 쨍쨍하면, 밝은 기운이 충만해 이 또한 행운이 있을 거라고 한다[혜일당공慧日當空]. 해도 없고, 비도 오지 않는데 구름이 끼어 있으면, 구름처럼 행운이 몰려온다는 것이다. 참으로 지혜로운 해석이다.

→ 모든 성인들은 다 무위법 속에서도 차별이 있기 때문[일체현성一切

賢聖 개이무위법皆以無爲法 이유차별而有差別]

일체 성현은 모두 무위無爲를 법으로 삼지만, 차별이 있다. 고금의 모든 성현이나 종교적 성취를 이룬 교주는 모두 도를 얻었지만, 각자의 깊이에 따라 시대나 지역에 따라 조금씩 달라져 전하는 방식도 다르다는 점이다.

불교 내부에서도 얻은 도의 경지는 훌륭하지만, 정도나 층차에는 차별이 있다는 것이다. 각 종파마다 추구하는 목적은 같지만, 그 과정에 있어 각기 자기 색깔로 말할 뿐이다. 즉 진정한 불법은 일체를 포함하며, 일체 성현[각 종교의 교주]은 모두 무위를 법으로 삼지만 약간의 차이가 있다.

## 8품 ……………………………………… 【의법출생분依法出生分】

# 부처가 법을 의지해 출생하다

"수보리야, 그대는 어떻게 생각하는가? 만약 어떤 사람이 삼천대천세계에 칠보를 가득히 채워 보시한다면 이 사람의 얻는 복덕이 많지 않겠는가?"

수 보 리 어 의 운 하 약 인 만 삼 천 대 천 세 계 칠 보 이 용 보 시 시 인
須菩提 於意云何 若人 滿三千大千世界七寶 以用布施 是人
소 득 복 덕 영 위 다 부
所得福德 寧爲多不

수보리가 말했다.

"매우 많습니다. 세존이시여! 이 복덕은 복덕의 성품이 아니기 때문입니다. 이러기 때문에 여래가 '복덕이 많다'고 설하신 겁니다."

수 보 리 언 심 다 세 존 하 이 고 시 복 덕 즉 비 복 덕 성 시 고 여 래
須菩提言 甚多 世尊 何以故 是福德 卽非福德性 是故 如來
설 복 덕 다
說 福德多

“만약 다시 어떤 사람이 이 경을 수지하거나 사구게 등으로 다른 사람을 위해 설해준다면, 그 복은 (앞의) 저 복보다 수승하느니라.

약부유인 어차경중 수지내지사구게등 위타인설 기복 승피
若復有人 於此經中 受持乃至四句偈等 爲他人說 其福 勝彼

수보리야, 일체 제불 및 제불의 최상의 진리법이 다 이 경으로부터 나오기 때문이다. 수보리야, ‘불법’이라는 것은 곧 ‘불법’이 아니기 때문이다.”

하이고 수보리 일체제불 급제불아뇩다라삼먁삼보리법 개
何以故 須菩提 一切諸佛 及諸佛阿耨多羅三藐三菩提法 皆
종차경출 수보리 소위불법자 즉비불법
從此經出 須菩提 所謂佛法者 卽非佛法

## 8품 개요

8품은 제목대로 법에 의해 탄생했다는 것인데, 아뇩다라삼먁삼보리법과 반야바라밀이 『금강경』에 의해 출생했다는 것이다. 이에 이 『금강경』이 매우 신묘하므로 이 복덕은 무궁무진하며, 공덕 또한 매우 크다. ‘복덕’이라는 것 또한 진정한 복덕성이 아니기 때문이다.

● 법法에 대한 다양한 의미

불교에서는 법에 관한 용어가 많이 등장하는데, 다양한 의미를 지니고 있다. 8품이 법에 관한 내용이니, 여기서 살펴보자.

불교 이전 인도 사상에서는 법이 선善이나 진리의 의미로만 쓰였다. 힌두교에서 법은 윤리·양속·의무라는 어감이 강한 편이다.[17] 초기불교에서 거론되는 법이란 그들 하나하나가 법으로서의 존재하는 현상을 성립시키고 있는 기체基體적인 존재를 말한다.

❶ 일반 불교학에서 법法은 진실, 교법의 뜻으로 사용.

❷ 불법승佛法僧 3보에서 두 번째인 법은 불교의 가르침.

❸ 9분교九分敎에서 법장法藏이란 경장經藏으로 완성되기 이전의 교법의 분류.

❹ 일반적으로 '법法을 구한다'는 말을 많이 하는데, 이는 깨달음·해탈·진리 등을 가리킴.

❺ 법계法界는 연속의 세계, 즉 연기의 세계를 말한다. 연기 사상에 법주법계法住法界가 있는데, 이는 모든 만물이 무상無常한 속에서도 일정한 법칙이 있다는 것.

❻ 제법무아諸法無我는 3법인三法印[무상·고·무아]에서 세 번째인데, 모든 현상을 뜻함.

❼ 6경六境[색·성·향·미·촉·법]의 마지막인 법法은 의식의

17 힌두교는 4~5세기에 발달한 현재 인도의 대표 종교이다. 기존의 브라만교 사상이 업그레이드된 종교로서 인도의 민속과 문화가 깊이 담긴 종교이다.

대상을 가리킴.

❽ 중아함 『상적유경象跡喩經』에 "연기緣起를 보는 자는 법을 보고, 법을 보는 자는 연기를 본다. 연기를 보는 자는 법을 보고, 법을 보는 자는 부처를 본다."

❾ 다양한 '법' 용어 :

법보시法布施 / 법신法身 / 부처님의 법체法體 /

선법善法 / 무생법인無生法忍 / 법수法數 /

법락法樂 · 법희法喜 / 『유마경』의 불이법문不二法門 /

『금강경』의 법상法相과 비법상非法相

37보리분법三十七菩提分法에서 법은 깨달음을 위한 37가지 실천항목이다. / 37보리분법 가운데 7각지七覺支 중 '법을 간택하는 깨달음의 요소[택법각지擇法覺支]'

4념처四念處의 신수심법身受心法 가운데, 네 번째 법념처法念處 수행 / 범법벌梵法罰 / 7불퇴법七不退法 등

8품 제목인 의법출생依法出生의 법을 진리[깨달음] 등으로 본다면, ❷ · ❹ · ❽ 항목에 해당하겠지만, 모든 항목을 아우르고 있다고도 볼 수 있다.

→ "이 복덕은 복덕의 성품이 아니기 때문입니다[시복덕是福德 즉비복덕성卽非福德性]."

복덕福德이라는 것도 정해진 법은 없다. 어떤 사람이 1만원으로 여러 사람들에게 베풀었다고 해보자. 그런데 어떤 이에게는

복덕을 지었지만, 어떤 이에게는 아닐 수도 있다. 또한 받는 사람이 물건이 마음에 들지 않을 수도 있고, 주는 사람이 싫을 수도 있는 등등. 그러니 정해진 법이 없기 때문에 복덕성이 없는 것이다. 한편 베푸는 사람이 진정으로 '복덕을 받는다.'는 상을 가지고 베풀었다면, 이는 복덕을 지은 것이 아니다. 『금강경』에서는 진리를 통해 얻는 해탈세계의 복덕만이 참된 복덕성이라고 하는 것이다[7품에서 설명한 유위법有爲法과 무위법無爲法을 배대시켜 연결하여 보라].

20여 년 전에 해인사 성철 스님과 관련된 이야기를 읽었는데, 출처는 기억하지 못한다.

스님께서 마산에 사는 한 제자가 사찰 낙성식에 와달라는 부탁을 받고 그곳에 가셨다. 이때만 해도 젊으신 때였던 것 같다. 그 절에 갔더니, 주지스님이 한 신자를 따로 불러 성철 스님께 인사를 시켰다. 그 신자는 대웅전 법당 불사를 하는데, 법당 당우를 홀로 보시했다고 한다. 대웅전 현판에 '아무개'라고 이름까지 새겨져 있었다. 그 신자가 성철 스님께 인사를 하고 잠깐 차담을 하는 와중에 신자는 자신이 보시한 이야기며, 현판에 자기 이름이 새겨진 것까지 자랑을 하였던 듯하다. 이때 스님께서 보시한 신자와 주지스님께 이런 권유를 하였다.

"보시한 공덕이 매우 큰데, 이 사람의 이름이 새겨진 현판을 절 법당에만 걸어 놓으면 사람들이 잘 알지 못하니, 마산역 광장에 걸어 놓으면 더 많은 사람이 볼 수 있지 않겠냐?"

스님의 이 말에 그 신자의 얼굴이 매우 붉어졌다고 한다. 솔직히 칭찬받아야 마땅한데, 이 일화는 재보시를 하고도 진정한 복덕을 받으려면, 그 보시했다는 자신의 행위까지 잊어야 한다는 말의 의미를 일깨워 준다.

→ "'불법'이라는 것은 곧 '불법'이 아니기 때문입니다[소위불법자所謂佛法者 즉비불법卽非佛法]."

불법이란 특별한 진리가 아니라 1품에서 부처님께서 가사를 수하고 탁발하며, 돌아와 발을 씻는 모든 행위가 불법이다. 곧 불법으로 보이지 않는 모든 행위가 다 불법인 것이다.

불교의 가르침이 다른 종교 진리와 전혀 다르다는 생각을 하거나 다른 종교보다 월등하게 뛰어나다고 생각하는 것은 그릇된 생각이다. 최대한 다른 나라 문화나 종교를 인정해 주는 것이 진정한 불법이다. 17품에서 "일체법一切法 개시불법皆是佛法"이라고 하는 것도 같은 이치이다.

여기서 사람으로 확대하여 보자. 사람들은 문화적으로 지리적으로 사회적으로 살아온 배경이 다 다르다. 이 다름을 인정하고, 수용해 주는 것도 『금강경』이 내포한 메시지라고 본다.

## 9품 ······【일상무상분一相無相分】

# 어떤 깨달음이든 '얻었다'는 관념이 없다

"수보리야, 그대는 어떻게 생각하는가? 수다원이 '나는 수다원과를 얻었다'라고 생각하겠는가?"

수보리가 말했다.

"아닙니다. 세존이시여! 수다원은 이름이 '성인의 흐름에 들어간 자'이지 들어가는 바가 없습니다. 형상·소리·냄새·맛·감촉·법에 들어가는 바가 없는 것을 수다원이라고 이름할 뿐입니다."

수보리 어의운하 수다원 능작시념 아득수다원과부 수보리
須菩提 於意云何 須陀洹 能作是念 我得須陀洹果不 須菩提
언 불야 세존 하이고 수다원 명위입류 이무소입 불입색성
言 不也 世尊 何以故 須陀洹 名爲入流 而無所入 不入色聲
향미촉법 시명수다원
香味觸法 是名須陀洹

"수보리야, 그대는 어떻게 생각하는가? 사다함이 '나는 사다함과를 얻었다'라고 생각하겠는가?"

수보리가 말했다.

"아닙니다. 세존이시여! 사다함은 단지 이름이 '한번 왕래'이

지 왕래하는 바가 없습니다. 단지 '사다함'이라고 이름할 뿐입니다."

수보리 어의운하 사다함 능작시념 아득사다함과부 수보리
須菩提 於意云何 斯陀含 能作是念 我得斯陀含果不 須菩提
언 불야 세존 하이고 사다함 명일왕래 이실무왕래 시명사
言 不也 世尊 何以故 斯陀含 名一往來 而實無往來 是名斯
다함
陀含

"수보리야, 그대는 어떻게 생각하는가? 아나함이 '나는 아나함과를 얻었다'라고 생각하겠는가?"

수보리가 말했다.

"아닙니다. 세존이시여! 아나함은 단지 이름이 '다시는 오지 않음'이지, 실제로는 오지 않는 바가 없습니다. 단지 이름이 '아나함'이라고 할 뿐입니다."

수보리 어의운하 아나함 능작시념 아득아나함과부 수보
須菩提 於意云何 阿那含 能作是念 我得阿那含果不 須菩
리언 불야 세존 하이고 아나함 명위불래 이실무불래 시고
提言 不也 世尊 何以故 阿那含 名爲不來 而實無不來 是故
명아나함
名阿那含

"수보리야, 그대는 어떻게 생각하는가? 아라한이 '나는 아라한과를 얻었다'라고 생각하겠는가?"

수보리가 말했다.

"아닙니다. 세존이시여! 실제로는 아라한이라고 할 만한 법이 없기 때문입니다.

수보리 어의운하 아라한 능작시념 아득아라한도부 수보리
須菩提 於意云何 阿羅漢 能作是念 我得阿羅漢道不 須菩提
언 불야 세존 하이고 실무유법 명아라한
言 不也 世尊 何以故 實無有法 名阿羅漢

세존이시여! 만약 아라한이 '내가 아라한도를 얻었다'라고 생각한다면, 이 사람은 아상·인상·중생상·수자상에 집착해 있는 것입니다.

세존 약아라한 작시념 아득아라한도 즉위착아 인 중생
世尊 若阿羅漢 作是念 我得阿羅漢道 卽爲着我 人 衆生
수자
壽者

세존께서 제게 '무쟁삼매를 얻은 사람 가운데 최고이며, 탐욕을 여읜 아라한'이라고 말씀하셨습니다.

세존 불설아득무쟁삼매 인중 최고제일 시제일이욕아라한
世尊 佛說我得無諍三昧 人中 最爲第一 是第一離欲阿羅漢

세존이시여! 저는 '나는 탐욕을 여읜 아라한'이라고 생각하지 않습니다.

세존 아부작시념 아시이욕아라한
世尊 我不作是念 我是離欲阿羅漢

세존이시여! 제가 만약 '아라한도를 얻었다.'라고 생각한다면, 세존께서 '수보리는 아란나행을 즐기는 자'라고 말씀하지 않았을 것입니다. 수보리는 실제 아란나행을 하지 않으며, 단지 '수보리가 아란나행을 즐기는 자'라고 이름 붙일 뿐입니다."

세존 아약작시념 아득아라한도 세존 즉불설 수보리 시요
世尊 我若作是念 我得阿羅漢道 世尊 則不說 須菩提 是樂
아란나행자 이수보리 실무소행 이명수보리 시요아란나행
阿蘭那行者 以須菩提 實無所行 而名須菩提 是樂阿蘭那行

## 9품 개요

9품 제목에 비견해 보자. 즉 "진리[깨달음]는 이런 것이다."라고 하는 것도 하나의 상에 갇힌 것이다. 이 틀조차 없어야 한다는 무상을 말하고 있다. 곧 '일상즉무상一相卽無相'이 되어야 한다. 4과四果 나한의 수행법을 설명한다.

그런데 이렇게 수행한 4과 수행자들이 최고 무소주無所住의 경지에 이르러서도 마음속에 '도를 얻었다'는 생각을 한다면, 진정한 수행자가 아니다. 그런 흔적조차 취하지 않는 경지에 이르러야 한다.

→ "형상 · 소리 · 냄새 · 맛 · 감촉 · 법에 들어가는 바가 없는 것[불입색성향미촉법不入色聲香味觸法]"

이 내용을 세 가지 차원에서 살펴본다.

❶ 대상[법法] 경계에 대해 "형상을 보게 되면, 그것들이 마음의 내용이 되지 않게 하라." 여기서 대상 경계란 밖의 외부 형상만이 아닌 마음에서 일어나는 의근意根의 작용도 대상이라고 할 수 있다.

❷ 초기불교 경전에서도 6근과 6경에 관한 내용이 많다.

눈 · 귀 · 코 · 혀 · 몸 감각기관이 대상이 되는 색 · 성 · 향 · 미 · 촉에 탐착하는 것이다.

『불유교경』에 이런 내용이 있다.

"계율을 잘 지키기 위해서는 5근을 잘 제어하고, 5욕에 빠져 함부로 행동해서는 안 된다. 마치 목동이 막대기를 쥐고 소를 단속해 소들이 남의 곡식을 함부로 하지 못하는 것처럼 5근이 원하는 대로, 혹은 욕망대로 자기를 방치해 게을러서는 안 된다."

❸ 6경에 대한 것을 조금 더 확대시켜 8풍八風과 연결시킬 수 있다. 선사들의 어록에는 "8풍[이利 · 쇠衰 · 훼毁 · 예譽 · 칭稱 · 기譏 · 고苦 · 락樂]에 동요되지 말라."고 언급하고 있다. 살다 보면, 어느 누구에게나 영욕榮辱과 고락이 있는 법이다. 각 사람마다 짊어진 삶의 무게는 같은 것이니, 좋은 경계든 나쁜 경계든 그 어느 쪽에

도 흔들리지 말라는 것이다.

이利는 자신에게 이로운 것

쇠衰는 자신에게 불리한 것,

훼毁는 남으로부터 나쁜 평판을 듣는 것,

예譽는 남으로부터 좋은 평판을 듣거나 명예로운 일을 겪는 것,

칭稱은 남으로부터 칭찬받는 것,

기譏는 남으로부터 속임을 당하거나 비판받는 것,

고苦는 고통스런 일을 당하는 것,

락樂은 즐거운 일을 겪는 것.

송나라 때, 소동파蘇東坡[1037~1101]는 이름은 식軾이며, 동파 거사東坡居士라 불렸다. 당송 8대 문장가 중 한 사람으로 정치가이자 뛰어난 문인이다. 소동파는 22세에 진사 급제를 시작으로 정치인이 되었는데, 당쟁에 휘말려 지방관으로 좌천되는 일이 많았다. 이렇게 지방에서 근무하면서 그곳의 선사들과 인연이 되었다.

소동파에 대하여 중국 선사들 사이에 여담으로 내려오는 전설적인 이야기가 있다. 동파 거사는 운문종 오조사계五祖師戒[운문 문언의 손자뻘 제자]의 후신後身이라고 한다.[『춘저기문春渚紀聞』 권1] 진위 여부를 떠나 소동파가 그만큼 선과 밀접했음을 엿볼 수 있다. 한편 소동파는 신심이 지극하여 영서嶺西로 여행할 때, 아미타불을 그려 극락왕생의 증표로 몸에 지니고 다녔다는 기록이

전한다.[운서주굉의 『왕생집往生集』 권2]

소동파가 강북의 과주瓜州 지방에서 근무할 때이다. 금산사金山寺와 강을 하나 사이에 두고 있었고, 금산사의 불인요원佛印了元[1032~1098]과 도를 나누는 사이였다. 어느 날 소동파가 시 한 수를 지어 하인에게 금산사에 전해주도록 하였다.

하늘 가운데 하늘이신 분께 머리 숙여 절하오니,
한 줄기 빛으로 천하를 비추시며
8풍이 불어도 흔들리지 않고,
자금련에 단정히 앉아 계시네.
계수천중천稽首天中天 호광조대천毫光照大千
팔풍취부동八風吹不動 단좌자금련端坐紫金蓮

자신은 위대한 부처님께 머리 숙여 절 올리며, 부처님의 광명 두루 비춤을 받아 현재 자신의 마음이 8풍에도 흔들리지 않게 되었으니, 부처님이 연화좌 위에 단정히 앉아 있는 것과 같다는 뜻이다. 불인 선사는 흘깃 보고 어떤 언구도 하지 않더니, '헛소리'라는 답변을 보냈다.

소동파는 답변을 보자마자, 화가 나서 배를 타고 금산사에 이르렀다. 이때 불인 선사는 사찰 입구에서 기다리고 있었다. 소동파는 선사를 보자마자, 따지듯이 말했다.

"어찌 선사께서는 소승의 게송에 욕까지 하십니까?"

불인 선사는 큰소리로 웃으며 말했다.

"그대는 '8풍에 흔들리지 않는다'고 시를 짓고서 그 한마디에 못 참고 달려왔으니, 8풍에 동요되고 있군요!"

→ 수행 과위果位

9품의 『금강경』 내용을 해석하면,

다른 법과 별개로 홀로 존재하지 않음을 알고 있기 때문에 예류豫流이다 .

사다함은 한번 온다고 하지만 오는 곳도 없고, 가는 곳도 없기 때문에 불래不來이다.

아나함은 돌아온다는 생각 자체가 이미 허망하다고 관하고 있기 때문에 불환不還이다.

아라한은 자신이 아라한의 경지에 올랐다는 관념에 사로잡혀 있지 않기 때문에 진정한 아라한이다. 곧 행行하면서도 무행無行을 실천하고 있기 때문이다.

9품에 언급된 수행과위를 '4과四果'라고 한다. 정확히 표현하면 4향4과四向四果 · 4쌍8배四雙八輩라고 해야 한다. 실천 수행에 의해 진척되는 깨달음의 과정을 여덟 단계로 구별한 것인데, 대체로 경전에서는 4과만을 언급한 경우가 대부분이다.

❶ 수다원[sotāpanna, 소따빤나]

예류과豫流果로서 성인의 흐름에 들었다는 것.

이 계위에 도달한 사람은 7번 인간·천상을 윤회하며 계속 수행할 때 해탈에 이른다.

❷ 사다함[sakadāgāmi, 사까다가미]

일래과一來果로서 수행을 잘하였으나 번뇌가 조금 남아 있어 열반에 들지 못하고 다시 한번 세상에 태어나는 것.

❸ 아나함[anāgāmi, 아나가미]

불환과不還果로서 번뇌를 모두 소멸했으므로, 다시는 사바세계에 돌아오지 않는 것.

❹ 아라한[arahant, 아라한뜨]

인간·천상에서 공양 받을 분을 가지고 있다는 뜻으로 응공應供이라고 한다. 수행을 완성한 사람으로 일체 번뇌를 끊고 완전한 열반에 들어간 경지이다.

부처님의 최초 제자들이었던 5비구는 부처님의 설법을 듣고 5일, 목련은 5일, 사리불은 15일 만에 아라한이 되었다. 라후라는 19세에 비구계를 받고 아라한이 되었으며, 16세에 아라한이 된 닷바 말라뿟따Dabba Mallaputta, 어릴 때 출가하여 바로 아라한이 된 밧다 빠딸리뿟따Bhadda Pātaliputta 등 나이 어린 아라한도 있었다. 사마Sāmā 비구니는 8일 만에 아라한이 되었으며, 수자따Sujāta 비구니는 부처님 법을 듣고 바로 아라한이 된 후 출가하였다. 디빠 마Dipa Ma[1911~1989]는 마하시 수행법으로 수행한 지 43세에 6일 만에 수다원과, 44세에 사다함과를 얻었다.

<table>
<tr><td>수다원향(도道)</td><td>예류향豫流向</td><td colspan="2">견도見道</td><td rowspan="7">유학<br>有學</td></tr>
<tr><td>수다원과(과위果位)</td><td>예류과豫流果</td><td colspan="2" rowspan="6">수도修道[5]</td></tr>
<tr><td>사다함향</td><td>일래향一來向</td></tr>
<tr><td>사다함과</td><td>일래과一來果</td></tr>
<tr><td>아나함향</td><td>불환향不還向</td></tr>
<tr><td>아나함과</td><td>불환과不還果</td></tr>
<tr><td>아라한향</td><td>응공향應供向</td></tr>
<tr><td rowspan="2">아라한과</td><td rowspan="2">응공과應供果</td><td rowspan="2">정각<br>·<br>열반</td><td>유여열반有餘涅槃<br>sa–upādisesa nibbāna<br>사우빠디세사 닙바나</td><td rowspan="2">무학<br>無學</td></tr>
<tr><td>무여열반無餘涅槃<br>anupādisesa nibbāna<br>아누빠디세사 닙바나</td></tr>
</table>

### ● 4과에 대한 재고再考 : 윤회와 성불론

이 4향 4과 과위는 윤회의 사고방식과 장소로서의 3계의 존재를 인정하고 있다. 이 세상의 수행만으로는 깨달을 수 없어 윤회를 반복하여 수행한다는 점이다. 불교의 세계관인 10계十界도 이 시대부터 있었다고 볼 수 있다. 물론 대승경전에 언급되는 수행계위는 각 경전마다 다르다.[19] 그런데 중국에서 선종이 크게 발달하면서 이번 한 생에 깨달을 수 있다는 성불론이 강조된 것이다.

---

18 견도見道(darśana–mārga)의 성자는 사성제의 도리를 분명히 알고 보는 것이다. 수도修道(bhāvanā–mārga)는 고성제를 알고, 집착은 끊어버려야 할 것을 알며, 멸은 정각을 완성해야 할 것을 알고, 도는 닦아야 할 것을 아는 것이다. 마지막 정각正覺은 고를 완전히 알고, 집착을 끊어 마쳤으며, 정각을 완성하고, 도 닦음을 완전히 마친 경지이다. 견도위見道位에서 끊는 번뇌를 견혹見惑이라 하고, 수도위修道位에서 끊는 번뇌를 수혹修惑 혹은 사혹思惑이라 한다.

19 『화엄경』에서는 52위位[10신信·10주住·10행行·10회향回向·10지地·등각等覺·묘각妙覺]/『대지도론』의 42위[10주住·10행行·10회향廻向·10지地·등각等覺·묘각妙覺]/『보살영락본업경』의 52위[10신信·10주住·10행行·10회향廻向·10지地·등각等覺·묘각妙覺]이다.

## 10품 …………………………………… 【장엄정토분莊嚴淨土分】
# 정토를 장엄하다

부처님께서 수보리에게 말씀하셨다.

"그대는 어떻게 생각하는가? 여래가 옛날에 연등불 도량에 있을 때, 어떤 법이 있어 얻은 바가 있다고 생각하는가?"

불고 수보리 어의운하 여래 석재연등불소 어법 유소득부
佛告 須菩提 於意云何 如來 昔在燃燈佛所 於法 有所得不

"아닙니다. 세존이시여! 여래께서 연등불 도량에서 어떤 법이 있어서 얻은 바가 없습니다."

불야 세존 여래 재연등불소 어법 실무소득
不也 世尊 如來 在燃燈佛所 於法 實無所得

"수보리야, 그대는 어떻게 생각하는가? 보살이 불국토를 장엄하는가?"

수보리 어의운하 보살 장엄불토부
須菩提 於意云何 菩薩 莊嚴佛土不

"아닙니다. 세존이시여! 불국토를 장엄한다는 것은 곧 장엄이 아니요, 단지 이름해서 장엄이라고 합니다."

불야 세존 하이고 장엄불토자 즉비장엄 시명장엄<br>
不也 世尊 何以故 莊嚴佛土者 卽非莊嚴 是名莊嚴

"이러기 때문에 수보리야, 모든 보살마하살은 응당히 이와 같이 청정심을 내어야 한다. 형상에 집착해서 마음을 내지 말며, 소리·냄새·맛·감촉·법에 집착해서 마음을 내지 말라. 응당히 머무는 바 없이 그 마음을 낼지니라."

시고 수보리 제보살마하살 응여시생청정심 불응주색생심<br>
是故 須菩提 諸菩薩摩訶薩 應如是生清淨心 不應住色生心<br>
불응주성향미촉법생심 응무소주 이생기심<br>
不應住聲香味觸法生心 應無所住 而生其心

"수보리야, 비유하면 어떤 사람의 몸이 산들의 왕인 수미산과 같다. 어떻게 생각하는가? 그 사람의 몸이 크지 않겠는가?"

수보리 비여유인 신여수미산왕 어의운하 시신 위대부<br>
須菩提 譬如有人 身如須彌山王 於意云何 是身 爲大不

수보리가 말했다.

"매우 큽니다. 세존이시여! 부처님께서 '몸이 아닌 것'을 단지 이름해서 '큰 몸'이라고 하기 때문입니다."

수보리언 심대 세존 하이고 불설비신 시명대신
須菩提言 甚大 世尊 何以故 佛說非身 是名大身

## 10품 개요

장엄했으되 장엄한 것도 모르고, 자신이 장엄했다는 상도 갖지 않았기 때문에 '참다운 장엄'인 것이다. 이것이 진정한 보살의 마음이다. 이 품에 청정한 마음으로 대상에 집착함이 없이 '마땅히 머무르는 바 없이 그 마음을 내라[응무소주應無所住 이생기심而生其心].'는 것을 가르친 유명한 구절이 있다. 이 구절은 선종에도 영향을 미쳤으며, 수많은 선사들의 공안[화두]이기도 하다.

● "정토를 장엄하다[장엄정토莊嚴淨土]."

『금강경』에서는 정토가 두 번 등장한다. 10품에서는 제목이 장엄정토莊嚴淨土이고, 17품에서는 '장엄불토莊嚴佛土'라고 하였다. 불토는 곧 정토이다. 같은 뜻으로 봐도 된다고 본다. 원래 정토는 동방세계 아촉불의 묘희국정토妙喜國淨土, 미륵불의 도솔천정토, 서방세계 아미타불이 상주하는 극락정토 등이다. 중국에서 정토사상이 발달하면서 서방의 아미타불 정토만이 크게 발달하였다.

불교 정토사상에는 ❷유심정토唯心淨土와 ❶타방정토他方淨土이다.

❶ 타방정토는 이 현실이 아닌 타방에 극락이 있다는 것이다.

❷ 유심정토는 현재 살고 있는 이 현실을 어떻게 해야 청정해지느냐이다.

『화엄경』에서는 “3독을 한 번에 버리고, 항상 불법승에 귀의해 생각 생각이 보리심이면 곳곳이 극락세계[돈사탐진치頓捨貪瞋癡 상귀불법승常歸佛法僧 염념보리심念念菩提心 처처안락국處處安樂國]이다.”라고 하였고,

『육조단경』에서는 “범부들이 청정한 자성自性을 모르기 때문에 제 몸속의 정토를 알지 못하고 동방이니 서방이니 하면서 찾고 있다. 깨달은 사람은 어디에 있더라도 마찬가지이다.” 그러면서 “마음이 청정하면, 곧 이것이 자성의 서방정토이다.”라고 하였다.

대승경전 가운데 유심정토를 잘 표현한 것이 『유마경』이다. “청정한 불국토를 건설하고자 한다면, 먼저 그 마음을 청정히 해야 한다.”고 하였다. 그러면서 “번뇌로 가득 찬 마음에서 벗어나 직심直心 · 심심深心 · 보리심菩提心을 가졌을 때, 바로 그 자리가 정토이다.”라고 하였다.

『금강경』을 선사상적 입장으로 본다면, 타방정토가 아닌 유심정토 사상적인 측면에서 봐야 한다. 『금강경』에서 장엄莊嚴은 향상심向上心이나 응운하주 운하항복기심이 된 상태라고 볼 수 있다.

➜ “불국토를 장엄한다는 것은 곧 장엄이 아니요, 단지 이름해서 장엄이라고 하기 때문입니다[장엄불토자莊嚴佛土者 즉비장엄卽非莊嚴 시명장엄是名莊嚴].”

장엄불토라고 하였으니 장엄된 불토라면, 과연 어디인가? 사

람마다 자신이 생각하는 불토가 있을 것이다. 『능엄경』에 "중생의 마음에 따라서 자신이 아는 바에 응해서 업을 따라 발현될 것이니, 어찌 일정함이 있겠는가[수중생심隨衆生心 응소지량應所知量 순업발현循業發現 소견부동所見不同]?"라고 하였다. 오직 마음에 의해 정토가 나타난다. 꽃을 좋아하는 사람은 정토를 꽃밭 천국이라고 할 것이요, 음식 좋아하는 사람은 음식이 푸짐하게 있는 곳을 정토라 할 것이다. 또 명품을 좋아하는 사람은 빚을 내서라도 명품을 많이 소장한 것을 정토라 할 것이다. 사람마다 생각하는 정토가 다르다. 그러니 무엇을 가지고 정토라 하겠는가? 이해하기 쉽게 행복으로 바꿔보자. 사람마다 가치관이 달라 행복관이 다르므로 일정하게 정해진 행복은 없다. 무엇을 행복이라고 하겠는가?

➔ "응당히 머무는 바 없이 그 마음을 낼지니라[응무소주應無所住 이생기심而生其心]."

이 구절과 똑같은 구조를 함께 살펴보자.

[4품] "어떤 대상에도 집착하지 않고, 보시해야 한다. 무주상보시여야 한다[어법於法 응무소주應無所住 행어보시行於布施 소위부주색보시所謂不住色布施]."

"형상에 집착해서 마음을 내지 말며, 소리·냄새·맛·감촉·법에 집착해서 마음을 내지 말라. 응당히 머무는 바 없이 그 마음을 낼지니라." ............................ **10품과 14품 해석이 똑같다.

[10품] 불응주색생심不應住色生心 불응주성향미촉법생심不應

住聲香味觸法生心 응무소주應無所住 이생기심而生其心

[14품] 불응주색생심不應住色生心 불응주성향미촉법생심不應住聲香味觸法生心 응생무소주심應生無所住心

이 구절은 『금강경』의 주요 게송 가운데 하나이고, 앞에서도 설명했듯이 6조 혜능[638~713]과 관련된다. 혜능은 출가 전 나무를 해서 겨우 살아가는 청년이었다. 나무를 해다 팔고 집으로 돌아가는 도중 주막집에서 잠시 쉬고 있었다. 이때 어느 승려가 방에서 『금강경』을 독송하는데, 바로 이 구절에서 감동을 받고, 출가하게 되었다.[20]

『금강경』에서는 수보리가 처음에 제시한 질문이 바로 '어떻게 발심해야 하는가'의 문제이다.

발심은 뜻을 세우고, 원을 일으키는 것이다.

『금강경』에서 발보리심은 지혜를 얻기 위한 수행의 시발점이다. 발보리심, 발심은 지혜[『금강경』에서는 청정심]를 얻기 위한 것이다. 수행자는 제일 먼저 수행해서 깨달음을 얻기까지 필수불가결한 것이 발심이다. 특히 『금강경』에서는 대승경전답게 신심이 중요한 요소로 자리 잡는다. 따라서 신심은 곧 발심으로서 모든

20 홍인은 혜능의 게송을 보고, 근기가 수승한 수행자라고 판단하고, 한밤중 삼경三更에 혜능을 조사당 안으로 불러 『금강경』을 설해주었다. 돈황본 『육조단경』(780년)에는 홍인이 혜능에게 '『금강경』을 설해주어 혜능이 구절 끝에 깨달았다.'고 서술되어 있는 반면 혜흔본慧昕本(967년)·덕이본德異本(1290년)·종보본宗寶本(1291년)에는 홍인이 혜능에게 『금강경』을 설해주는 동안 '응무소주應無所住 이생기심而生其心' 구절에서 혜능이 크게 깨달았다고 전한다. 이런 점을 감안할 때, 후대로 가면서 선사들이 '응무소주 이생기심' 구절을 중시했음을 알 수 있다.

수행과 깨침의 바탕이다. 이런 점에서 본래의 마음이란 이생기심而生其心의 기심其心이고, 잘 활용한다는 것은 응무소주應無所住에 대응한다.

→ "어떻게 생각하는가? 그 몸이 크지 않겠는가[어의운하於意云何 시신是身 위대부爲大不]?"

'크다', '작다'라는 개념조차 초월해 있으며, 관념 두지 않기 때문에 큰 것이다. 『유마경』에도 분별심에 관한 내용이 있다.

> 회중에 한 천녀天女가 보살들과 성문 제자들에게 하늘 꽃을 뿌렸다. 그런데 꽃잎이 보살들에게는 붙지 않고, 성문 제자들에게만 꽃잎이 붙었다. 스님들이 아무리 꽃잎을 떼려고 해도 떼어지지 않았다. 이때 천녀가 사리불에게 물었다.
> "존자님, 왜 굳이 꽃잎을 떼려고 하십니까?"
> "비구 옷에 꽃잎이 붙어 있는 것은 법답지 못하기 때문입니다."
> "꽃잎은 분별이 없건만, 존자님께서 왜 그렇게 분별심을 내십니까? 출가자가 분별심을 내는 것은 여법如法한 행위가 아닙니다. 꽃잎이 붙지 않은 저 보살들은 분별심이 없기 때문에 꽃잎이 붙지 않은 겁니다. 마치 사람들이 두려운 생각을 품으면 귀신들이 그 틈에 장난치는 것처럼, 스님네들이 생사生死를 두려워하기 때문에 6경인 색·성·향·미·촉 경계들이 틈을 내는 것입니다. 두려움이 없는 사람에게는 5욕이 스며들지 않는 법입니다. 번뇌나 두려움이 없는 이에게는 꽃잎이 붙지 않습니다."

집착하고, 분별심을 내기 때문에 자유롭지 못한 마음에 스스로 장애를 일으킴이요, 그 틀(frame)에 묶여서 벗어나지 못하는 것이다. 요지는 분별심이나 집착심이 문제라는 것이다.

당나라 때, 마조의 제자인 대주혜해大珠慧海는 『돈오요문頓悟要門』에서 "선악개능분별善惡皆能分別 어중무착於中無着"이라고 하였다. 즉 선善한 것은 선한 대로 악惡한 것은 악한 그대로 분별은 하되, '선하다는 것', '악하다는 것'에 대한 분별심을 내거나 의식하지 말라는 뜻이다. 옳고 그름, 남자·여자, 청정·더러움 등 이분법을 스스로 만들어내어 분별하고, 스스로의 상자 안에 갇혀 있다. 거미가 자신이 친 거미줄에 스스로를 묶고 있는 것처럼. 이 분별심은 『금강경』으로 말하면 소주심所住心에 해당한다.

그 반대인 무소주無所住는 선禪에서 무심無心이라는 말로 바꿔 쓸 수 있다. 황벽희운은 『전심법요』에서 무심을 갠지스 강가의 모래에 비유해 이렇게 말했다.

> "모래는 부처님이나 보살 등 성인이 지나갈지라도 기뻐하지 않는다. 반대로 소·양·벌레가 밟고 지나가도 싫어하거나 화를 내지 않는다. 또한 진귀한 보배와 향료가 쌓여 있다고 할지라도 모래는 탐내지 않으며, 똥오줌의 악취에도 모래는 싫어하지 않는다. 이런 마음이 무심이다. 분별심을 여의어 중생이든 부처님이든 여자든 남자든 어떤 것에도 차별하지 않는 무심한 자가 진실로 깨달은 사람이다."

# 11품 【무위복승분無爲福勝分】
## 무위복이 훨씬 뛰어나다

"수보리야, 저 갠지스 강가에 있는 모래 수만큼의 갠지스강이 있다면, 그대는 어떻게 생각하는가? 이 모든 갠지스 강가의 모래 수가 어찌 많지 않겠는가?"

수보리 여항하중소유사수 여시사등항하 어의운하 시제항하사 영위다부
須菩提 如恒河中所有沙數 如是沙等恒河 於意云何 是諸恒河沙 寧爲多不

수보리가 말했다.

"매우 많습니다. 세존이시여! 모든 갠지스강도 매우 많거늘, 어찌 하물며 그 강가의 모래이겠습니까?"

수보리언 심다 세존 단제항하 상다무수 하황기사
須菩提言 甚多 世尊 但諸恒河 尚多無數 何況其沙

"수보리야, 내가 지금 진실로 그대에게 설하노니, 만약 선남자 선여인이 칠보를 갠지스 강가의 모래 수만큼이나 삼천대천세계에

가득히 채워서 보시한다면, 그 얻는 복이 매우 많지 않겠는가?"

수 보 리　아 금 실 언　고 여　약 유 선 남 자 선 여 인　이 칠 보 만 이 소 항
須菩提 我今實言 告汝 若有善男子善女人 以七寶滿爾所恒
하 사 수 삼 천 대 천 세 계　이 용 보 시　득 복　다 부
河沙數三千大千世界 以用布施 得福 多不

수보리가 말했다.

"매우 많습니다. 세존이시여!"

수 보 리 언　심 다　세 존
須菩提言 甚多 世尊

부처님이 수보리에게 말씀하셨다.

"만약 선남자 선여인이 이 경 가운데 혹은 사구게 등을 수지해서 다른 사람을 위해 설해준다면 이 복덕은 저 앞의 복덕보다 매우 뛰어나다."

불 고　수 보 리　약 선 남 자 선 여 인　어 차 경 중　내 지 수 지 사 구 게 등
佛告 須菩提 若善男子善女人 於此經中 乃至受持四句偈等
위 타 인 설　이 차 복 덕　승 전 복 덕
爲他人說 而此福德 勝前福德

## 11품 개요

이 품은 무위복의 중요함을 설하고 있다. 무위복은 세상 그 어

떤 것과 비교될 수 없는 최고의 복이다. 불법을 배우고 닦은 결과가 바로 무위無爲이다. 무위란 해탈·열반을 말한다. 최상승의 성취이다. 유위란 열반에 이르지 못한 상태로서 공부하고 있는 단계도 유위이다. 이런 무위사상이 담긴 4구게를 보시하는 공덕은 최상의 공덕이 된다.

→ 갠지스강[항하恒河]

갠지스강은 인도 중부 바라나시Varanasi[인도에서 가장 성스러운 도시]에 위치한다.[21] 인도 고전에 갠지스강이 자주 등장하는데, 인도인들은 '어머니인 강가(Ganga mata ji)'라고 하여 갠지스강 자체를 신격화하고 있다. 곧 중국으로 하면, 황하黃河와 같은 곳인데, 갠지스강은 인도의 시원始原과 같은 이미지다. 불교 경전이나 어록에도 이 갠지스강 비유가 많다. 인도인들은 평생 한 번 갠지스강에 오는 것을 큰 소원으로 여긴다. 갠지스강에서 목욕하고 물을 마시며, 성스러운 물이라고 하여 집에까지 물을 떠 가지고 간다. 죽을 때도 이곳에 와서 죽어 화장한 재가 이 강에 뿌려지는 것을 원한다. 그래야 윤회의 고통으로부터 벗어난다고 믿기 때문이다.

---

21 인도사에서 보면, 갠지스강 유역을 중심으로 문화가 발전하면서 제정일치가 되었다. 이 무렵 인도는 16국으로 나뉘어 있었는데, 바라나시 갠지스강을 중심으로 가장 강력한 왕국이 마가다국이었다. 석가모니 부처님께서도 재세시에 이 지역을 중심으로 활동하셨다.

→ 선남자善男子 선여인善女人

『금강경』에서 선남자 선여인이 2품에 등장하고, 11품 이하에서는 여러 번 등장한다. 재가자만을 지칭한다기보다는 대승심을 발한, 아뇩다라삼먁삼보리심을 낸 모든 출·재가보살을 지칭한다고 볼 수 있다. 이들은 산속으로 들어가 홀로의 적정세계를 즐기는 것이 아니라 대중과 함께하는 보살심을 가진 사람을 지칭한다. 불교가 중국으로 들어오면서 중국 문화의 하나인 도가道家의 방식으로 불교를 해석하다 보니, 보통 중생들의 삶과 유리된 것처럼 본다. 대승의 보살은 중생과 함께하는 적극적인 불교이다.

→ 7보란?

일곱 가지 보석인데, 금·은·유리·자거·마노·호박·진주이다. 경전이나 논마다 7보의 정의가 조금씩 다르기도 하다.

→ "칠보를 갠지스 강가의 모래 수만큼이나 삼천대천세계에 가득히 채워서 보시한다면[이칠보만以七寶滿 이소항하사수爾所恒河沙數 삼천대천세계三千大千世界 이용보시以用布施]"

대승보살도로서의 발심을 말한다. 곧 보살인데도 공덕을 쌓고자 하는 것이다. 불법을 공부하는 데는 두 가지가 갖춰져야 한다.

첫째는 지혜의 자량資糧이다. 『금강경』을 공부하거나 모든 경전공부를 통해 지혜를 얻고자 하는 것이다.

둘째는 복덕의 자량이다. 일체 선을 행하고, 악을 짓지 않는 것이다. 두 가지를 다 구족해야 하는데, 다 갖추기 쉽지 않다. 두 가지를 다 갖춘 사람은 바로 성불 지위에 있는 사람이다. 그래서 부처의 10대 명호 중 양족존兩足尊이 있다.

→ "이 복덕은 저 앞의 복덕보다 매우 뛰어나다[차복덕此福德 승전복덕勝前福德]."

『금강경』을 설법하는 사람의 복은 매우 커서 감히 어떤 것이라고 언급할 수 없을 정도이다. 이에 이 복은 무위복이요, 청정한 복이다. 『화엄경』에 "선남자여, 모든 공양 가운데 법공양이 으뜸이 되나니, 이른바 부처님의 말씀대로 수행하는 공양이며, 중생들을 이롭게 하는 공양이며, 중생들을 섭수하는 공양이며, 중생들의 고를 대신 받는 공양이며, 선근을 부지런히 닦는 공양이며, 보살 업을 버리지 않는 공양이며, 보리심을 여의지 않는 공양이니라."

● 『금강경』 독송 공덕과 관련된 유익한 내용

명나라 때, 4대 승려가 있다. 명사철明四哲 혹은 명사대사明四大師라고 하는데, 운서주굉·감산덕청·우익지욱·자백진가이다. 이 가운데 대표 승려가 운서주굉雲棲株宏[1535~1615]이다. 주굉은 27세에 아버지를 여의고, 30세에 어머니 상을 당했다. 주굉은 매우 슬피 울며 '어버이의 은혜는 망극하다. 내가 이 은혜를 갚으려면 바로 이 길밖에 없다'라고 생각하고 출가를 결심했다. 1565년 선달 그믐날, 주굉은 부인 탕湯 씨와 차를 마시며 이렇게 말했다.

"은애恩愛란 허망한 것이요, 생사는 어느 누구도 대신해 줄 이가 없소. 나는 이 집을 떠나 출가하려고 하니, 그대는 스스로 갈 길을 정하십시오."

부인은 주굉의 말을 듣고 놀라지 않고 담담히 말했다.

"당신이 먼저 떠나십시오. 저도 출가할 예정입니다."

이후 주굉이 먼저 출가하고, 부인도 가산을 정리한 뒤 출가하였다. 그녀는 법명을 주금袾錦이라고 했으며, 효의암孝義庵에 살았다. 행실이 청정하고 고귀하여 '보살비구니'라고 불렸다고 한다. 부인은 주굉보다 한 해 먼저 입적하였다.

이 주굉은 수많은 작품을 남겼다. 그 가운데 『죽창수필』에 이런 내용이 전한다. 제목은 '경전 독송할 때의 마음가짐 및 공덕'이다.

총융인 척공은 평소에 늘 『금강경』을 독송하였다. 그가 월의 삼강을 지킬 때의 일이었다. 어느 날 밤, 죽은 지 얼마 되지 않은 부하 군사가 꿈에 나타나 이렇게 말했다.

"내일 처를 보낼 테니, 저를 위해 경전 한 권을 읽어 저의 저승길을 도와주세요."

그런데 다음 날 부인이 정말 찾아왔다. 척공은 부인에게 고인을 위해 경전을 독송해 줄 테니, 걱정하지 말고 돌아가라고 하였다. 그리고 시간을 택해 『금강경』을 독송해 주었다. 그런데 그날 밤 고인이 또 꿈에 나타났다. 조금 섭섭하다는 말투로 이렇게 말했다.

"공의 은혜를 입었는데, 경전 반 권만을 들었습니다. 그리고 그 가운데 '불용不用'이라는 두 글자가 섞여 있더군요."

공은 '왜 불용이라는 단어가 있다고 할까?' 곰곰이 생각한 뒤에 알았다. 낮에 경전을 읽는 도중, 계집종이 문 앞에 와서 '어른마님, 차를 드릴까요?'라고 물었는데, 공은 입 밖으로 말은 내뱉지 않았지만 속으로 '필요 없다[불용不用]'라고 생각하며, 손으로 거절했었다. 공은 그제야 고인이 왜 경전의 반만 들었다고 했는지를 파악하고, 다음 날에 문을 걸어 잠그고 경전을 독송했다. 그리고 그날 밤, 다시 고인이 나타났다.

"이제 저승을 벗어나 제 갈 길을 가겠습니다."라고 감사를 하며 떠났다. 이 이야기 말미에 운서주굉은 '동림 스님으로부터 직접 들은 이야기인데, 진실한 것으로 그 스님이 거짓말을 할 리가 없다.'라고 덧붙였다.

『금강경』은 영가들에게도 많이 독송해 주는데, 탐욕과 집착하는 마음을 내려놓고, 편히 이승을 떠나라는 뜻이다. 그것보다 앞의 내용에서 보았듯이 재가자들도 지극한 마음으로 경을 독송하면 가족이나 조상이 천도 될 수 있다는 점을 명심했으면 한다.

## 12품 ······ 【존중정교분尊重正教分】

# 올바른 가르침을 존중하라

"다시 수보리야, 이 경 혹은 사구게 등이 설해지는 곳이라면, 마땅히 알아라. 이곳은 일체 세간의 천·인·아수라가 다 와서 마치 불탑에 공양 올리듯이 공양 올릴 것이다. 그런데 어찌 하물며 경전을 수지·독송하는 경우이겠는가?"

부차수보리 수설시경 내지사구게등 당지 차처 일체세간천
復次須菩提 隨說是經 乃至四句偈等 當知 此處 一切世間天
인아수라 개응공양 여불탑묘 하황유인 진능수지독송
人阿修羅 皆應供養 如佛塔廟 何況有人 盡能受持讀誦

"수보리야, 마땅히 알라. 이 사람은 최상의 제일 희유한 법을 성취한 것이다. 이 경전이 있는 곳이라면, 부처님과 존중받는 제자가 있는 도량과 같다."

수보리 당지 시인 성취최상제일희유지법 약시경전소재지
須菩提 當知 是人 成就最上第一希有之法 若是經典所在之
처 즉위유불약존중제자
處 則爲有佛若尊重弟子

## 12품 개요

12품은 옳은 진리가 존중함을 설하고 있다. 이에 참 진리가 담긴 경전이 있는 곳이라면, 불법승 삼보가 존재하는 것과 같다는 것이다. 불교사적으로 볼 때, 12품에서 탑을 숭배하다가 경전 숭배 의식으로 전이된 것을 볼 수 있다. 그러니 일념으로 정성과 공경심을 갖고 기도할 것을 제시하고 있다.

● 이 품 제목이 '존중정교尊重正教'인데, 이와 관련해 경전 숭배에 대해 보자.

대승불교 경전에는 경전에 대한 존중이나 신앙화하는 점이 있다. 즉 이후 탑 신앙→경전 신앙으로 이운移運 되었는데, 이 점을 간단히 살펴보자.

대승불교가 발전한 원류에는 크게 세 가지로 본다.

첫째, 이전 상좌부교단인 부파불교로부터 발전되었다.

둘째, 불전문학 찬불승 계통에서 연원이 되었다.

셋째, 불탑佛塔 신앙이다.

이 세 번째 불탑은 부처님께서 열반하시고, 8기의 불탑이 세워지면서부터이다. 즉 부파불교를 겪으면서 스님들보다는 재가불자들이 사리탑을 신앙했다. 사리를 모셔놓은 불탑을 '스투파stūpa'라고 한다. 이 불탑은 승가로부터 독립되어 재가자들이 관리하였으며, 철저히 재가자들에 의해 신앙되었다. 이 불탑에 보시된 물건은 스님들이 함부로 소비할 수 없었다. 그런데 아소까왕[B.C

268?~B.C 232?]이 불교에 귀의하고 부처님 성지를 순례한 뒤에 불탑 8기를 헐어 인도 각 전역에 8만 4천 탑이 세워졌다.

그런데 대승불교가 발전하면서 탑·경전 숭배로 발전하기 시작했다. 이렇게 불탑(stūpa)을 세우는데, 사리가 아니더라도 경전을 중시하는 경탑經塔[caitya] 숭배가 중시되었다. 즉 경전이 있는 곳은 여래의 전신사리가 모셔져 있는 것과 같다는 것이다. 수지·독·송·해설·서사하는 곳이나 경전이 있는 곳은 7보탑을 세워야 하지만, 그 탑 속에 사리를 안치할 필요가 없다고 하였다. 그러면서 경전을 수지·독·송·해설·서사한다면 보리菩提를 얻는다고 하였다. 대승불교 경전에서 5종 수행을 강조한 점이 바로 경전 신앙과 관련된다. 경전 신앙은 『금강경』뿐만 아니라 대승불교 초기 경전[『법화경』·『유마경』·『화엄경』 등]에 보편적으로 드러나 있다.

당연히 경전에 공양을 올리고, 동시에 경전에 공양한 실천으로 공덕과 복덕을 얻는다고 함께 나타나 있다. 『법화경』에서는 안치된 탑을 꽃·향·영락 등으로 사리탑처럼 공양해야만 한다고 하였다. 경전이 있는 어떤 곳이든, 5종 수행[수지·독·송·해설·서사]을 실천하는 그곳은 사리가 모셔진 곳과 같은데, 경전[법사리]이 있기 때문에 사리를 모시지 않아도 됨을 강조하고 있다. 그러면서 '경전'에 공양한다면 불탑에 공양한 공덕보다도 비교할 수 없을 만큼 크고, 재보시한 공덕보다 경전 관련된 공양이 무량 무변하다고 설하고 있다.

바로 이런 점 때문에 "이 경 혹은 4구게 등이 설해지는 곳이라면, 마땅히 알아라. 이곳은 일체 세간의 천·인·아수라가 다 와서 공양 올리기를 마치 불탑이 있는 곳처럼 할 것[수설시경隨說是經 내지사구게등乃至四句偈等 당지차처當知此處 일체세간천인아수라一切世間天人阿修羅 개응공양皆應供養 여불탑묘如佛塔廟]"이라고 하는 것이다. 곧 『금강경』을 독송하는 사람들은 그의 일상적 영혼과 삶 속에 『금강경』이 들어있기 때문이다. 그래서 경전을 공양하는 사람은 타인들로부터 공양 받을 만하다고 하는 것이다.

**→ "이 경전이 있는 곳이라면, 부처님과 존중받는 제자가 있는 곳과 같다[약시경전소재지처若是經典所在之處 즉위유불약존중제자則爲有佛若尊重弟子]."**

『금강경』이라는 법보를 중심으로 불보와 승보가 함께 존립한다는 뜻이다. 곧 삼보가 함께함을 말하고 있다. 물론 『금강경』 전체 사상으로 볼 때, 이 삼보라는 것조차 국집하지 않아야 하지만, 수행과 신행적인 측면에서 삼보는 이정표와 같은 이미지를 준다. 불자는 부처님만이 아닌 불법승 삼보를 믿음으로 대하는 자세를 가져야 한다. 삼보가 나오니까 한마디 하고 싶다. 근자에 스님들과 대화를 하면 이슈화된 주제가 '출가자 부재'이다. 강의할 때, 삼보에 대한 이야기가 나오면 청중에게 물어본다. '불법승 삼보 가운데 가장 중요한 것이 무엇인가…?'

인도에서 불교가 사라진 데는 학자들마다 견해가 다르지만, 여러 원인이 있다. ① 불교가 5세기 이후로 지나치게 학문적인 데다 밀교화 된 점, ② 인도 종교는 모두 카스트 계급을 인정하는데 불교만 이 제도를 거부한 점, ③ 승려가 사유재산을 소지함으로써 인도인들에게 신망을 잃은 점 등으로 해서 불교가 사라졌다. 또 ④ 3~4세기 민중화된 힌두교가 번창하였고, ⑤ 8세기 이후~13세기까지 이슬람교도 침입으로 사찰이 파괴당하고 승려가 살해되었다. 이 가운데 인도불교가 사라진 큰 요인은 이슬람교로 인해 승가가 사라졌기 때문이다. 또 스리랑카도 승려가 완전히 사라진 적이 있었다.

기원전 2세기에 마힌다[아소까 대왕 아들] 장로가 스리랑카로 입국하면서 불교가 시작되었다. 스리랑카에 적어도 불교가 천 년 이상 존속했는데, 10세기에 인도로부터 침략을 당하면서 승려들이 살해당해 불교 교단이 완전히 사라졌다. 수십여 년이 지난 후 위자야바후[1055~1110] 왕이 새 왕조를 세우고, 불교 승단을 정립했다. 이때 당시 스리랑카에는 비구 승가임에도 5명의 비구도 남아 있지 않을 만큼 심각했다. 스리랑카 왕은 미얀마 황제에게 사신을 보내어 승려를 초청하고, 청년들에게 출가를 장려하면서 다시 승가가 부활되었다.

앞에서 필자가 질문한 삼보 가운데 가장 중요한 것이 무엇인가에 대한 답변은 바로 승보이다. 승보인 승가는 불보와 법보를 지탱하고 유지하는 존재들이다. 옛날 고대에는 인생을 4주기[학습기·가주기·임서기·유행기]로 나누어 바라문이나 왕족들의 출가는 일상 문화였다. 신라시대나 고려시대 때만 해도 왕자 출신 승려들이 많았다. 이런 원인에는 『법화경』이나 『유마경』 등 대승경전

속에 왕족 출가가 등장하면서 엘리트들 사이에 문화적인 기류가 형성되었던 것으로 본다.

당나라 때, 과거시험 보러 가는 유생들이 '선불장選佛場[부처에게 선택되는 것]' 단어만 듣고도 인생길을 바꿔 출가한 경우가 많다. 중세 때까지 동아시아에서 불교는 고급 문화적인 요소를 갖고 있었고, 이와 동반해 다수의 출가자가 배출되었다. 지금으로부터 100여 년 전만 해도 우리나라나 중국의 사찰에 대중이 4~500이었다. 20여 년 전만 해도 한 해 출가자가 500여 명이었다. 출가는 옛날에 다양한 문화가 없을 때에 르네상스를 누렸다. 물론 출가자 부재는 불교만의 문제는 아니다. 특히 이웃종교인 가톨릭도 올해 신부님들이 공부하는 교육기관에 교육생이 기하급수적으로 줄어 대책 마련이 시급하다고 한다. 미래의 대안을 찾아보자.

출가자 부재는 시대적인 문화 흐름 속에 있다고 본다. 현대는 정신적으로나 육체적으로 즐길 수 있는 문화가 광범위하게 발달 된 시대이다. 즉 출가자 부재는 '문화적인 변화'가 주원인이라고 할 수 있다. 군대도 군인들이 핸드폰을 사용하는 시대로 변화되었다. 옛날 상황에 고착하여 출가자를 교육시켜서는 안 된다고 본다. 이에 현 시대 문화 기류에 발맞춰 승려 교육을 하여야 하며, 현대적인 방식이나 삶을 도입하여야 한다. <u>불보와 법보가 존속되려면, 승보[승가]가 없이는 불가능</u>하기 때문이다.

## 13품 ……………………………………【여법수지분如法受持分】

# 경을 수지하는 방법

그때 수보리가 부처님께 말했다.

"세존이시여! 이 경을 무엇이라고 이름하며, 저희들이 어떻게 받들어야 합니까?"

이시 수보리 백불언 세존 당하명차경 아등 운하봉지
爾是 須菩提 白佛言 世尊 當何名此經 我等 云何奉持

부처님께서 수보리에게 말씀하셨다.

"이 경의 이름을 '금강반야바라밀'이라고 하며, 이 이름을 그대들은 받들어 지녀야 한다. 수보리야, 부처가 설하는 반야바라밀은 곧 반야바라밀이 아니라 단지 이름이 반야바라밀이기 때문이다.

불고수보리 시경 명위금강반야바라밀 이시명자 여당봉지
佛告須菩提 是經 名爲金剛般若波羅蜜 以是名字 汝當奉持
소이자하 수보리 불설반야바라밀 즉비반야바라밀 시명반
所以者何 須菩提 佛說般若波羅蜜 卽非般若波羅蜜 是名般
야바라밀
若波羅蜜

수보리야, 어떻게 생각하는가? 여래가 설한 바 법이 있는가?"

수보리 어의운하 여래유소설법부
須菩提 於意云何 如來有所說法不

수보리가 부처님께 말했다.
"세존이시여! 여래께서 설한 바가 없습니다."

수보리 백불언 세존 여래무소설
須菩提 白佛言 世尊 如來無所說

"수보리야, 어떻게 생각하는가? 삼천대천세계에 티끌이 있는데, 이 티끌이 많지 않겠는가?"

수보리 어의운하 삼천대천세계 소유미진 시위다부
須菩提 於意云何 三千大千世界 所有微塵 是爲多不

수보리가 말했다.
"매우 많습니다. 세존이시여!"

수보리언 심다 세존
須菩提言 甚多 世尊

"수보리야, 모든 티끌을 여래가 설하기를 티끌이 아닌 것을 이름해서 '티끌'이라고 하였다. 여래가 설하는 세계는 세계가 아니요, 단지 이름이 세계일 뿐이다.

수보리 제미진 여래설 비미진 시명미진 여래설 세계 비세
須菩提 諸微塵 如來說 非微塵 是名微塵 如來說 世界 非世
계 시명세계
界 是名世界

수보리야, 어떻게 생각하는가? 32상(몸의 형태) 특징만으로 여래를 볼 수 있지 않겠는가?"

수보리 어의운하 가이삼십이상 견여래부
須菩提 於意云何 可以三十二相 見如來不

"볼 수 없습니다. 세존이시여! 32상(몸의 형태) 특징으로 여래를 볼 수 없습니다. 여래께서 말씀하신 32상이란 곧 (32)상이 아니라 단지 32상이라고 이름하기 때문입니다."

불야 세존 불가이삼십이상 득견여래 하이고 여래설삼십이
不也 世尊 不可以三十二相 得見如來 何以故 如來說三十二
상 즉시비상 시명삼십이상
相 卽是非相 是名三十二相

"수보리야, 만약 어떤 선남자 선여인이 갠지스 강가 모래 수만큼의 (소중한) 목숨으로 보시하는 이가 있다고 해보자. 그런데 혹 다시 어떤 사람이 이 경 가운데서 혹은 사구게 등을 수지해서 다른 사람을 위해 설해준다면, 이 복은 (저 전자의 복보다) 매우 많으니라."

수 보 리 약유선남자선여인 이항하사등신명보시 약부유인
須菩提 若有善男子善女人 以恒河沙等身命布施 若復有人

어차경중 내지수지사구게등 위타인설 기복심다
於此經中 乃至受持四句偈等 爲他人說 其福甚多

## 13품 개요

앞 11품, 12품에서 수행의 중요성과 경전의 존중·신앙에 대해 설명했다. 이렇게 한 뒤에는 이 13품에서는 수행법을 제시하고 있다. 수보리는 이 경전을 어떻게 불러야 하며, 어떻게 그 가르침을 수행해 나가야 하는지에 대해 여쭙고 있다. 부처님께서는 『금강반야바라밀경』이라고 대답한다. 무위복과 현실 속의 이타행을 실천하는 유위복이 일체를 이루어야 완전한 수행공덕이 됨을 설하고 있다.

13품에서 부처님이 수보리에게 세 가지 질문을 한다. 첫째는 여래가 설한 바 법이 있는가?", 둘째는 "삼천대천세계에 티끌이 있는데, 이 티끌이 많지 않겠는가?", 셋째는 "32상(몸의 형태) 특징으로써 여래를 볼 수 있는가?"이다.

### ● 부처님께서 수보리에게 말씀하시다

"여래가 설한 바 법이 있느냐?"고 하자, 수보리는 "여래께서 설한 바가 없습니다."라고 하였다. 물론 이 내용은 『금강경』에서 몇 차례 등장한다. 앞 6품에서는 "강물을 건넌 뒤에는 뗏목을 버리라."고 하는 것이나 7품 제목이 무득무설분無得無說分이라고 하여 "설한 자도 없고, 들은 자도 없다."고 했으니, 당연히 무엇을 증득한 자도 없는 것이다. 모두 같은 의미를 두고 있다. 법신이란 어떤 형상이나 문자로써 구할 수 없으며, 설했다는 설자說者가 없다. 당연히 법을 들었다는 문자聞者도 없다. 곧 설한 자도 없고 들은 자도 없는 청정 본연의 참된 자성이다. 황벽은 설할 것조차 없는 법을 '설법'이라고 하였다.

『능가경』에서는 "내가 어느 날 밤 최정각을 얻고 나서 그 후 반열반般涅槃에 들 때까지 그 중간에 한 자도 설하지 않았으며, 또한 이전에 말한 것도 없고, 앞으로도 설할 것이 없다."라고 하였다. 그런데 부처님께서 일자一字도 설하지 않았다고 하는데, 8만 4천 법문이 존재한다. 실은 부처님께서 중생이 어리석고 탐욕에 가득 차 있기 때문에 방편으로 설할 수밖에 없었다. 방편으로 설해진 진리는 하나의 방편에 불과하므로 깨달음을 얻었다면 그 방편은 쓸모가 없으므로 당연히 버려야 한다.

우리나라 조선 시대, 서산휴정[1520~1604]의 제자인 정관일선靜觀一禪[1533~1608]은 「임종게」에서 이렇게 언급했다.

평생 동안 지껄인 것 부끄러우니
지금은 모든 걸 뛰어넘었네.
말이 있고 말이 없고 이 모두 틀렸으니,
청컨대 그대들은 부디 이를 깨달으라.

평생참괴구남남平生慚愧口喃喃
말후요연초백억末後了然超百億
유언무언구불시有言無言俱不是
복청제인수자각伏請諸人須自覺

또한 중국의 허운虛雲[1840~1950] 스님도 120세까지 장수하셨는데, 열반하기 전에 제자들에게 평생 동안 말을 많이 하여 제자들을 괴롭혔다고 실토하셨다.

➜ "부처가 설하는 반야바라밀은 곧 반야바라밀이 아니라 단지 이름이 반야바라밀[불설반야바라밀佛說般若波羅蜜 즉비반야바라밀卽非般若波羅蜜 시명반야바라밀是名般若波羅蜜]."

대승불교의 모든 실천 덕목이 반야에서 시작된다. 반야는 불교의 모든 가르침에서 일관된 핵심이자 원리이며 인생과 세계를 투시할 수 있는 깨달음의 예지이다. prajña라고 하는데, '쁘라pra'는 앞이라는 뜻이고, '즈냐jña'는 안다는 뜻이다. 반야는 우리가 지식으로 아는 것이 아니라 그 이전, 분별하기 이전의 본집으로 돌아가는 것이다. 반야의 지혜로써 우주 만물의 참모습을 관찰하여 일체는 실체가 없는 공空임을 깨달아 그 깨달음의 피안에 이르는 길을 설한 것이다. 피안彼岸은 깨달음의 세계로 미혹의 세계인 차안此岸과 상대되는 말이다. 실제 반야란 『벽암록』 제 6칙則의 평창에서 "말한 것도 없고 들은 것도 없는 이것이 참된 반야이다."라고 하였다.

반야바라밀이 어떤 특수한 지혜이고, 최상이며, 이것으로부터 깨달음을 성취할 수 있다고 생각해서는 안 된다. 이 점은 바로 착각이다. 그래서 반야바라밀이라고 하는 것도 반야바라밀이 아니라 단지 이름이 반야바라밀이다. 17품에서 "일체법一切法 개시불법皆是佛法"이라고 하였다. 세상의 법이 곧 불법이다. 어떤 학문, 어떤 경우의 진리도 불법이다. 세상의 일체 학문이나 사상, 진로도 공부해 경지에 오를 수 있는 것이다.

『오등회원五燈會元』에 이런 이야기가 있다.

송대 황정견黃庭堅[1045~1105년]은 선의 높은 경지에까지 이른 사람이다. 정견은 회당조심晦堂祖心[1025~1100]의 법맥을 이은 사람이다. 어느 날, 정견이 선사를 찾아갔다. 정견이 선사에게 물었다.

"불법의 요체가 무엇입니까?"

"나는 자네한테 하나도 숨기는 게 없네."

정견이 선사의 말에 사족을 붙여가며 풀이하려고 하자, 조심 선사가 말했다.

"그게 아니네. 조금 있다가 자네에게 설명해 주겠네."

잠시 후 선사는 정견에게 따라오라고 한 뒤 산길로 들어갔다. 한참을 걸은 뒤 멈춰 섰는데, 마침 물푸레나무꽃이 만개해 향기가 계곡에 가득했다. 조심 선사가 정견에게 물었다.

"물푸레나무 향기가 나지 않는가?"

"예, 납니다."

"나는 자네한테 조금도 숨기는 게 없네."

그 순간, 정견은 도의 편재성을 분명히 깨달았다고 한다.

곧 선은 뜬구름 잡는 신통의 세계가 아니라 있는 그대로를 깨닫는 여실지견如實知見의 세계이다. 반야는 어디 특별한 곳에 있는 것이 아니라 도처에 있다.

"늙은 소나무는 반야를 얘기하고 중생을 제도하는 설법을 불어댄다. 비에 젖은 소나무, 바람 부는 소나무 모두 선禪을 설하고 시냇물 소리, 솔바람 소리 전부 법法을 설하네."라고 하였다. 『보등록普燈錄』에서는 "산과 시냇물과 대지가 법왕의 몸을 그대로 드러낸다[산하급대지전로법왕신山河及大地全露法王身]."라고 하였다. 화엄에서도 '모든 것을 있는 그대로 보는 것이 불법'이라고 하였다.

주무숙周茂叔(1017~1073)이 불인요원佛印了元(1032~1098) 선사에게 '도道가 무엇인가?'를 물었을 때 요원도 "눈앞에 보이는 푸른 산들이 제 모습 그대로 드러내 놓고 있지 않은가?"라고 답했다. 한편 소동파(1037~1101)는 "버들은 푸르고 꽃은 붉다."라고 하였고, 도오겐道元(1200~1253)은 "눈은 옆으로, 코는 세로로 달려 있다[안횡비직眼橫鼻直]는 사실을 알았다."라고 하였다.

➔ 미진微塵이란?

여기서 편의상 '티끌'이라고 해석했지만, 정확한 해석이라고 보기는 어렵다.

미진이란 눈으로 볼 수 있는 가장 미세한 물질의 최소 단위이다. 초기불교·대승불교 경전에 이 단어가 등장하고, 이론 또한 조금씩 다르다.

→ 32상이란 몸의 형태인 부처의 모습을 말한다. 앞 5품에서도 '몸의 형태[신상身相]'가 나온다.

32상 몸의 형태로 여래를 볼 수 없다. 그러면 왜 불교에서 불상이 존재하는가? 부처나 보살의 형상을 통해 자신의 공경심을 끌어내기 위함이다. 그림이나 형상에 절을 하는 것은 자신에게 하는 것, 자기 자신이 스스로를 구하는 것이다. 일념으로 공경심을 다했다면, 그림이나 형상이 진짜니, 가짜니 갑론을박 말할 것조차도 없다. 그래서 부처님께서 "자기에게 귀의하고, 법에 귀의하라."고 한 것이다.

진정한 불법은 형상에 의지하는 그릇된 믿음을 타파하는 것이다. 상에 집착하지 않는 바른 믿음을 발發해야 한다. 법신은 상相 자체가 없다.

# 14품-1 ……………………………………【이상적멸분離相寂滅分】

## 관념을 여읜 적멸의 경지

그때 수보리가 이 경전 설함을 듣고, 깊이 그 뜻을 이해하고 슬피 울면서 부처님께 말했다.

"희유하십니다. 세존이시여! 제가 옛날로부터 지금까지 얻은 혜안으로는 일찍이 이와 같은 심심미묘한 경전을 들은 적이 없습니다.

이시 수보리 문설시경 심해의취 체루비읍 이백불언 희유
爾時 須菩提 聞說是經 深解義趣 涕淚悲泣 而白佛言 希有
세존 불설여시심심경전 아종석래 소득혜안 미증득문여시
世尊 佛說如是甚深經典 我從昔來 所得慧眼 未曾得聞如是
지경
之經

세존이시여! 다시 어떤 사람이 이 경전을 듣고, 믿음이 청정해져서 실상[궁극적 진리]을 낸다면, 마땅히 이 사람은 제일 희유한 공덕을 성취한 것임을 알아야 합니다.

세존 약부유인 득문시경 신심청정 즉생실상 당지시인 성
世尊 若復有人 得聞是經 信心清淨 則生實相 當知是人 成

취제일희유공덕
就第一希有功德

세존이시여! 이 실상이라는 것은 (실)상이 아니기 때문에 여래께서 실상이라고 설하신 것입니다.

세존 시실상자즉시비상 시고 여래설명실상
世尊 是實相者則是非相 是故 如來說名實相

세존이시여! 저는 지금 이와 같은 경전을 들은 뒤에 믿고 이해하며 수지하는 일은 어렵지 않습니다. 그런데 혹 미래 500년 뒤에 어떤 중생이 이 경전을 들은 뒤에 믿고 이해하며 수지한다면, 이 사람은 제일 희유합니다.

세존 아금득문여시경전 신해수지 부족위난 약당래세 후
世尊 我今得聞如是經典 信解受持 不足爲難 若當來世 後
오백세 기유중생 득문시경 신해수지 시인 즉위제일희유
五百歲 其有衆生 得聞是經 信解受持 是人 則爲第一希有

이 사람은 아상·인상·중생상·수자상이 없기 때문입니다. 아상이 상이 아니며, 인상·중생상·수자상도 곧 상이 아니기 때문입니다. '일체 모든 상을 여의어야 제불'이라고 이름할 수 있기 때문입니다."

하이고 차인 무아상 무인상 무중생상 무수자상 소이자하
何以故 此人 無我相 無人相 無衆生相 無壽者相 所以者何

아상 즉시비상 인상 중생상 수자상 즉시비상 하이고 이일
我相 卽是非相 人相 衆生相 壽者相 卽是非相 何以故 離一
체제상 즉명제불
切諸相 則名諸佛

부처님께서 수보리에게 말씀하셨다.

"그렇고 그러하다. 만약 다시 어떤 사람이 이 경전을 듣고 놀라지 않고, 무서워하지도 않으며, 두려워하지 않는다면 이 사람은 매우 희유한 일임을 알아야 한다.

불고수보리 여시여시 약부유인 득문시경 불경불포불외 당
佛告須菩提 如是如是 若復有人 得聞是經 不驚不怖不畏 當
지시인 심위희유
知是人 甚爲希有

(수보리야), 여래가 설하는 제일바라밀은 곧 제일바라밀이 아니라 그 이름이 제일바라밀이기 때문이다.

하이고 수보리 여래설 제일바라밀 즉비제일바라밀 시명제
何以故 須菩提 如來說 第一波羅蜜 卽非第一波羅蜜 是名第
일바라밀
一波羅蜜

수보리야, 인욕바라밀은 여래가 설하기를 인욕바라밀이 아니라 그 이름이 인욕바라밀이다.

수보리 인욕바라밀 여래설 비인욕바라밀 시명인욕바라밀
須菩提 忍辱波羅蜜 如來說 非忍辱波羅蜜 是名忍辱波羅蜜

수보리야, 여래가 옛날에 가리왕으로부터 신체가 마디마디 잘렸을 때, 나는 그때에 아상·인상·중생상·수자상이 없었느니라.

하이고 수보리 여아석위가리왕 할절신체 아어이시 무아상
何以故 須菩提 如我昔爲歌利王 割截身體 我於爾時 無我相
무인상 무중생상 무수자상
無人相 無衆生相 無壽者相

내가 그 옛날에 마디마디 신체가 잘려질 때에 만약 아상·인상·중생상·수자상이 있었다면, 응당히 분노하며 원망했을 것이다."

하이고 아어왕석절절지해시 약유 아상 인상 중생상 수자
何以故 我於往昔節節支解時 若有 我相 人相 衆生相 壽者
상 응생진한
相 應生嗔恨

## 14품 개요

14품의 결론은 대지혜의 성취이다. 진리를 이해해 증오證悟에 이르러 얻은 지혜만이 마음으로부터 작용을 일으킨다. 도의 깨달음을 지혜로 승화시키고, 인욕행을 닦아 고통 바다에서 중생을 이익되게 한다면 무량 무변한 공덕을 성취한다.

전체적으로는 모든 상相들을 여의어 참다운 반야 지혜를 성취할 것을 언급하고 있다.

→ 깊이 그 뜻을 이해[심해의취深解義趣]

깊고도 깊으며, 심오한 이해에 이르렀음을 말한다. 단순히 안다는 것이 아닌 도의 깨달음을 말한다. 수보리가 진리에 기쁨의 눈물을 흘리는 것이다. 해오解悟는 이치상으로 어느 정도 진리뿐만 아니라 깨달음에 근접했음을 의미한다. 증오證悟는 여기 심해의취에 해당한다고 볼 수 있다. 불교 경전에서 말하는 '취趣'는 취향의 뜻으로 이미 경계에 이르렀다는 뜻이다.

세상사도 이와 비슷하다고 본다. 당나라 때 운문문언[864~949] 선사는 제자들에게 "한 가지 일을 (뼈저리게) 경험하지 않고는 한 가지 지혜를 체득할 수 없다[불인일사不因一事 부장일지不長一智]." 라고 하였다. 머리로 이해하는 것과 가슴으로 공감하는 것은 다르기 때문이다. 어떤 일에 있어서도 '충분히 이해한다.'고 하지만, 절대 아니라고 본다. 곧 자신이 그 일을 경험하고, 뼈저리게 느낌으로써 공감되어야 진정한 이해라고 본다.

→ 심심미묘한 경전[심심경전甚深經典]

반야로써 지혜의 해탈, 즉 지혜의 성취에 이르는 길을 제시해 준 것을 말한다.

→ (이 경전을 듣고), 믿음이 청정해지다[신심청정信心淸淨].

『금강경』에서 제시하는 5종 수행에서 첫 번째가 수지受持이다.

받아들여 늘 간직하고 지닌다는 의미인데, 이 수지와 함께 동반하는 것이 믿음이다. 신해수지信解受持인데, 여러 경전에서 나란히 쓰기도 한다. 불교에서 믿음은 맹목적인 믿음이 아니라 내적으로 확립된 믿음이어야 한다. 또한 믿음은 이해를 바탕으로 하는 믿음이어야 한다[신해信解]. 『금강경』·『유마경』·『법화경』에서 모두 '신해수지'라는 단어가 나타나 있다. 철저히 이해를 바탕으로 한 믿음이기에 청정하다고 하는 것이다[신심청정信心淸淨].

여기서 믿음에 대하여 정립해 보자. 불교에서 믿음은 ❶ 자력적自力的 믿음과 ❷ 타력적他力的 믿음, 두 가지다. ❷ 타력적인 믿음은 외부의 불보살의 힘에 의지하는 것이고, ❶ 자력적인 믿음은 '자귀의 법귀의', '일체중생이 모두 부처'임을 굳게 믿는 것이요, 자신에게 불성이 내재內在되어 있음을 철저하게 믿는 것이다. 명심견성明心見性의 경지이고, 『법화경』으로 보면 제법실상諸法實相의 경지이다. 그래서 믿음을 '심징정心澄淨'이라고 하는데, 우리들의 마음을 청정케 하는 힘이 믿음이기 때문이다. 믿음은 초기불교에서 수행체계의 하나로서 언급하며, 대승불교에서도 이 믿음을 강조한다.

초기불교에서 대표적인 수행법으로 37가지 수행법인 37조도품三十七助道品(bodhipakkhiya dhamma)이 있다.[22] 여기서 5근五根[pañcēndriya; 다섯 가지 정신적인 기능이나 작용하는 능력]은 위빠사

22 4념처四念處·4정근四正勤·4신족四神足·5근五根·5력五力·7각지七覺支·8정도八正道

나 수행에서 가장 근본으로 삼는 수행 방법이다.[23] 이 5근 가운데서 첫째가 신근信根인 믿음이다.

대승불교에서도 마찬가지이다.

『화엄경』에서는 "믿음은 바로 도의 근본이요, 공덕의 어머니다[신위도원공덕모信爲道元功德母].", "모든 선법善法을 증장시키고, 일체 의혹을 제거해 최상의 도를 드러내 주고, 불도를 열어준다."라고 하였다. 또한 "신심이 견고해야 보살행을 실천하고, 최상의 진리를 깨닫는다."고 하였다. 『열반경』에서는 "믿음[신信]만 있고 이해[해解]가 없다면 결국 번뇌만을 증장시키고, 또한 이해만 있고 믿음이 없다면 삿된 견해만 생긴다. 그러므로 원만한 믿음과 이해를 바탕으로 실천 수행[행行]해야 한다."고 하였다.

이제 『금강경』으로 돌아가자. 『금강경』은 경전 구절에 따라 자력적인 믿음이 근본이지만, 타력적인 믿음도 내포되어 있다. 타력적 믿음이란 부처님의 뜻을 잊지 않고, 받아 지니는 것으로 진리에 수순해 살아가는 것이라고 할 수 있다. 즉 5종 수행의 첫째인 신해수지란 경전의 내용을 법경法鏡으로 삼아 불자로서 지침으로 삼는 것이다[『금강경』이 경전에 대한 숭배, 신앙적인 측면이 담겨 있음은 앞에서 거론한 것을 말함].

23 신근信根(saddhā)은 믿음의 기능, 정진근精進根(vīriya)은 정진의 기능, 염근念根(sati)은 알아차림의 기능, 정근定根(samādhi)은 삼매의 기능, 혜근慧根(pañña)은 지혜의 기능이다.

→ "이 실상이라는 것은 (실)상이 아니기에 여래께서 실상이라고 설하신 것이다[실상자즉시비상實相者則是非相 시고是故 여래설명실상如來說名實相]."

상이 아닌 것이다. 즉 무아상·무인상·무중생상·무수자상이다. "만약 모든 상이, 상이 아닌 줄을 본다면 여래를 보리라." 수보리는 자기가 마음으로 얻은 바를 이렇게 말하고 있다. "실상이란 상이 없는 것이다."

→ "이 사람은 아상·인상·중생상·수자상이 없기 때문이다[차인此人 무아상무인상무중생상무수자상無我相無人相無衆生相無壽者相]."

4상을 모두 벗어나 일체의 상에 집착하지 않는 이 경계에 이르렀다면, 그는 이미 최고의 경지에 이른 것이다.

→ "아상이 상이 아니며, 인상·중생상·수자상도 곧 상이 아니기 때문이다[아상我相 즉시비상卽是非相 인상중생상수자상人相衆生相壽者相 즉시비상卽是非相]."

아상이라는 것은 본래 상이 아닌 가상假相이기 때문이다. 아상·인상·중생상·수자상이 모두 가상이다. 5온무아五蘊無我, 5온가화합五蘊假和合의 이치와 같다. 거짓으로 합쳐진 모습이므로 참된 상이 아니다. 그래서 아상은 곧 상이 아니다[아상즉시비상我相卽是非相]라고 하는 것이다. 이런 원리이기 때문에 일체 모든 상을 여의었을 때, 바로 부처[이일체제상離一切諸相 즉명제불則名諸佛]라고 하는 것이다.

→ "경전을 듣고 놀라지 않고, 무서워하지도 않으며, 두려워하지 않는다면 이 사람은 매우 희유한 일이다[유인有人 득문시경得聞是經 불경불포불외不驚不怖不畏 당지시인當知是人 심위희유甚爲希有]."

그런데 진짜 이런 세상이 되었다. 근자에는 서양이든 동양이든 사람들이 종교를 멀리한다. 유럽의 유서 깊은 성당이나 교회가 신자 감소로 술집이나 도서관, 서커스 연습장으로 변화되었다고 한다. 우리나라 또한 모든 종교 신자가 줄고 있다. 불교도 출가자가 기하급수적으로 줄어 심각한 수준이다. 그러니 이 시대에 불법을 믿고, 환희심을 내는 자는 희유한 사람이다.

→ "제일바라밀은 곧 제일바라밀이 아니라 그 이름이 제일바라밀이기 때문이다[제일바라밀第一波羅蜜 즉비제일바라밀卽非第一波羅蜜 시명제일바라밀是名第一波羅蜜]."

제일바라밀은 대지혜의 성취이다. 곧 성불하고자 하는 염원은 있되, 이 또한 얽매이거나 집착하지 않고 염원해야 한다.

## 14품-2 ·························· 【이상적멸분離相寂滅分】

# 관념을 여읜 적멸의 경지

"수보리야, 또한 과거 500세에 인욕선인으로 있을 그때에도 아상·인상·중생상·수자상이 없었다.

수보리 우념과거어오백세 작인욕선인 어이소세 무아상 무
須菩提 又念過去於五百世 作忍辱仙人 於爾所世 無我相 無
인상 무중생상 무수자상
人相 無衆生相 無壽者相

그러니 수보리야, 보살은 응당히 일체 관념[집착]을 여의고서 최상의 깨달음을 얻고자 하는 마음을 내어야 한다.

시고 수보리 보살응리일체상 발아뇩다라삼먁삼보리심
是故 須菩提 菩薩應離一切相 發阿耨多羅三藐三菩提心

형상에 머물러서 마음을 내지 말고, 소리·냄새·맛·감촉·법에 머물러서도 마음을 내지 말라. 응당히 머무는 바 없이 마음을 낼지니라.

불 응 주 색 생 심　불 응 주 성 향 미 촉 법 생 심　응 생 무 소 주 심
不應住色生心 不應住聲香味觸法生心 應生無所住心

만약 마음에 머묾이 있다면, 그것은 곧 (바르게 마음을) 머물고 있는 것이 아니다.[24] 이렇기 때문에 부처님께서 '보살은 형상에 집착하지 않는 (그런) 마음으로 보시하라'고 설한 것이다.

약 심 유 주　즉 위 비 주　시 고　불 설 보 살　심 불 응 주 색 보 시
若心有住 則爲非住[25] 是故 佛說菩薩 心不應住色布施

수보리야, 보살은 응당히 일체중생에게 이롭도록 그렇게 보시해야 한다. 여래는 '일체 모든 상이 곧 상이 아니며, 또 일체중생이 곧 중생이 아니다'라고 설한다.

수 보 리　보 살　위 이 익 일 체 중 생　응 여 시 보 시　여 래 설 일 체 제 상
須菩提 菩薩 爲利益一切衆生 應如是布施 如來說一切諸相
즉 시 비 상　우 설 일 체 중 생　즉 비 중 생
卽是非相 又說一切衆生 卽非衆生

수보리야, 여래는 참된 말을 하는 분이며, 실다운 말을 하는 분이고, 진실된 말을 하는 분이며, 속이는 말을 하지 않는 분이고, 다른 말을 하지 않는 분이다. 수보리야, 여래가 얻은 법은 진실하

24 이 부분에서 '주住' 해석은 2품에서 수보리존자가 질문한 '응운하주應云何住[어떠한 마음을 가져야 하며]'에서 주로 보고, 해석하는 것이 타당하다고 본다.

25 '보살심에 머무는 것이 아닌 것'을 말한다. 보살은 일체중생을 이익되게 하는데, 무주심으로 보시해야 하며, 이것이야말로 진정한 보리심이다.

지도 않지만 거짓되지도 아니하다.

수보리 여래시진어자 실어자 여어자 불광어자 불이어자
須菩提 如來是眞語者 實語者 如語者 不誑語者 不異語者

수보리 여래소득법 차법 무실무허
須菩提 如來所得法 此法 無實無虛

수보리야, 만약 보살이 대상에 머물러 보시를 한다면, 이 사람은 어두운 곳에 들어가 아무것도 보지 못하는 것과 같다. 만약 보살이 대상에 머물지 않고 보시한다면, 눈으로 (사물을) 볼 수 있는 사람에게 햇빛이 밝게 비치면 갖가지 모양을 볼 수 있는 것과 같다.

수보리 약보살 심주어법 이행보시 여인입암 즉무소견 약
須菩提 若菩薩 心住於法 而行布施 如人入闇 則無所見 若
보살 심부주법 이행보시 여인유목 일광명조 견종종색
菩薩 心不住法 而行布施 如人有目 日光明照 見種種色

수보리야, 미래세에 만약 선남자 선여인이 능히 이 경전을 수지하고 독송하면, 여래는 부처의 지혜로써 이 사람이 모두 무량무변한 공덕을 성취할 것을 다 알고 다 보느니라."

수보리 당래지세 약유선남자선여인 능어차경 수지독송 즉
須菩提 當來之世 若有善男子善女人 能於此經 受持讀誦 則
위여래 이불지혜 실지시인 실견시인 개득성취무량무변공덕
爲如來 以佛智慧 悉知是人 悉見是人 皆得成就無量無邊功德

→ 일체중생이 곧 중생이 아니다[일체중생一切衆生 즉비중생卽非衆生].

중생 스스로가 자성인데, 누가 제도해준다는 말인가? 4홍서원四弘誓願 가운데 자성중생서원도自性衆生誓願度 자성번뇌서원단自性煩惱誓願斷이다. 자성으로 중생이 제도되기를 기원하며, 자성으로 번뇌가 단절되기를 서원한다.

● 인욕

바로 앞에서도 "여래가 옛날에 가리왕으로부터 신체가 마디마디 잘렸을 때, 나는 그때에 아상·인상·중생상·수자상이 없었다[가리왕歌利王 할절신체割截身體 아어이시我於爾時 무아상무인상무중생상무수자상無我相無人相無衆生相無壽者相]."고 하였다.

부처님이 과거세 인욕선인忍辱仙人으로 수행할 때이다. 당시 왕이 가리왕이었는데, 궁녀들과 소풍을 나왔다. 가리왕이 잠깐 낮잠을 자는 사이에 궁녀들은 성자의 법문을 들었다. 가리왕이 깨어나 보니, 자기 주위에 궁녀들이 하나도 없는데, 주위를 둘러보니 궁녀들이 한 성자를 둘러싸 법문을 듣고 있었다. 가리왕이 성자에게 다가가 '누구냐?'고 물었다. 성자는 자신은 인욕선인이라고 하자, 가리왕은 얼마나 잘 참는지 보자며, 칼로 신체를 마디마디 잘랐다. 이때 성자는 그런 일을 당하면서도 상대에 대한 4상이 없었다.

인욕선인은 이런 고난에도 여여부동했다. 곧 부처님께서 '나의 신체', '나의 몸'이라는 상이 없었고, 상대방에 대한 원망이나 원한이 없는 무주심으로 욕됨을 참았다는 의미이다. 바로 이런 인욕을 무주상인욕無住相忍辱이라고 할 수 있다.

욕辱이란 참을 수 없을 정도의 욕됨을 참는다는 것이다. 『자비도량참법』에서도 "공덕을 겁탈하는 도적은 진심嗔心[성내는 마음]이 가장 심하다."고 하였고, "이 성내는 마음은 보리菩提[깨달음]를 이루지 못하는 장애를 일으킨다."고 하였다. 『화엄경』에서는 "일념진심기一念瞋心起하면 백만장문개百萬障門開"라고 하였는데, 즉 한 번 성내는 마음을 일으키면 백천 가지 모든 일에 장애를 일으킨다는 것이다.

성내는 마음은 수행에 있어서도 세상사에서도 큰 장애가 되기 때문에 인욕으로 진심을 잘 다스려야 함을 강조한다.

● **인욕을 잘 실천함은 최상의 공덕을 얻는다[→인욕을 잘한 스님들].**

10대 제자 가운데 사리불은 지혜와 덕행을 갖추고 있어 사람들이 모두 존경하였다. 어느 날 사람들이 옹기종기 모여 앉아 사리불 스님의 자비심과 덕행을 찬탄하였다. 그런데 이들 중 한 사람이 사리불 스님에 대해 부정적인 의견을 내놓았다.

"사리불 스님이 아무리 자비롭고 훌륭한 분이지만 그도 사람인데, 어찌 화를 내지 않겠습니까? 그대들이 자꾸 스님을 인욕이 뛰어난 사람이라고 칭찬하는데 나는 그렇게 생각하지 않습니다. 그렇다면, 우리가 진짜 사리불 스님이 화를 내는지 안 내는지, 한번 시험해 봅시다."

이렇게 사람들이 대화를 하고 있는데, 마침 사리불이 탁발하기 위해 그들 앞을 지나가고 있었다. 내기를 하자고 했던 남자가 사리불에게 달려가 사정없이 사리불의 등짝을 후려쳤다. 사리불은 뒤를 돌아보며 아무렇지도 않은 듯 그냥 걸어갔다. 사리불의 이 모습을 본 남자는 자신의 행동을 뉘우치고, 사리불에게 달려가 용서를 빌며 말했다.

"사리불 스님, 저를 용서해 주십시오!"

"제게 무슨 잘못이라도 했습니까?"

"스님께서 얼마나 인욕을 잘하는지 시험해 보기 위해 제가 등을 쳤던 사람입니다."

"괜찮소!"

남자와 사리불이 대화를 마치고 헤어지려는 순간, 수많은 사람들이 그 남자의 무례한 행동에 화가 났다. 이때 군중 속에서 한 사람이 외쳤다.

"저 사람은 아무런 이유도 없이 성자님을 때렸다. 저 사람을 그냥 둘 수 없다."

사람들은 돌과 몽둥이를 들고 흥분한 상태가 되었다. 사리불은 사태를 파악하고, 그 사람에게 당신의 발우[스님들이 소지하고 다니는 밥그릇]를 들고 있으라고 하였다. 사람들은 사리불의 발우를 들고 있는 사람을 차마 때리지 못했다. 이때 사리불이 말했다.

"내가 당신들에게 물어보겠소. 저 사람은 나를 때린 것이지, 그대들을 때린 것이 아닙니다. 나는 그를 용서했소. 그뿐입니다. 그러니 그대들은 여기서 흩어졌으면 합니다."

사람들은 사리불에게 존경을 표하고, 각각 흩어졌다. 이런 일이 생긴 것을 알고, 부처님께서 사람들에게 말씀하셨다.

"사리불은 수행의 높은 경지에 올라서 마음속에 화나는 마음[번뇌]이 완전히 소멸되었기 때문에 화를 내지 않는 것이다."

불교에서는 수행 방법으로 참는 것[인욕]을 강조한다. 그래서 바로 14품 앞부분에서 『금강경』에서는 "인욕바라밀은 여래가 설하기를 인욕바라밀이 아니라 그 이름이 인욕바라밀이다."라고 하였다. 진정한 인욕은 자신이 인욕한다는 의식조차 갖지 않는 인욕이어야 함을 말하고 있다.

불교사에 대표적인 인욕수행자는 티벳의 밀라레빠Milarepa[1052~1135]이다. 밀라레빠는 동시대의 수행자였던 짜뿌와의 시기·질투로 괴롭힘을 받았다. 마침내 짜뿌와는 여인을 시켜 독이 든 우유를 밀라레빠에게 공양물로 바치게 하였다. 밀라레빠는 미소를 지으며 독이 든 우유를 받아 마시고 말했다.

"약속받은 보석은 손에 넣었는가? 나는 원한으로 그대에게 앙갚음하지 않는다. 나는 그대를 가엾이 여기노라. 내 수명은 다 되었고, 내가 해야 할 일도 다 마쳤다. 그대와 짜뿌와가 이번 일로 깊이 참회하고 수행에 전념하기만을 바랄 뿐이다. 내가 지금 그대들을 구원하지 않는다면 그대들은 미래세에 지옥고가 따를 것이다. 그러므로 나는 그대의 공양물을 수락하였노라."

이후 병이 위중해 밀라레빠는 열반에 들었다.

『대지도론』에서는 "인욕으로써 갑옷을 삼으라."고 했는데, 그래서 가사를 '인욕의忍辱衣'라고도 한다. 『사십이장경』에서도 인욕에 대한 문답이 있다. 한 제자가 부처님께 물었다.

"어떤 것이 힘이 많이 드는 것이며, 어떤 것이 가장 밝은 것입니까?"

부처님께서 말씀하셨다.

"인욕 수행이 가장 힘이 많이 든다. 악한 마음을 품지 않기 때문에 (마음이) 편안하고 (신체가) 건강하다. 또한 인욕행을 잘하는 사람은 악한 마음이 없으므로 반드시 다른 사람들의 존경을 받게 된다. 그리고 마음의 때가 다 없어져 청정한 것이 가장 밝은 것이다. … 일체 지혜를 얻는 것이 가장 밝은 것이라고 할 수 있다."

→ "여래는 참된 말을 하는 분이며, 실다운 말을 하는 분이고, 진실된 말을 하는 분이며, 속이는 말을 하지 않는 분이고, 다른 말을 하지 않는 분이다[여래如來 시진어자是眞語者 실어자實語者 여어자如語者 불광어자不誑語者 불이어자不異語者]."

『법화경』「방편품」에 "나는 진실을 말하는 사람이다. 있는 그대로를 말하는 사람이다. 실수하지 않고 말하는 사람이다."라고 하였다. 대승경전 문구에 진실한 말을 한다거나 허망한 말을 하지 않는다는 표현이 많이 있다. 이는 불교 사상이 우주 만유의 있는 그대로의 실상을 여실하게 보여주고 있다는 측면으로 해석하면 좋을 듯하다.

→ "진실하지도 않지만 거짓되지도 아니하다[무실무허無實無虛]."

이 내용은 뒤 17품에도 나타나 있다. 진리와 허망이 대립하고 있는 그대로, 그러나 동시에 하나인 것처럼 세계를 말한다. 허망함은 허망함대로, 참됨은 참됨대로, 옳은 것은 옳은 대로, 그른 것은 그른 대로 인정하고 수용한다. 어느 하나에 집착에 떨어지지도 않지만, 어느 하나만이 옳은 것도 아니다. 이 점은 세 가지 차원에서 이해하면 어떨까 싶다.

첫째는 중도中道 사상적인 측면에서 볼 수 있다.

둘째는 불이不二 사상적인 측면에서 볼 수 있다.

『유마경』「입불이법문품」에서 31보살이 불이에 대한 이야기를 각자 말한다. 그다음 문수보살이 불이에 대해 "일체법에 언어도 필요 없고, 말할 것도 없으며, 드러낼 것도 없고, 인식할 것도 없어 일체 모든 문답을 여읜 것이 절대 평등인 불이법문에 들어가는 겁니다."라고 한다. 이렇게 말한 뒤에 문수보살이 유마 거사에게 묻는다. "우리들은 제각각 모두 말했습니다. 거사님은 어떤 것을 불이법문이라고 생각하는지 말씀해 보십시오." 이때 유마 거사는 묵연히 한마디도 하지 않았다. 어떤 언변으로 나타낼 필요조차 없는 것이 실답지도 않지만 헛되다고 말할 것조차 없는 것이다.

셋째는 화두인 방하착放下著으로 이해해도 된다. 방하착, 들고 있는 것조차 없고, 내려놓을 것조차 없는 놓음이기 때문이다.

**→ 심부주법心不住法 이행보시而行布施 ↔ 심주어법心住於法 이행보시而行布施 :**

지혜로운 사람이 하는 보시[무주상보시無住相布施] ↔ 어리석은 이가 하는 보시[주상보시住相布施]

➔ "어두운 곳에 들어가 아무것도 보지 못하는 것과 같다[여인입암如人入闇]."

여기서 어둠이란 대상을 의식하는 것, 관념을 두고 있는 것이다. 『법화경』「방편품」으로 말하면, 탁濁은 '오탁악세'라고 할 때, 그 탁에 해당한다.

# 3

# 바라밀의 장

## 15품 ……………………………… 【지경공덕분持經功德分】

# 경전을 수지한 공덕

"수보리야, 만약 어떤 선남자 선여인이 아침에 갠지스 강가의 모래 수만큼의 몸으로 보시하고, 다시 정오 무렵에 갠지스 강가 모래 수만큼의 몸으로 보시하며, 또 저녁에 갠지스 강가 모래 수만큼의 몸으로 보시한다. 이렇게 무량 백천만 억 겁 동안 몸으로 보시를 한다고 해보자.

수보리 약유선남자선여인 초일분 이항하사등신 보시 중일
須菩提 若有善男子善女人 初日分 以恒河沙等身 布施 中日
분 부이항하사등신 보시 후일분 역이항하사등신 보시 여
分 復以恒河沙等身 布施 後日分 亦以恒河沙等身 布施 如
시무량백천만억겁 이신보시
是無量百千萬億劫 以身布施

또 다시 어떤 사람이 이 경전을 듣고, 기꺼이 신심을 내며, 마음으로 역행하지 않는 이가 있다. 이 사람의 복은 (전자의) 복보다 매우 뛰어나다.

약부유인 문차경전 신심불역 기복승피
若復有人 聞此經典 信心不逆 其福勝彼

그런데 어찌 하물며 사경하고, 수지·독송하며, 남을 위해 해설해 줌이겠는가?![신심만으로도 복이 수승한데, 5종 수행한 공덕은 대복이 있음]

하황서사수지독송 위인해설
何況書寫受持讀誦 爲人解說

수보리야, 요점을 정리해 말하리라. 이 경은 불가사의하고, 감히 헤아릴 수 없는 공덕이 있다. 여래는 대승인을 위해 설하며, 최상승의 마음을 일으킨 자를 위해 설하는 것이다.

수보리 이요언지 시경 유불가사의불가칭량무변공덕 여래
須菩提 以要言之 是經 有不可思議不可稱量無邊功德 如來
위발대승자설 위발최상승자설
爲發大乘者說 爲發最上乘者說

만약 어떤 사람이 수지·독송하며 널리 다른 사람을 위해 설한다면 여래는 이 사람을 다 알고, 이 사람을 다 보느니라. 모두 헤아릴 수 없고, 말로 할 수도 없으며, 무변한 불가사의한 공덕을 성취하게 된다.

약유인 능수지독송 광위인설 여래 실지시인 실견시인 개
若有人 能受持讀誦 廣爲人說 如來 悉知是人 悉見是人 皆
득성취불가량 불가칭무유변불가사의공덕
得成就不可量 不可稱無有邊不可思議功德

이와 같은 사람들은 곧 여래의 최상의 깨달음을 짊어진 것이다.

여시인등 즉위하담여래 아뇩다라삼먁삼보리
如是人等 則爲荷擔如來 阿耨多羅三藐三菩提

수보리야, 만약 소법을 좋아하는 사람은 아견·인견·중생견·수자견에 집착해 있는 자로서 이 경을 수지·독송하거나 다른 사람을 위해 해설하여 주지 못한다.

하이고 수보리 약요소법자 착아견 인견 중생견 수자견 즉
何以故 須菩提 若樂小法者 着我見 人見 衆生見 壽者見 則
어차경 불능청수독송 위인해설
於此經 不能聽受讀誦 爲人解說

수보리야, 만약 이 경전이 있는 곳은 어디일지라도 일체 세간의 천·인·아수라로부터 공양을 받을 것이다.

수보리 재재처처 약유차경 일체세간천인아수라 소응공양
須菩提 在在處處 若有此經 一切世間天人阿修羅 所應供養

마땅히 알아라. 이 곳[경전이 있는 곳]은 바로 불탑이 모셔진 곳과 같기 때문에 (수많은 중생들이) 이곳에 와서 공경하고 예를 갖추어 돌면서 수많은 꽃과 향을 뿌릴 것이다."

당지차처 즉위시탑 개응공경작례위요 이제화향 이산기처
當知此處 則爲是塔 皆應恭敬作禮圍遶 以諸華香 而散其處

## 15품 개요

『금강경』은 최상승의 경전으로서 이 경전을 수지하는 사람은 대승인이다. 대승보살로서 『금강경』을 소의경전으로 여기고, 수지·독·송하며 해설하는 공덕이 매우 광대함을 설하고 있다.

➔ "아침에 갠지스 강가의 모래 수만큼의 몸으로 보시하고, 다시 정오 무렵에 갠지스 강가 모래 수만큼의 몸으로 보시하며, 또 저녁에 갠지스 강가 모래 수만큼의 몸으로 보시한다[초일분初日分 이항하사등신以恒河沙等身 보시布施 중일분中日分 부이항하사등신復以恒河沙等身 보시布施 후일분後日分 역이항하사등신亦以恒河沙等身 보시布施]."

불교에서는 시간을 나눌 때, 하루를 초일분初日分·중일분中日分·후일분後日分 세 시時로 나눈다. 갠지스 강가의 모래 수만큼의 몸으로 보시가 될 수도 있고, 한 생의 수많은 보시가 될 수도 있으며, 여러 생을 거듭하면서 수많은 보시를 행하는 것으로 볼 수도 있다.

13품에서도 "갠지스 강가 모래 수만큼의 (소중한) 목숨으로 보시하는 이가 있다."고 하였다. 목숨이란 세상에서 어떤 무엇과도 바꿀 수 없는 가장 소중한 것이다. 예를 들어 무인도에서 엄청난 보물을 발견했다고 하자. 돈이 귀하고, 보물이 귀하지 않다. 당장 굶어 죽지 않아야 하는 목숨이 귀중한 법이다. 여기서 목숨이란 어떤 재물보다도 최고인 최상의 보시라는 뜻이다. 그런데 이런 목숨보다도 『금강경』 4구게를 이해하고, 수지하며 증득해서 타인에게 법을 전하며, 깨달음을 성취하는 것이 대복덕[무위복無爲福]임을 말하고 있다.

● '참다운 보시'란 무엇인가?

보시에 대해서는 앞 4품에서도 거론했다. 여기서 다시 한번 보자. 『유마경』「보살품」에 의하면, 유마거사가 급고독장자에게 참다운 보시에 대해 이렇게 설해준다.

> "보시를 하는 사람은 부처님께 직접 올리는 마음으로 그 받는 대상이 누구이든 간에 정성스럽게 보시해야 한다. 설령 걸인에게 보시할지라도 부처님에게 보시하는 것과 똑같이 복전福田이라 생각하고 보시해야 한다. 과보를 바라지 않으면서 성인이든 중생이든 간에 평등한 마음으로 보시하는 것이 진정한 법보시이다."

여기서 법보시란 법답게[참되게] 하는 보시라는 뜻이다. 초기불교 경전에는 부처님께서 재가자들에게 "불법승 삼보를 존경하고, 보시하며, 청정하게 계율만 지켜도 생천生天할 수 있다[→6념六念]."고 하셨다. 또 6바라밀에서도 제일 먼저 보시가 등장하듯이 보시행은 불자의 근본 수행이라고 해도 지나치지 않다. 단함만행檀含萬行이라는 말이 있다. 당나라 때, 규봉종밀[780~841]의 『금강반야경소론찬요병서金剛般若經疏論纂要幷序』에 나온다. 이는 보시바라밀만 잘하여도 다섯 바라밀[지계~지혜]을 모두 아울러 실천한다는 뜻이다. 『금강경』에서 말하는 참다운 보시란 다른 사람에게 진리를 전달하는 즉, 5종 수행 가운데 '해설解說'이라고 볼 수 있다. 그래서 위의 내용이 "어찌 하물며 사경하고, 수지·독송하며, 남을 위해 해설해 줌이겠는가[하황서사何況書寫 수지독송受持讀誦 위인해설爲人解說]?"라고 하는 것이다.

➔ 기꺼이 신심을 냄으로써 역행하지 않는 이가 있다[신심불역信心不逆].

14품에서도 "(이 경전을 듣고), 믿음이 청정해지다[신심청정信心淸淨]."라는 내용이 있다. 14품에서 신심에 대해 자세히 언급했다. 티벳에 전설처럼 내려오는 이야기를 하나 하려고 한다.

옛날 티벳에 인도를 오가며 장사를 하는 상인이 있었다. 이 사람에게 어머니가 있었는데, 그 모친은 불심이 대단했다. 어느 날 인도로 장사를 떠나는 아들에게 어머니는 "부처님의 나라 인도에 가면 불교를 상징하는 어떤 것이라도 하나 사다 다오."라고 부탁했다. 이 아들은 "그러겠다."고 철석같이 약속해 놓고, 인도로 가서 열심히 장사하는 데 여념이 없어 모친과의 약속을 잊어버렸다. 장사꾼은 티벳으로 돌아와서야 어머니가 부탁한 선물을 사오지 못한 것을 알았다.

할 수 없이 어머니께 사죄하고, 다음에 꼭 사 오겠다고 약속했다. 그런데 이 건망증 많은 아들은 어머니의 부탁을 몇 번이고 잊어버리고 귀국했다. 또다시 장사꾼은 어머니의 부탁을 잊고 인도에서 귀국하는데, 티벳으로 들어오는 국경 입구에서 생각이 났다. 건망증 많은 아들은 마침 길가에 죽어있는 개를 발견했다. 그는 개의 이빨을 뽑아서 티벳으로 돌아왔다. 집에 도착한 아들은 개 이빨을 가지고 어머니께 "부처님 사리인데, 어머니께 드리려고 간신히 구했습니다."라고 거짓말을 했다. 이 어머니는 그 다음날부터 개 이빨을 유리 상자에 넣어놓고 매일 지극정성으로 기도했다. 그렇게 몇 년 세월이 지났는데, 어느 날 그 사리(?)가 방을 환히 밝히면서 방광하기 시작했다. 이후부터 티벳에서는 "신심만 있으면 개 이빨도 후광을 발한다."는 말이 전해 내려오고 있다.

어떤 종교든 신심과 관련한 신이한 일들이 종종 있다. 종교란 과학적으로 증명할 수 없다고 본다. 『금강경』에서도 '신심'과 관련된 문구나 어구가 십여 차례 나타나 있다. 니코스 카잔차키스의 『그리스인 조르바』에는 이런 말이 있다. "만사는 마음먹기 나름입니다. 믿음이 있으면 낡은 문설주에서 떼어 낸 나무 조각도 성스러운 물건입니다. 그런데 믿음이 없으면 거룩한 십자가도 그런 사람에게는 문설주나 다름이 없습니다." 독자님들께서 신심에 대해 한번쯤 사유해 보았으면 한다.

➜ "불가사의하고, 감히 헤아릴 수 없는 공덕이 있다[불가사의불가칭량무변공덕不可思議不可稱量無邊功德]."

경전에 "악惡을 제거하는 것을 공功이라 하고, 선善이 가득한 것을 덕德이라 칭한다."고 하였다. 공덕은 발심으로 시작해 이루어진다. 이 경전에서는 공덕과 복덕을 크게 구분하지 않고 언급하고 있지만, 복덕이 인천의 복이라면, 공덕은 성자로서의 복이다. 앞 12품에서 경전 신앙에 대해 언급했지만, 경전은 법보法寶로서 지극한 신심으로 의지하고 수행해 간다면 공덕은 무량 무변하다.

→ "여래의 최상의 깨달음을 짊어진 것[하담여래아뇩다라삼먁삼보리荷擔如來阿耨多羅三藐三菩提]."

당시 대승불교를 일으킨 보살들의 사명감과 같은 이미지로 볼 수 있다. 『법화경』에서도 『법화경』을 홍포하는 법사로서의 자세나 마음가짐을 언급하고 있다. 즉 『법화경』「법사품」에서는 대승보살이 실천하는데, 자비심을 갖고, 부드러운 인욕을 품으며, 공사상을 꿰뚫어 얻은 뒤에 무주심無住心으로 실천할 것을 제시하고 있다. 『금강경』은 『법화경』처럼 구체적인 제시는 없지만, 보살 수행자로서의 자세를 언급하고 있다.

원나라 때 승려인 중봉명본中峰明本[1263~1323년]은 『금강경』을 독송하는 와중에 '여래를 짊어진다[하담여래荷擔如來].'라는 말에 깨달음을 얻었다.

→ 소법을 좋아하는 사람[약요소법자若樂小法者]

여기서 소법은 『금강경』이 대승불교 경전이므로 대승과 반대인 소승이라고 볼 수 있다. 하지만 굳이 그런 개념보다는 소아적小我的이며, 아상으로 가득하고, 이기적인 소인小人의 이미지로 본다.

# 16품 ……………………………………【능정업장분能淨業障分】
# 전세의 업장을 청정히 하다

"다시 수보리야, 선남자 선여인이 이 경을 수지·독송하면, 다른 사람들로부터 경천함을 받을 것이다. 이 사람은 과거세의 죄업으로 악도에 떨어질 것인데, 현세에 경천함을 받음으로 해서 전세의 죄업이 소멸될 뿐만 아니라 마땅히 최상의 깨달음을 성취하게 될 것이다."

부차 수보리 선남자선여인 수지독송차경 약위인경천 시인
復次 須菩提 善男子善女人 受持讀誦此經 若爲人輕賤 是人
선세죄업 응타악도 이금세인경천고 선세죄업 즉위소멸 당
先世罪業 應墮惡道 以今世人輕賤故 先世罪業 則爲消滅 當
득아뇩다라삼먁삼보리
得阿耨多羅三藐三菩提

"수보리야, 내가 생각해보니 과거 무량아승지겁에 연등부처님을 만나기 이전에 8백 4천만 억 나유타 부처님을 만났는데, (모든 부처님을) 공양하고 받들어 모시는 일에 헛되이 보내지 않았다."

수보리 아념 과거무량아승지겁 어연등불전 득치팔백사천
須菩提 我念 過去無量阿僧祇劫 於燃燈佛前 得值八百四千

만억나유타제불 실개공양승사 무공과자
萬億那由他諸佛 悉皆供養承事 無空過者

"혹 이런 사람이 있다. 어떤 사람이 말세에 이 경을 수지·독송해서 얻는 공덕이 있다. 그런데 내가 (과거세) 제불에게 공양 올린 공덕에 비견한다면, (전자의 공덕은 후자의 공덕에 비해) 백분의 일에도 미치지 못하며, 천만 억분 내지 산수 비유로도 미치지 못한다."

약부유인 어후말세 능수지독송차경 소득공덕 어아소공양
若復有人 於後末世 能受持讀誦此經 所得功德 於我所供養
제불공덕 백분불급일 천만억분 내지산수비유 소불능급
諸佛功德 百分不及一 千萬億分 乃至算數譬喩 所不能及

"수보리야, 만약 어떤 선남자 선여인이 말세에 '이 경을 수지·독송해 얻는 공덕'에 대해 자세히 설해주어도, 혹 어떤 이는 듣고서 마음이 심란해져 여우처럼 믿지 않는 이가 있다."

수보리 약선남자선여인 어후말세 유수지독송차경 소득공
須菩提 若善男子善女人 於後末世 有受持讀誦此經 所得功
덕 아약구설자 혹유인간 심즉광란 호의불신
德 我若具說者 或有人聞 心則狂亂 狐疑不信

"수보리야, 마땅히 알라. 이 경의 뜻은 불가사의하고, 과보 또한 불가사의하니라."

수보리 당지 시경의 불가사의 과보역불가사의
須菩提 當知 是經義 不可思義 果報亦不可思義

## 16품 개요

『금강경』을 수지·독송하면 과거세의 업장을 소멸하는 지름길이요, 또한 정각을 이룬다. 『금강경』을 수지 독송한 공덕은 헤아릴 수 없을 만큼 크기 때문에 신심을 갖고 꾸준히 정진해야 한다.

→ "이 경을 수지 · 독송하면, 다른 사람들로부터 경천함을 받는다[수지독송차경受持讀誦此經 약위인경천若爲人輕賤]."

수행자가 『금강경』을 수지하고 독송할 때, 혹 어려운 일을 당하면 퇴보하지 말고 참고 견디며 더욱 정진할 것을 강조하고 있다. 이렇게 참아냈을 때, 전세의 죄업이 소멸됨은 말할 것도 없고, 가장 높고 바른 깨달음을 얻게 된다. 이 이야기는 앞 14품에서도 언급했듯이 인욕과 결부된다고 본다. 인욕은 초기불교에서나 대승불교에서 빠질 수 없는 수행 덕목인 것만은 분명하다.

앞에서 본 대로 『금강경』에서는 자신을 해치는 어떤 사람에게도 상을 내지 말며, 『금강경』을 수지·독송하면서 역경계에 부딪혀도 인욕하면서 정진할 것을 강조하고 있다.

인욕과 관련된 법문을 잘 표현한 내용이 있다. 보원행報寃行인데, 520년에 중국으로 건너온 보리달마의 법문 가운데 하나이다.

이 보원행은 4행四行 법문 가운데 하나이다.[26]

"수행하는 사람이 만약 고통스러운 일을 당했다면, '과거 무시 이래로 수만 겁 동안에 근본을 버리고 지말을 쫓아 여러 곳을 유랑하면서 원망하고 증오하는 일을 많이 지었으며 (남을) 해롭게 한 일이 많았기 때문이다. 비록 지금 죄를 짓지 않더라도 이는 전세에 지은 악업으로 인한 과보가 나타난 것'이라고 생각하고, 원망을 멈추고 인욕하라."

아마 보원행 내용은 누구나 수긍할 것이다. 굳이 수행만이 아닌 삶에서도 마찬가지라고 본다. 보원행이란 지금 현재 남으로부터 받고 있는 증오나 육체적 고통과 정신적인 고뇌, 상실감 등 고통스런 일이 발생한다. 이런 때, 비관하거나 피할 것이 아니라 과거 자신이 지어놓은 악업의 과보로 여기고 참고 인내하라는 뜻이다. 이 법문에 귀감이 되는 존자가 있다. 목련이다.

목련존자가 부처님이 계시는 곳에서 사리불과 함께 여름 안거를 지내는 무렵, 공양할 때가 되어 발우를 들고 걸식하러 성으로 들어갔다. 그때 외도들이 목련존자의 모습을 보고, 그들끼리 수군

26 보리달마의 수행 방법을 설한 것이 『이입사행론』이다. 즉 이입理入과 행입行入으로 나뉜다. 이입은 경전에 입각해 중생과 부처의 성품이 똑같다는 이치를 설하고 있다. 행입은 실천하는 수행법을 말하는데, 네 가지[四行]로 설명한다. 그 네 가지가 4행四行 법문이다. 4행이란 보원행報冤行·수연행隨緣行·무소구행無所求行·칭법행稱法行이다.

거렸다.
"저 사람은 사문 고따마의 제자 가운데 신통력이 가장 뛰어난 사람이다. 우리의 세력 확장을 방해하는 중요 인물이다. 저 사람을 죽이자."
그들은 순식간에 목련존자를 둘러싸고 목련존자를 땅바닥에 내동댕이친 뒤, 목련존자에게 돌과 기왓장을 던졌다. 목련존자는 피를 흘리며 온몸을 가눌 수 없을 만큼 맞았다. 목련존자는 뼈와 살이 다 문드러져 고통이 너무 심해 움직일 수 없었지만 신통력으로 기원정사로 돌아왔다.
목련존자는 사리불을 만나 말했다.
"외도들의 폭력으로 이렇게 되었다. 나는 이제 열반에 들고자 하직인사를 하려고 합니다."
"당신은 세존의 제자들 중에서 신통이 제일이요, 신통력으로 얼마든지 피할 수 있었는데, 왜 피하지 않았습니까?"
"아무리 내가 신통력이 뛰어나다고 하지만, 예전에 내가 지은 업이 깊고 무거워 이런 과보는 피할 수 없습니다. 업으로 인한 과보를 당연한 것으로 받아들여 피하지 않았습니다. 나는 곧 열반에 들려고 합니다."
목련존자가 외도들의 폭력으로 열반에 들자, 사문들이 화가 나서 부처님께 '그들에게 앙갚음을 해야 한다.'고 말했다. 부처님께서 그들을 잘 타이르며 말씀하셨다.
"너희들은 아직도 삶의 진리를 체득하지 못했구나. 육체는 무상하고 업보는 끝이 없나니 원한을 원한으로 갚지 말라. 이것은 목련이 바라는 바가 아니다. 내가 한밤중 선정에 들어 죽은 목련을 만났는데, 그는 어떤 원망도 슬픔도 없이 편안하게 열반에 들었다. 깨달은 자에게는 삶과 죽음이 여일如一하며, 삶과 죽음은 흐르는 강물처럼 아무런 의미가 없는 법이다. 삶이 있으면 죽음이 있는 것이 당연한 이치이다. 죽음에 대한 초연한 자세도 삶의 한 일부분이다. 목련은 우리에게 그것을 가르쳐 주었다. 그는 큰 깨달음을 얻은 것이다."

살면서 어찌 꽃길만이 펼쳐지겠는가! 인생은 가시밭길이 더 많은 법이다. 특히 사람 관계에서 오는 고통이 제일 많다. 이때마다 상대방을 원망하면, 그 원한과 고통은 배가 된다. 그러니 원망과 증오·고통스런 어떤 것이든 자신의 전생업보 때문이니 '빚 갚는다.'로 여기고, 참고 견디면서 살라는 것이다. 혹 어떤 이는 이 보원행을 팔자소관으로 받아들일지도 모르겠다. 하지만 전혀 그런 뜻이 아니다.

『숫따니빠따』에서도 "자신이 지은 어떤 죄업도 소멸되지 않는다. 반드시 되돌아와 악업의 과보를 받게 되어 있다."라고 하였다. 자신이 지은 업은 절대 사라지는 것이 아니다. 업 사상을 분명히 인지해야 한다. 형태가 다르고 모양이 다를 뿐이지, 인생에서 힘들고 고통스런 일들은 저마다 다 겪게 되어 있다. 지위고하를 막론하고, 인생에 짊어진 짐은 똑같다는 것이다. 찾아오는 시기가 다를 뿐이다.

→ 나유타那由他

많다는 뜻이다.

● 기도에서 가장 중요한 것 → 업장 소멸

필자는 법문하면서 가장 자주 하는 말이 있다. 대부분 여성 신도들이라 이렇게 말한다.

"절에 와서 남편이나 애들을 위해 기도하지 말고, 자기 자신을 위해 기도하십시오. 지금까지 살아오면서 나쁜 행동을 참회하고, 앞으로 남은 인생 동안 자신에게는 참되고, 남에게는 어떻게 도움을 줘야 하는 지에 대해 기도하세요."

늘 복을 기원하는 것도 중요하지만, 업장 소멸이 중요하다. 즉 복을 받고, 공덕을 쌓는 것에 앞서 먼저 업장 소멸을 우선으로 해야 한다. 그러니 5종 수행을 하든 참선하든 보시를 하든 타인을 위해 봉사하는 등의 실천행을 통해 업장을 소멸하도록 스스로 노력해야 한다. 현대 과학에서 유전자를 개량한다고 한다. 어찌 보면, 업장 소멸을 위한 기도는 나의 '악업惡業'이라는 유전자를 선善한 방향으로 개량하는 것이다.

## 17품 −1 ……………………………………… 【구경무아분究竟無我分】

# 궁극적 가르침인 무아

그때 수보리가 부처님께 물었다.

“세존이시여! (최상의 깨달음을 얻고자 하는 마음을 낸) 선남자 선여인이 어떤 마음을 가져야 하며, 어떻게 그 (번뇌)를 다스려야 합니까?”

이시 수보리 백불언 세존 선남자선여인 발아뇩다라삼먁삼
爾時 須菩提 白佛言 世尊 善男子善女人 發阿耨多羅三藐三
보리심 운하응주 운하항복기심
菩提心 云何應住 云何降伏其心

부처님께서 수보리에게 말씀하셨다.

“(최상의 깨달음을 얻고자 하는 마음을 낸) 선남자 선여인은 응당히 이와 같이 마음을 내어야 한다. 내가 응당히 일체중생을 멸도에 들게 하리라. 일체중생을 멸도에 들게 해 마치고서는 한 중생도 열반에 든 자가 없다.

불고수보리 약선남자선여인 발아뇩다라삼먁삼보리심자
佛告須菩提 若善男子善女人 發阿耨多羅三藐三菩提心者

당 생 여 시 심　아 응 멸 도 일 체 중 생　멸 도 일 체 중 생 이　이 무 유 일
當生如是心 我應滅度一切衆生 滅度一切衆生已 而無有一
중 생　실 멸 도 자
衆生 實滅度者

수보리야, 만약 보살이 아상·인상·중생상·수자상이 있다면, 보살이 아니기 때문이다. 수보리야, '최상의 깨달음을 일으키는 자'라 할 (어떤) 법도 실제로 없기 때문이다.

하 이 고　수 보 리　약 보 살　유 아 상　인 상　중 생 상　수 자 상　즉 비 보
何以故 須菩提 若菩薩 有我相 人相 衆生相 壽者相 則非菩
살　소 이 자 하　수 보 리　실 무 유 법　발 아 뇩 다 라 삼 먁 삼 보 리 자
薩 所以者何 須菩提 實無有法 發阿耨多羅三藐三菩提者

수보리야, 어떻게 생각하느냐? 여래가 연등불 도량에서 최상의 깨달음이라고 할 만한 법을 얻었다고 생각하는가?"

수 보 리　어 의 운 하　여 래　어 연 등 불 소 유 법　득 아 뇩 다 라 삼 먁 삼
須菩提 於意云何 如來 於燃燈佛所有法 得阿耨多羅三藐三
보 리 부
菩提不

"아닙니다. 세존이시여! 제가 부처님의 설하신 뜻을 이해하기로는 부처님께서 연등불 도량에서 최상의 깨달음이라고 할 만한 법을 얻은 바가 없습니다."

불 야　세 존　여 아 해 불 소 설 의　불 어 연 등 불 소　무 유 법　득 아 뇩 다
不也 世尊 如我解佛所說義 佛於燃燈佛所 無有法 得阿耨多

라삼먁삼보리
羅三藐三菩提

부처님께서 말씀하셨다.

“그렇고, 그러하다. 수보리야, 실제로 어떤 법이 있어 여래가 최상의 깨달음을 얻은 것이 아니다. 수보리야, ‘만약 어떤 법이 있어 여래가 최상의 깨달음을 얻었다’라고 한다면, 연등불이 내게 ‘그대는 내세에 석가모니불이 되리라’라고 수기하지 않았을 것이다.

불언 여시여시 수보리 실무유법 여래 득아뇩다라삼먁삼보
佛言 如是如是 須菩提 實無有法 如來 得阿耨多羅三藐三菩
리 수보리 약유법 여래 득아뇩다라삼먁삼보리자 연등불
提 須菩提 若有法 如來 得阿耨多羅三藐三菩提者 燃燈佛
즉불여아수기 여어래세 당득작불 호석가모니
則不與我授記 汝於來世 當得作佛 號釋迦牟尼

실제로 어떤 법이 있어 최상의 깨달음을 얻은 것이 아니다. 그랬기 때문에 연등불이 내게 수기를 주며, ‘그대는 내세에 석가모니불이 되리라’라고 한 것이다.

이실무유법 득아뇩다라삼먁삼보리 시고 연등불 여아수기
以實無有法 得阿耨多羅三藐三菩提 是故 燃燈佛 與我授記
작시언 여어래세 당득작불 호석가모니
作是言 汝於來世 當得作佛 號釋迦牟尼

‘여래’라는 것은 곧 법에 있어 여여如如함을 의미하기 때문이다.”

하이고 여래자 즉제법여의
何以故 如來者 卽諸法如義

## 17품 개요

『금강경』의 반은 16품까지라고 본다. 17품에서는 2품에서 설하는 『금강경』의 주제[운하응주云何應住 운하항복기심云何降伏其心]를 재차 언급하고 있다. 17품은 깨달음에 어떤 특정한 형체가 있어 얻은 법은 없다. 궁극적 깨달음은 무아 진리를 얻은 것임을 시설하고 있다.

● "연등불이 내게 '그대는 내세에 석가모니불이 되리라'라고 수기하지 않았을 것이다[불여아수기不與我授記 여어래세당득작불汝於來世當得作佛 호號 석가모니釋迦牟尼]."

'관념이나 집착심을 갖고 있었다면 연등불로부터 수기를 받지 못했을 것이다'라는 의미이다. 수기에 대해서는 앞에서 자세하게 다루었다. 『금강경』에는 석가모니 부처님이 과거 연등불로부터 수기 받는 내용이 등장한다.

수기授記란 부처님이 과거 인행으로 이번 생에 부처가 되는데, 연등불로부터 예언을 받은 것을 말한다. 수기는 대승불교에서 발달했는데, 대승불교 보살들이 수행하는 방법에 대한 정립이라고 해도 과언이 아니다.

앞의 경전 내용으로 보면, 석가모니불이 과거세 인욕선인으로 있을 때에 무주상의 인욕행을 실천했기 때문에 연등불로부터 수기를 받는다. 복을 심은 근본[덕인德因]이 있었기 때문에 부처가 될 수 있었다[덕과德果]는 점이다.

➔ "여래라는 것은 곧 법에 있어 여여如如함을 의미한다[여래자如來者 즉제법卽諸法 여의如義]."

여여如如는 오롯이 진실됨도 있지만, 그릇됨과 진실됨 어디에도 개념을 두지 않는 초월이다.

이런 사상에서 '여여'는 '여래'라는 언어와 동등한 의미로도 쓰인다. 먼저 '여래'의 뜻부터 살펴보자.

부처님이 6년간의 고행을 마치고 성불한 뒤, 다섯 비구를 만나 말씀하셨다.

"지금부터 그대들은 나를 고따마Gotama라고 불러서는 안 된다.[27] 나는 이제 '여래'이다. 여래라고 불러라." 이렇게 석가모니 부처님께서 직접 제자들에게 언급했던 단어이다. 그렇다면, '여래'라는 용어가 어떤 뜻이 있는가를 자세히 살펴보자.

● 여래는 부처·세존의 의미를 넘어 매우 포괄적이다.

❶ 여래는 '있는 그대로가 곧 진실'인 것, '사실인 것', '진리인

27 '고따마'는 '성姓'을 말한다. 부처님의 어릴 적 이름인 싯다르타Siddhārtha는 '모든 것을 성취하다', '모든 덕을 갖추었다'는 뜻이다.

것'을 의미한다.

지혜로써 제법諸法의 실상實相을 깨달은 사람을 '여래'라고 부른다. 한편 법法의 모습대로, 법상法相 그대로 이해하는, 그 자체를 여래라고 부르기도 한다.

❷ 여래란 '진리를 깨닫고, 진리를 설한다'는 뜻으로 해석하는 것이 전반적인 해석이다. 그래서 우주적 진리 그 자체를 뜻하는 여如 앞에 진眞이라는 글자를 붙여 진여眞如[진리의 세계]라고 한다.

❸ '깨달은 이', '진리에 도달한 이', '그 진여 진리의 세계로부터 우리들의 세계로 오신 분'으로 해석한다. 그래서 진리의 세계에서 온 여래如來라고 한다. 그 반대인 진리의 세계로 간 여거如去도 있다. 도피안到彼岸[pāramitā]으로, 깨달음의 저 언덕에 이르러 있는 분으로 지혜가 완성되었음을 말한다.

❹ 여래에 대한 정확한 의미를 북방불교에서 해석할 수 없어 처음에는 '참 인간', '진인眞人', '완성된 사람'으로도 해석하였다.

❺ 여래는 살아 있는 인격을 말한다. 이 살아 있는 인격인 여래, 즉 '부처가 진리와 일체가 된 것'을 가리켜 법신法身이라고 한다.

29품에서도 " '여래가 혹 오고, 가며, 앉고, 눕는다.'고 말한다면, 이 사람은 나의 뜻을 이해하지 못한 것"이라는 내용이 있다. 곧 법에 있어 여여如如함[즉제법卽諸法 여의如義]이라는 것은 '진리로부터 온 이', '있는 그대로', '진실 그대로'이다. 이렇게 보는 관점에서 불성과 똑같은 뜻인 '여래장如來藏'이라는 사상이 탄생된 것이다.

『금강경오가해』에는 "당당한 대도이므로 밝고 분명하다. 사람마다 제각기 본래부터 갖추고 있으며 저마다 다 이루어져 있네[당당대도堂堂大道 혁혁분명赫赫分明 인인본구人人本具 개개원성箇箇圓成]."라고 하였다. 즉 누구나 중생 그대로가 여래이므로 닦을 것도 없고, 증득할 것도 없는 것이다[무수무증無修無證]. 번뇌를 털어내어 부처의 성품이 드러나는 것이 아니라, 본래 부처[여여如如·여래如來]인 자기 성품을 바로 보라는 뜻이다.

● '불교'라는 종교는 신神의 종교인가?

불교는 신의 종교가 아니라 현실의 종교이다. 인간을 중심으로 하고, 현실에 처한 그 현실을 중심으로 한다. 부처님 재세 시, 어느 과부가 아들이 죽었다며, 살려달라고 간청한 일이 있었다. 이때 부처님은 그 과부에게 '저 마을로 들어가 죽은 사람이 한 사람도 없는 가정에서 불씨를 구해온다면, 네 아들을 살려 주겠다.'고 하였다. 그 여인은 몇 날 며칠을 다녀도 불씨를 구할 수가 없었다. 어느 집이든 사람이 죽지 않은 집이 없었기 때문이다. 부처님은 과부에게 이런 말을 해 주었다.

"사람이 살면서 네 가지를 면할 수 없다. 이 세상 모든 것은 영원한 것이 없는 것이오. 아무리 부귀하더라도 반드시 빈천해지는 것이며, 어떠한 것이든 모이면 흩어지기 마련이고, 건강한 육신을 가진 사람도 때가 되면 반드시 죽게 마련이다."

불교는 이렇게 현실의 고통과 무상함을 여실하게 관觀함으로써 반야를 얻는 종교이다. 부처님은 죽음 세계를 강조하거나 가르치지 않았다. 현재의 삶에서 고를 벗어나는 것[→이고득락離苦得樂], 진실을 추구하는 삶을 말씀하셨다. 불교의 죽음이 아닌 현실 중시는 유학과 유사하다.

공자의 핵심은 인학仁學이다. 중국의 학자들은 전반적으로 이렇게 주장한다.

"공자의 인仁은 곧 사람의 발현으로서 그것은 사람들의 시선을 하늘[천天]에서 인간으로 돌려놓았다."

공자가 살던 동주 시대는 하늘이나 신이 통치한다고 믿는 시대였다. 공자는 늘 하늘을 배척하지는 않았지만, "삶을 모르는데, 어찌 죽음을 알겠는가?", "사람을 섬길 줄 모르면서 어찌 귀신을 섬길 수 있겠는가?"라며 사람을 기본에 두었다. 이 점은 불교와 유사하다고 본다. 같은 동양의 종교로서 하늘이나 죽음세계가 아닌 현재의 인간을 본위로 삼았다는 점이다.

## 17품 –2 ……………………………【구경무아분究竟無我分】

# 궁극적 가르침인 무아

"혹 어떤 사람이 '여래가 최상의 깨달음을 얻었다'고 말하기도 한다. 수보리야, 어떤 법이 있어 부처가 최상의 깨달음을 얻은 것이 아니다. 수보리야, 여래가 얻은 최상의 깨달음은 실다움도 없고 헛됨도 없느니라.

약유인언 여래득아뇩다라삼먁삼보리 수보리 실무유법 불<br>
若有人言 如來得阿耨多羅三藐三菩提 須菩提 實無有法 佛<br>
득아뇩다라삼먁삼보리 수보리 여래소득아뇩다라삼먁삼보<br>
得阿耨多羅三藐三菩提 須菩提 如來所得阿耨多羅三藐三菩<br>
리 어시중 무실무허<br>
提 於是中 無實無虛

그러기 때문에 여래는 '일체법이 다 불법'이라고 설한다. 수보리야, 일체법이란 일체법이 아니요, 단지 그 이름이 일체법이다.

시고 여래설 일체법 개시불법 수보리 소언일체법자 즉비<br>
是故 如來說 一切法 皆是佛法 須菩提 所言一切法者 卽非<br>
일체법 시고 명일체법<br>
一切法 是故 名一切法

수보리야, 비유하면 어떤 사람의 몸이 장대한 것과 같다."

수보리 비여인신 장대
須菩提 譬如人身 長大

수보리가 말했다.

"세존이시여! 여래께서 '사람의 몸이 장대하다'는 것은 곧 장대한 몸이 아니라 단지 이름해서 '장대한 몸'이라고 설하신 것입니다."

수보리언 세존 여래설 인신장대 즉위비대신 시명대신
須菩提言 世尊 如來說 人身長大 卽爲非大身 是名大身

"수보리야, 보살도 또한 이와 같다. 만약 '내가 마땅히 무량한 중생을 멸도시켰다'고 한다면, 이는 보살이라고 할 수 없다.

수보리 보살 역여시 약작시언 아당멸도무량중생 즉불명
須菩提 菩薩 亦如是 若作是言 我當滅度無量衆生 則不名
보살
菩薩

수보리야, 실로 보살이라고 할 만한 법이 실제로 없기 때문이다. 이러기 때문에 부처는 일체법에 아상·인상·중생상·수자상이 없다고 설하는 것이다.

하이고 수보리 실무유법 명위보살 시고 불설일체법 무아
何以故 須菩提 實無有法 名爲菩薩 是故 佛說一切法 無我

무인 무중생 무수자
無人 無衆生 無壽者

수보리야, 만약 보살이 '내가 불토를 장엄했다.'고 한다면, 이는 보살이라고 할 수 없다. 여래가 설하는 장엄불토란 곧 장엄이 아니요, 단지 그 이름이 '장엄'이기 때문이다.

수보리 약보살 작시언 아당장엄불토 시불명보살 하이고
須菩提 若菩薩 作是言 我當莊嚴佛土 是不名菩薩 何以故
여래설 장엄불토자 즉비장엄 시명장엄
如來說 莊嚴佛土者 卽非莊嚴 是名莊嚴

수보리야, 만약 보살이 무아법을 통달했다면 여래는 이런 이를 '참다운 보살'이라고 말한다."

수보리 약보살 통달무아법자 여래설 명진시보살
須菩提 若菩薩 通達無我法者 如來說 名眞是菩薩

→ "여래가 얻은 최상의 깨달음은 실다움도 없고 헛됨도 없느니라[여래소득아뇩다라삼먁삼보리如來所得阿耨多羅三藐三菩提 어시중於是中 무실무허無實無虛]."

'실다움도 없고 헛됨도 없다[무실무허無實無虛]'는 앞 14품에서도 "여래가 얻은 법은 진실하지도 않지만 거짓되지도 아니하다[여래소득법如來所得法 차법此法 무실무허無實無虛]."라고 하였다. 14품에서는 이 무실무허를 세 가지 차원에서 언급했다. 여기서

한 가지 덧붙이자면, 법상法相에 떨어지지 않는 것이라고 설명할 수 있다. 참되다고 할 수도 없지만, 거짓되다고 할 수 없다는 것, 그 어떤 것에 떨어지지 않는 것이니 법상을 내지 말라는 점이다. 『금강경』에서 모든 것을 공空이라 말한다. 그렇다고 유有라고 말하지도 않는다. 모두를 부정하지도 않고 참되다고 하지 않는 극단에 치우치지도 않는 것이다.

→ 일체법이 다 불법[일체법一切法 개시불법皆是佛法]

이는 세간법이 모두 불법인 것이다. 불법을 배우는 것과 세간 살이의 인생을 따로 분리해서 볼 필요는 없다. 출가를 입산入山이라고 하지만, 진정 깨달음에서 보살로서의 삶은 입세入世여야 하기 때문이다. 『법화경』에도 "일체 생산업무도 모두 실상과 위배되지 않는다[일체치생산업一切治生産業 개여실상불상위배皆與實相不相違背]."고 하였다. 불법이란 세간을 떠나 존재하지 않는다. 색즉시공色卽是空 공즉시색空卽是色이다. 13품에서 "반야바라밀은 곧 반야바라밀이 아니라 단지 이름이 반야바라밀이다."라고 하는 것도 마찬가지이다.

어느 나라든 불교가 유입되면, 그 나라의 문화와 사상과 융해되어 발전된다. 남방불교만이 부처님의 친설이라며 최고의 법이고, 대승비불설大乘非佛說[부처님의 친설親說이 아님]이라고 하여 대승불교는 참 불교가 아니라고 주장하는 이들이 있다.[28] 이 또한

28 스리랑카에서 최초로 니까야nikāya 경전이 문자로 결집된 것은 B.C. 94년 대사大寺에서다. 바로 이 무렵에 인도에서는 대승불교 경전 중 반야부 경전이

어불성설이다. 초기불교 경전이든 대승불교 경전이든 인도의 문화와 사상이 결부되어 있는 것은 부정할 수 없다. 게다가 대승불교 경전 또한 삼매를 통해 부처님을 만나고, 정각의 경지까지 이른 보살들에 의해 결집된 것이다. 무엇이 훌륭하고, 문제 된다고 왈가왈부할 가치조차 없다고 본다. 부처님의 진리가 담긴 경이든 논이든 최고 아닌 것은 없다. 서로가 표현하는 방법상에 있어 다를 뿐이지, 진리는 똑같다. 이를 인정하는 법도 다 불법이라고 생각한다. 서로의 다름을 인정하고, 서로가 발전할 수 있는 요인으로 삼는 것이 대승인이요, 군자라고 본다.

**➔ 장엄불토란 곧 장엄이 아니요, 단지 그 이름이 '장엄'이기 때문이다 [장엄불토자莊嚴佛土者 즉비장엄卽非莊嚴 시명장엄是名莊嚴].**

불토가 어디이고, 불토 아닌 곳이 어디인가? 그 이름이 불토라고 하는 곳은 단지 이름일 뿐이다. 불토는 곧 정토이다. 이에 대해 10품에서도 언급했었다. 여기서는 유심정토唯心淨土 차원에서만 언급하려고 한다. 여기서 불토는 정토와 같은 의미이다. 『육조단경』에서 "부처는 자성自性 가운데서 이루는 것이니 몸 밖을 향하여 구하지 말지니라. 자성을 모르면 곧 중생이요, 자성을 알면 곧 부처이다."라고 하였다. 그러면서 청정한 자성[自性=불성佛性=본성本性]을 알면, 부처라고 하면서 그곳이 바로 정토라고 하는 유심정토의 사상을 말하고 있다.

---

결집되었다. 물론 니까야는 구전되던 경전을 문자로 옮긴 것이지만, 니까야와 대승불교 경전이 문자로 결집된 시기는 비슷하다.

염불 가운데 '염념보리심念念菩提心 처처안락국處處安樂國' 구절이 있다. 곧 생각, 생각에 보리심이라면, 가는 곳마다 안락한 곳이다. 수행에 마음을 기울인다면 집에 있어도 청정 도량[淨土]이지만, 청정 도량인 사찰에 머물러 있어도 번뇌로 가득 차 있으면 혼탁한 지옥이다. 지옥과 정토는 마음이 만드는 것이다.

중국이 사회주의 국가가 되고 나서 본환本煥[1907~2012] 스님은 감옥에서 20여 년을 보냈다.[29] 한 기자가 스님께 '한창 젊은 나이에 그곳에서 보냈는데, 어떻게 보냈습니까?'라고 질문을 한 적이 있었다. 스님은 이런 답변을 하였다.

"출가자에게 처처가 도량 아님이 없습니다. 감옥은 나의 수행처였습니다. 감옥은 수행하기에 딱 좋은 곳이었습니다."

또 물었다.

"인생에서 귀한 시간을 감옥에서 보냈는데, 원망하는 마음은 없었습니까?"

"나는 감옥에 있는 동안 다른 사람을 원망해본 적이 없습니다. 다만 나 자신을 참회하였습니다. 다른 사람을 원망하는 것은 잘못된 것입니다. 모든 것이 다 나의 업으로 인해 받은 것이므로 당연한 것으로 여겼습니다."

---

29 본환本煥은 호북성 신주현新洲縣 출생으로 23세 때 출가했다. 본환은 당시 큰 선지식인 고민사의 내과來果 스님 의발을 전수받았고, 후에 허운虛雲 스님의 임제종 법맥을 받았다. 본환은 1958년부터 1980년까지, 22년간의 옥살이를 하였다. 출옥 후 수많은 선종 사찰을 중창불사하였다.

그와 상황이 전혀 다른 분을 소개한다. 세계적인 명상가로 알려진 아잔브라흐마 스님은 우리나라에도 몇 번 방문했던 스님이다.[30] 스님이 초청받아 일본을 방문했는데, 주최 측에서 스님께 대접한다고 최고급인 5성급 호텔에 머물도록 하였다. 문제는 스님에게 있었다. 평생 허름한 사찰에서 머물던 스님에게는 호텔이 매우 불편해 감옥에 갇혀 있는 기분이었다고 한다. 그러면서 '감옥 같은 호텔, 호텔 같은 감옥'이라는 표현을 쓰셨다.

험악한 지옥에 머물지라도 마음이 청정하면 그 자리가 정토, 극락이다. 극락에 있을지라도 그 마음이 괴롭고 불만족스럽다면 지옥인 것이다.

『유교경』에 "만족할 줄 아는 사람은 비록 맨땅 위에 누워있어도 편안하고 즐겁지만, 늘 만족하지 못한 사람은 천당에 있어도 불편하다고 불평만 일삼는다."고 하였다. 지옥과 정토는 곧 자신의 마음자리에서 만드는 것이다. 그러니 우리가 '불토장엄'이라는 정의가 어디 있을 것이며, 무엇이? 어느 것이 불토라고 말할 수 있겠는가? 회두시안回頭是岸이라는 말이 있다. 고개를 돌리는 그 자리가 피안의 자리이다. 어찌 보면, 고개를 돌릴 필요도 없는 그 자리가 정토요, 극락이다.

**➔ 무아법을 통달했다면 여래는 이런 이를 참다운 보살이라고 한다[통**

30 Ajahn Brahmavamso Mahathera(1951~ )은 영국인이다. 케임브리지 대학교에서 물리학을 전공하고, 고등학교 교사 생활을 했다. 23세에 출가해 태국 아잔차 스님의 제자가 되었다. 태국에서 9년간을 머물렀고, 후에 호주에서 포교활동을 시작했다. 지금도 세계 곳곳을 다니며 진리를 설하고 있다.

달무아법자通達無我法者 여래설명진시보살如來說名眞是菩薩].

『반야심경』의 첫머리에 "관자재보살이 깊은 반야바라밀다를 행할 때, 5온이 공空이라는 것[제법공상諸法空相]을 관조해 깨닫고[오온개공五蘊皆空] 모든 고통과 고뇌에서 벗어났다."는 구절이 있다. 즉 반야의 공관[無我]으로 비춰봄으로써[있는 그대로 봄으로써] 그릇된 견해를 깨뜨리라는 내용이다. 『금강경』도 관념[상相]을 버릴 것을 주된 내용으로 하고 있다. 자신과 모든 것이 무아임을 알아 4상四相 버릴 것을 당부하는 내용이다. 무아를 통달하면 참 보살이라는 말은 곧 무아를 증득하면, 그 자리가 (깨달은) 보살이라는 뜻이다.

우리 눈앞에 펼쳐지는 모든 현상은 인연생기因緣生起에 의해 나타난다. 어떤 것도 홀로 존재할 수 없으며, 어떤 것도 영원할 수 없다. '나'라고 할 만한 것이 존재하지 않는다[→무아無我]. 심신心身의 원리는 같다. 고정 불변하는 실체가 없다[→무상無常]. 5품에서 "무릇 상이 있는 것들은 허망하다[범소유상凡所有相 개시허망皆是虛妄]."고 하였다. 언제 어떻게 변화될지 모르는 상황인데, 불변[不變, 영원함]에 집착하기 때문에 고통과 고뇌를 불러일으킨다. 또 자아 집착은 끊임없는 고를 발생시킨다. 그래서 『반야심경』에서 "색즉시공色卽是空 공즉시색空卽是色"이라고 표현하고 있다. 그래서 일체 모든 현상적인 것이 무아인 줄을 관觀해야 한다는 것이다.

인간은 5온가화합五蘊假和合의 존재이다. 인간이라는 존재는 찰나 찰나를 살고, 찰나에 죽는다. 찰나 찰나에 생사를 반복하는 속에서 '나'라는 존재는 잠시 반연되어 구성되었다가 사라지는 가변의 존재인 것이다. 몸의 구성원[색色, 4대인 지수화풍地水火風]이 변하고, 마음[수受 · 상想 · 행行 · 식識]조차 여일하지 못한데, 영원하다고 애착을 부린다. 4대를 '나'라고 보고, 5온을 '나'라고 보는 것은 모두 집착된 나를 말한다. 그래서 무아라고 하는 것이다.

그러면 조금 발전시켜 연기사상과 관련해 보자. 중생이든 만물이든 여러 조건과 관계 속에 놓여 있다.

우리가 살고 있는 세상사도 그러하다. 모든 존재들은 조건에 의해 잠깐 형성되었다가 조건에 의해 변화된다. 다시 말해 눈앞에 벌어진 현상들은 인연[관계]에 의해 나타났다가 인연이 맞지 않으면 흩어진다. 사람과의 관계도 모든 것은 인연에 의해 잠깐 형성된다. 인연이 다하면 흩어지는 법이다. 『수호지』에서도 "인연이 있으면 1천 리에 떨어져 있어도 만나지만, 인연이 없으면 얼굴을 마주하고서도 만나지 못한다[유연천리래상회有緣天里來相會 무연대면불상봉無緣對面不相逢]."고 하였다.

인연이 닿지 않으려면 삶아놓은 계란에서도 부화되어 병아리가 도망간다. 돈을 벌 때는 지폐가 무한정 들어오지만, 돈을 벌지 못할 때는 조상 대대로 쌓여 있던 돈조차 흩어지고 만다. 그래서 무아의 진리를 공부할 필요가 있는 법이다. 이 무아사상은 인간이 얼마나 무지하고, 욕심에 찌든 존재임을 알고, 욕망을 내려놓고 참 길을 찾아가는 법을 제시하는 진리이다.

## 18품 …………………………………………【일체동관분一體同觀分】

# 모든 것을 동체로 보다

"수보리야, 그대 생각은 어떠한가? 여래에게 육안이 있는가?"
"그렇습니다. 세존이시여! 여래에게 육안이 있습니다."

수보리 어의운하 여래 유육안부 여시 세존 여래 유육안
須菩提 於意云何 如來 有肉眼不 如是 世尊 如來 有肉眼

"수보리야, 그대 생각은 어떠한가? 여래에게 천안이 있는가?"
"그렇습니다. 세존이시여! 여래에게 천안이 있습니다."

수보리 어의운하 여래 유천안부 여시 세존 여래 유천안
須菩提 於意云何 如來 有天眼不 如是 世尊 如來 有天眼

"수보리야, 그대 생각은 어떠한가? 여래에게 혜안이 있는가?"
"그렇습니다. 세존이시여! 여래에게 혜안이 있습니다."

수보리 어의운하 여래 유혜안부 여시 세존 여래 유혜안
須菩提 於意云何 如來 有慧眼不 如是 世尊 如來 有慧眼

"수보리야, 그대 생각은 어떠한가? 여래에게 법안이 있는가?"

"그렇습니다. 세존이시여! 여래에게 법안이 있습니다."

수보리 어의운하 여래 유법안부 여시 세존 여래 유법안
須菩提 於意云何 如來 有法眼不 如是 世尊 如來 有法眼

"수보리야, 그대 생각은 어떠한가? 여래에게 불안이 있는가?"

"그렇습니다. 세존이시여! 여래에게 불안이 있습니다."

수보리 어의운하 여래 유불안부 여시 세존 여래 유불안
須菩提 於意云何 如來 有佛眼不 如是 世尊 如來 有佛眼

"수보리야, 어떻게 생각하는가? 저 갠지스 강가의 모래를 부처가 모래라고 설하지 않았는가?"

"그렇습니다. 세존이시여! 여래께서 모래라고 설하셨습니다."

수보리 어의운하 여항하중소유사 불설시사부 여시 세존
須菩提 於意云何 如恒河中所有沙 佛說是沙不 如是 世尊
여래설 시사
如來說 是沙

"수보리야, 어떻게 생각하는가? 저 갠지스 강가의 모래 수만큼의 갠지스강이 있고, 그 수많은 갠지스 강가의 모래 수만큼이나 많은 부처님 세계가 있다. 어찌 많지 않겠는가?"

"매우 많습니다. 세존이시여!"

수보리 어의운하 여일항하중소유사 유여시사등항하 시제
須菩提 於意云何 如一恒河中所有沙 有如是沙等恒河 是諸

항하소유사수불세계 여시 영위다부 심다 세존
恒河所有沙數佛世界 如是 寧爲多不 甚多 世尊

부처님이 수보리에게 말씀하셨다.

"국토 가운데 있는 중생의 다양한 마음을 여래는 다 안다. 여래가 설하는 다양한 마음은 (다양한) 마음이 아니라 단지 이름이 '(다양한) 마음'이기 때문이다.

불고수보리 이소국토중소유중생 약간종심 여래실지 하이
佛告須菩提 爾所國土中所有衆生 若干種心 如來悉知 何以

고 여래설 제심 개위비심 시명위심
故 如來說 諸心 皆爲非心 是名爲心

수보리야, 과거의 마음도 얻을 수 없고, 현재의 마음도 얻을 수 없으며, 미래의 마음도 얻을 수 없기 때문이다."

소이자하 수보리 과거심불가득 현재심불가득 미래심불가득
所以者何 須菩提 過去心不可得 現在心不可得 未來心不可得

## 18품 개요

이 품은 부처님의 자설自說이다. 법계法界, 대우주의 근본을 관함으로써 일체중생의 모든 마음을 알 수 있음을 설파하고 있다. 부처의 혜안으로 보는 세계는 모두가 한 생명이며, 모두가 하나의 공동체적 관계에 놓여 있다.

● 5안五眼

(1)『금강경』의 5안

❶ 육안肉眼 : 부모로부터 받은 눈으로, 물리세계의 현상을 보는 눈이다. 모든 감각과 지각이 이것을 통해 이루어진다. 마음과 눈은 밀접하다. 그래서 마음의 이치를 설명할 때, 눈에 대해 먼저 언급한다. 일반적으로 범부도 사람의 눈을 통해 진심을 파악한다.

❷ 천안天眼 : 천신의 눈이라고 할 수 있지만, 일반 신통력을 부리는 그런 눈이 아니다. 물질세계를 초월한 눈으로, 조금 특별한 경우이다. 귀신을 보거나 오장육부를 볼 수 있는 눈이 아니다. 육안의 원래 모습으로서 다른 종류의 기능이 나타난 것을 말한다. 수행해 정력定力[삼매력]을 얻은 후에 시방세계 일체의 것을 볼 수 있는 경지라고 보면 좋을 듯하다. 아나율이 천안제일인데, 정력을 완전히 갖춤으로써 천안통을 얻은 것이다.

❸ 혜안慧眼 : 지안智眼으로써 계정혜戒定慧의 공력이 드러난 것이다. 즉 선정을 닦아 지혜가 드러난 것으로 혜력慧力으로 얻은 것이다. 불법을 공부해 이치로는 잘 알아도 행동이 따라주지 못하는 것은 혜력이 부족한 것을 말한다.

❹ 법안法眼 : 지혜의 안목으로 공空을 보는 것이다. 자성自性의 공을 인식하고, 공성의 본체를 보는 능력이다. 법안으로 보면,

일체중생이 평등하며 공空도 유有도 아니라는 것을 알 수 있다. 공 속에 있는 묘유妙有를 볼 수 있어야 한다.

❺ 불안佛眼 : 일체중생을 평등하게 볼 뿐 아니라 오직 자비로써 바라보는 것이다. 아무런 조건 없이 대자대비한 자비여야 한다. 과거 · 현재 · 미래를 생생히 볼 수 있고, 중생의 마음을 꿰뚫어 볼 수 있는 눈이다.

5안은 계정혜를 성취하면 저절로 얻는다. 본래 사람마다 구족하고 있는 능력이다. 단지 '수행의 증득'이라는 과정을 거치지 않았기 때문이다. 5안은 견처見處, 깨달음의 경지를 나타내기도 한다.

앞의 17품 끝부분에서 무아를 설명했다. 재설명하지만, 무아는 아무것도 없다는 것이 아니다. '나'라고 하는 생각이나 '형체의 나'를 꿰뚫어 볼 때, 참된 나를 볼 수 있다. 즉 중생은 그 아집 때문에 혜안 · 법안 · 불안을 얻지 못하는 것이다. 『금강경』으로 보면, 형체의 '나'에 대한 집착[상相]을 버렸을 때, 오안이 밝아진다. 즉 무아 경지가 되어야 오안이 밝아진다. 적어도 법안이 있어야 아집과 법집이 사라져야 중생 교화도 가능한 법이다.

(2) 『능가경』의 수행 경지

『능가경』과 관련해서 5안을 비교 배대해 보기로 한다. 『능가경』에서 4종선四種禪을 구분하였다. 즉 범부선 · 관찰의선 · 진여반연선 · 여래선이다.

ⓐ 범부선凡夫禪은 인무아人無我인 것을 알고 이 뜻에 따라 행하는 선이다. 이 선을 닦는 사람들은 성문·연각·외도가 닦는다. 또한 고苦·무상無常·무아無我의 상相을 관觀하여 무상멸정無相滅定에 이르는 선이다.

ⓑ 관찰의선觀察義禪은 인무아와 법무아法無我가 모두 제법諸法의 공성임을 관한 의리를 관하여 점점 깊어지는 선이다. 즉 인간과 현상 모두 무아임을 알고 이 뜻에 수순해 모든 것을 관찰하는 선이다.

ⓒ 진여반연선眞如攀緣禪은 인무아와 법무아는 모두 공空이라는 것을 알아 여실한 중도의 경지에 들어 공空과 유有에 대한 분별조차 일어나지 않는 선이다. 즉 인무아와 법무아를 모두 초월해 있으면서 두 무아를 만드는 근본자리인 진여를 체득하는 선이다.

ⓓ 여래선如來禪은 부처 경계에 들어가 법락法樂을 수용하고, 아울러 일체중생을 자비로 구제하는 부사의한 용用을 일으키는 선이다. 즉 불타의 자각성지自覺聖智를 알 수 있는 방법은 오직 여래선으로, 『능가경』에서 최고의 선으로 제시한다.

여기서 『금강경』과 『능가경』을 배대하면 ❸ 혜안慧眼[무아의 참된 본성과 모든 법의 무상을 볼 수 있는 성문·연각의 눈]은 ⓐ 범부선에 해당하고, ❹ 법안法眼[모든 법의 공한 본성을 볼 수 있고, 깨달음과 대 서원의 본성을 볼 수 있는 보살의 눈]은 ⓑ 관찰의 선·ⓒ 진여반연선이라고 볼 수 있으며, ❺ 불안佛眼이 ⓓ 여래선의 경지에 배대한다고 볼 수 있다.

→ "저 갠지스 강가 모래 수만큼의 갠지스강이 있고, 그 수많은 갠지스 강가의 모래 수만큼이나 많은 부처님 세계가 있다[여일항하중소유사유如一恒河中所有沙有 여시사등항하시제항하소유사수불세계如是沙等恒河是諸恒河所有沙數佛ㅡ世界]."

모래 한 알이 하나의 세계를 대표하는데, 매 세계에는 갠지스 강의 모래 수만큼이나 많은 갠지스 강이 있다. 그리고 이 모든 갠지스 강가에는 수많은 모래가 있으며, 그 모래 하나하나가 하나의 세계이다. 매우 많음을 이렇게 비유한 것이다.

→ "국토 가운데 있는 중생의 다양한 마음을 여래는 다 안다[국토중소유중생國土中所有衆生 약간종심若干種心 여래실지如來悉知]."

현대 심리학은 정신 현상을 연구하지만, 불교에서 말하는 마음 현상은 단순하지 않다. 유식과 선종 등 마음에 관한 설은 다양하고, 다르게 설명한다. 하지만 공통적인 불교에서 말하는 마음은 본질적인 마음을 말한다. 곧 이론적인 견해로 말하는 마음이 아니라 수행을 통해 증득한 참된 본성을 말하기 때문이다.

→ "과거의 마음도 얻을 수 없고, 현재의 마음도 얻을 수 없으며, 미래의 마음도 얻을 수 없다[과거심불가득過去心不可得 현재심불가득現在心不可得 미래심불가득未來心不可得]."

여기서 '심'은 청정한 본성·불성으로 보기는 어렵다. 우리의 6

식 활동 가운데 제6식을 말한다. 곧 심리적 작용으로서의 마음을 말한다.

이 부분과 관련해 회자되는 선사가 『금강경』의 대가라고 불린 당나라 때의 덕산선감德山宣鑑[782~865]이다.

덕산은 선종의 5가 7종 가운데 운문종과 법안종 법맥에서 중요한 위치에 있는 인물이다. 덕산은 출가 이후 경전을 연구한 강사 출신으로 『금강경』의 대가로 알려져 있어 사람들은 그를 '주금강周金剛'이라고 불렀다. 그런데 덕산은 당시 북방 지역에 거주했는데 남방의 선사들이 문자[경전]를 부정하고 불립문자不立文字 · 견성성불見性成佛 · 직지인심直指人心을 주장하고 있다는 것에 반감을 갖기 시작했다. 마침내 덕산이 그들을 만나 담판을 짓겠다는 일념으로 길을 떠났다.

덕산이 용담숭신[782~865]의 절 앞에 당도해 마침 배가 고프던 차에 떡장수 노파에게서 이런 질문을 받는다. "『금강경』에 지나간 마음도 얻을 수 없고, 현재의 마음도 얻을 수 없고 미래의 마음도 얻을 수 없다고 했는데, 스님께서는 어느 마음에다 점을 찍겠습니까[→점심點心]?" 덕산은 노파의 질문에 답을 못하였다. 이후 덕산은 용담을 만나 법을 깨닫는다.

'마음에 점을 찍다'는 점심點心은 중국에서는 점심이 배가 고플 때, 잠시 시장기를 달래기 위해 먹는 '간식'을 뜻한다. 우리나라에서는 정오에 식사하는 것을 뜻한다. 그런데 점심이라는 뜻에 있어 중국과 한국의 쓰임이 다르다.

과거 · 현재 · 미래라고 불리는 시간이라는 것도 인간의 사유 개념에 의하여 만들어진 관념에 불과하다. 시간은 순간순간 찰나의 연결이요, 점선 점선으로 구성되어 있는 것이다. 그런데 중생들은 하나로 나열되어 연결된 거라고 본다. 한 찰나에 머물러 그때를 현재의 마음이라고 하지만, 이 또한 과거의 마음이 되어버린다. 잠시도 머물러 있지 않는다. 무상하기 때문이다. 머물러 점찍은 그 마음이 참 마음이라고 하지만, 곧 흘러가 버려 과거의 마음이 되어버린다.

『금강경』 18분에서 말하는 '마음'도 시간적인 개체가 없음이요, 공간적으로도 고정된 실체의 마음이 없다. 단지 '마음'이라고 명명할 뿐이다. 그래서 18품에서 '여래가 설하는 마음이라는 것은 마음이 아니라 단지 마음이라고 이름할 뿐이다.'라는 즉비논리가 전개되어 있는 것이다.

## 19품 ······ 【법계통화분法界通化分】
# 법계를 두루 교화하다

"수보리야, 어떻게 생각하는가? 만약 어떤 사람이 삼천대천세계에 칠보를 가득 채워 보시한다면, 이 사람은 이 인연으로 얻는 복덕이 많지 않겠는가?"

수보리 어의운하 약유인 만삼천대천세계칠보 이용보시 시
須菩提 於意云何 若有人 滿三千大千世界七寶 以用布施 是
인 이시인연 득복다부
人 以是因緣 得福多不

"예, 세존이시여! 이 사람은 이 인연으로 얻는 복덕이 매우 많습니다."

여시 세존 차인 이시인연 득복심다
如是 世尊 此人 以是因緣 得福甚多

"수보리야, 복덕이 실로 있다고 한다면, 여래는 '복덕이 많다'고 설하지 않았을 것이다. 복덕이 없기 때문에 여래는 복덕이 많다고 하는 것이다."

수보리 약복덕유실 여래 불설득복덕다 이복덕무고 여래설
須菩提 若福德有實 如來 不說得福德多 以福德無故 如來說
득복덕다
得福德多

## 19품 개요

대우주 법계와 하나로 되는 원리를 설파한다. 참 복덕은 '내가 지었다'는 집착을 하지 않기 때문에 복덕이 많은 것이다.

● 『금강경』에서 말하는 참다운 복덕福德은 무엇인가?

『금강경』에 복덕이 여러 차례 언급되어 있다. 어떤 것이 참다운 복덕인지를 사유해 보는 시간을 갖자.

『법구경』에 이런 게송이 있다.

"한 길은 명리名利의 길로 안내하고,
다른 한 길은 열반의 길로 안내한다.
이를 밝게 잘 아는 비구나 불자는
부귀공명을 탐하지 않고,
진리 추구를 지향해 마음이 평온하다." – #75

일반적으로 사람들은 세속의 삶에서 명예와 재산 얻는 것을 큰 복이라고 생각한다. 영혼까지 팔아가면서 집을 사고, 영혼까지 투자해가며 명예를 추구한다. 꿀벌이 하루종일 이 꽃 저 꽃을 돌아다니며 꿀을 채취한다. 그렇게 고달프게 꿀을 모으는데, 꿀벌은 과연 누구를 위해 그런 고생을 하는 걸까? 힘들게 쌓은 재산과 명예가 영원한 것인가?

남송시대 아범제阿凡提(1208~1318)라는 사람이 관직을 맡고 있었다. 아범제의 집 앞은 항상 그를 찾아오는 사람들로 문전성시를 이루었다. 한 이웃이 물었다.
"선생의 집은 언제나 사람들이 붐비니, 도대체 얼마나 많은 친구를 두신 겁니까?"
아범제가 답했다.
"내가 관직을 잃으면, 그때 알려주겠습니다."

아범제 이야기는 여러 메시지를 준다. 관직이 없는 초로의 노인이라면 그에게 인사를 하고, 한푼도 없는 거지라면 그 사람 주위에 사람이 모일까? 관직을 갖고 있을 때, 주위에서 굽신거린다. 아범제는 자신에게 주어진 관직이 얼마나 부질없는 것임을 잘 파악하고 있다. '화무십일홍花無十日紅 권불십년權不十年'이라고 열흘 붉은 꽃이 없고 10년 가는 권세가 없다. 재산이라는 것도 언제 어느 때에 사라질지 모르는 무상한 것들이고, 명예 또한 유위적有爲的인 것들이다. 인생이란 뜬구름과 같은 것이다. 언제 순식간에 사라질지 모르는 무상한 것이다.

앞에서도 언급했지만, 『금강경』에서는 복덕과 공덕을 정확히 구분하지 않는다. 하여튼 복덕을 ❶ 참된 복덕과 ❷ 무상한 복덕으로 나누어 이야기하기로 한다.

❷ 무상한 복덕이란 앞에서 말한 권력이나 명예, 재산에 대한 복덕을 말한다. 그런데 권력과 명예·재물이 참 복덕이라면 영원해야 하는데, 그렇지 못한 게 사실이다. 또 사람과의 인연에서도 영원히 사랑해야 하는데, 그렇지 못하다. 그래서 경전에서 "복덕이 없기 때문에 여래는 복덕이 많다고 하는 것"이라고 하는 것이다.

❶ 참된 복덕이란 이 경전에서 누차 설명했지만, 무위복無爲福을 말한다. 자성의 청정무위를 증득하고, 대 지혜를 성취하는 것, 이것이 영원한 행복인 지복至福이다. 『금강경』에서는 이 무위복이라는 것조차 집착하지 않는, 상을 갖지 않는 무위복을 추구하라고 하였다.

그런데 한 가지 잊지 말아야 할 것이 있다. 부처님의 가르침이 명예도 재산도 갖지 말고 아무것도 소유하지 않는 무소유를 지향하라는 것이 아니다. 세상 사람들이 누리는 홍복鴻福을 누리며 살되, 베풀 줄 알고, 선업善業[=보살행]을 실천하며, 진리를 추구하는 참삶을 강조하는 것이다.

『경주 최부잣집, 300년 부의 비밀』이라는 책이 있다. 경주 최부잣집은 1600년대 초반에서 1900년 중반까지 무려 300년 동안 큰 부를 일군 만석꾼 가문이다. 10여 년 전에 이 최부잣집의 가훈이 많은 사람들에게 회자되었다.

첫째, 절대 진사 이상의 벼슬을 하지 말라.

높은 벼슬에 올랐다가 휘말려 집안의 화를 당할 수 있기 때문이다.

둘째, 재산은 1년에 1만석 이상을 모으지 말라.

더 이상의 과욕은 화를 부르기 때문이다. 혹 만석 이상의 재산이 생긴다면 이웃에 돌려 사회에 환원하였다.

셋째, 나그네가 찾아오면 후하게 대접하라.

빈부귀천을 가리지 않고 어느 누가 와도 넉넉히 대접하며, 푸근한 마음을 갖게 한 후 돌아가도록 하였다.

넷째, 흉년에는 절대 남의 논밭을 매입하지 말라.

흉년 때 먹을 것이 없어 헐값으로 내놓은 논밭을 사서 가난한 농민들을 원통하게 해서는 안 된다.

다섯째, 가문에 며느리들이 시집오면 3년 동안 무명옷을 입혀라.

내가 어려움을 알아야 다른 사람의 고통을 헤아릴 수 있다.

여섯째, 사방 100리 안에 굶어 죽는 사람이 없게 하라.

자신의 집을 기준으로 사방 100리 사람들에게 먹을 것이 없고 부족할 때, 마을 사람들로부터 원망을 사게 해서는 안 된다.

경주 최씨의 마지막 부자 최준[1884~1970]은 일제강점기 때 독립군에게 거액의 군자금을 댄 애국자였다. 그러다 1950년 전 재산을 들여 영남대 전신인 대구대학을 설립하였다. 최준은 "재물은 분뇨와 같아서 한 곳에 축적되면 악취가 나고, 골고루 뿌려지면 땅을 비옥하게 하는 거름과 같다."는 어느 노스님의 말씀을 염두에 두고, 재물의 가치를 잘 활용하였던 것이다.

『금강경』 설법지인 기원정사를 보시한 급고독장자는 한역으로 '선시善施'라고도 부른다. 장자는 일생 동안 일곱 차례나 그의 재산을 외롭고 쓸쓸한 사람들에게 나누어 주었다. 그래서 그 장자를 '급고독給孤獨'이라고 하는 것이다.

『금강경』은 재보시보다 법보시를 중시한다. 『금강경』에서 법보시를 강조하니까 재보시는 공덕도 없고 하찮으니 실천하지 말라는 것인가? 절대 아니다! 지혜가 있어야 재보시든 법보시든 참다운 실천을 하는 것이요, 보시를 많이 함으로써 복덕을 쌓아 지혜를 얻는 법이다.

## 20품 …………………………………………【이색이상분離色離相分】

# 형상을 여의고 관념을 여의다

"수보리야, 어떻게 생각하는가? 부처가 색신을 완전히 갖추어야 (부처를) 볼 수 있겠는가?"

수보리 어의운하 불 가이구족색신 견부
須菩提 於意云何 佛 可以具足色身 見不

"아닙니다. 세존이시여! 여래가 색신을 완전히 갖춘다고 해서 여래를 볼 수 있는 것이 아닙니다. 여래가 설하는 '색신을 완전히 갖추었다'고 하는 것은 단지 이름해서 '색신을 완전히 갖추었다'고 말하기 때문입니다."

불야 세존 여래 불응이구족색신견 하이고 여래설 구족색
不也 世尊 如來 不應以具足色身見 何以故 如來說 具足色
신 즉비구족색신 시명구족색신
身 卽非具足色身 是名具足色身

"수보리야, 어떻게 생각하는가? 여래가 모든 상을 완전히 갖추어야 '여래'라고 할 수 있겠는가?"

수보리 어의운하 여래 가이구족제상 견부
須菩提 於意云何 如來 可以具足諸相 見不

"아닙니다. 세존이시여! 여래가 모든 상을 완전히 갖추었다고 해서 여래라고 할 수 없습니다.여래가 모든 상을 완전히 갖추었다고 하는 것은 완전히 갖춘 것이 아니요, 단지 이름해서 '모든 상을 완전히 갖추었다'라고 하기 때문입니다."

불야 세존 여래 불응이구족색신견 하이고 여래설 제상구
不也 世尊 如來 不應以具足諸相見 何以故 如來說 諸相具
족 즉비구족 시명제상구족
足 卽非具足 是名諸相具足

## 20품 개요

부처님을 32상 몸의 형태로 볼 수 없다고 말하고 있다. 형태가 있는 다른 모든 것들과 마찬가지로 육신에도 명칭이 주어진다. 하지만 형태와 명칭은 생각과 개념의 틀에 고정되어 실체를 담을 수 없는 것이다.

→ "부처가 색신을 완전히 갖추어야 (부처를) 볼 수 있겠는가[불佛 가이구족색신可以具足色身 견부見不]?"에서 '부처'는 보신報身, 즉 형태를 갖고 있었던 부처를 나타낸다.

→ 구족색신具足色身

성불한 사람은 '구족색신'이라는 생각을 버려야 한다. 밖으로 보이는 형태가 아닌 내면에서 뿜어 나오는 그의 인격적인 법신을 봐야 한다.

필자도 그러했다. 강의를 하면서 학생들이나 재가불자님들에게 밖으로 보이는 모습도 중요하다고 생각되어 좋은 승복을 입으려고 했고, 좀 더 좋은 인상을 남길 만한 장삼과 가사를 염두에 두었다. 얼마나 한심한 일인가? 정작 중요한 것은 밖으로 보이는 표면적 모습이 아니라 심오한 강의를 통해 청중에게 감동을 주어야 하는 일이라는 것을 『금강경』을 통해 배웠다.

→ "여래가 설하는 '색신을 완전히 갖췄다'고 하는 것은 단지 이름해서 '색신을 완전히 갖췄다'고 말하기 때문이다[여래설如來說 제상구족諸相具足 즉비구족卽非具足 시명제상구족是名諸相具足]."

황벽黃檗[?~850]의 『전심법요』에도 "이 마음이 곧 부처이므로 다른 부처도 없고, 다른 마음도 없다. 밝고 고요한 마음이 허공과 같아서 한 점의 형상도 없다. 마음을 일으켜 생각을 내면, 곧 법체가 어긋나 형상에 집착하는 것이다. 무시 이래로 부처는 형상에 집착하지 않았다."라고 하였다. 진정한 부처는 법신으로 보아야 한다. 일체 형태의 상이 없는 것이다. 혹 하나의 경계상에 있다면, 이미 머무름이 있는 것이요, 집착이 있다면 마음으로 볼 수 없는 것이다. 일체의 상이 모두 공空이 될 때, 비로소 명심견성明心見性할 수 있다.

집착 없이 머물라[주住]고 하지만, '집착 없이 머문다'거나 '머물지 않는다'에도 분별하지 않은 머묾이어야 참 머묾이라고 할 수 있다.

필자는 2020년, 일본에서 개최한 한국종교인평화회의(KCRP)에 다녀왔다. 매년 행사를 한다고 하는데, 필자는 그해 처음으로 불교계 대표로 참여하여 발표를 했다. 이 모임은 한국·중국·일본 세 나라의 종교인들 모임이다. 이 모임에서 일본 성공회 신부님의 글에서 깊은 감동을 받았다. 대략 내용을 간추려 보았다.

"나는 팔레스타인 문제에도 깊은 관심을 기울인다. 나와 멀리 떨어진 곳에 위치한 중동 지역이지만, 간과할 수 없다는 것을 근자에 들었다. 이스라엘과 팔레스타인은 그리스도교인들의 성지이다. 그리스도인이라면 누구나 이 성지를 방문한다.

수년 전에 나는 팔레스타인 문제에 대해서만큼은 지식으로 알고 있을 뿐 관심을 두지 않았다. 그런데 우연히 팔레스타인 출신 신부님이 일본에 왔는데, 그를 만나면서 생각의 전환점이 되었다. 신부님[예루살렘 교구의 주교]이 이런 말을 하였다.

'여러분들은 성지에 가서 유적 같은 돌들만 보고 돌아가지, 거기에 살고 있는 (살아 있는) 크리스천과는 만나려고 하지 않아요.'

나는 이 말을 듣는 순간 머리를 얻어맞은 느낌이었다. 성지에 가서 '예수의 흔적', '그리스도교의 혼'이 담겨 있다고 돌을 만지고 찬양할 뿐 그곳에서 고난 받으며 살아가는 동료[팔레스타인 사람들]에게는 눈을 돌리지 않았음을 자각하였다. 그 이후로 나는 성지순례를 할 때는 현지의 팔레스타인 성공회 신자들과 교류할 기회를 만들었고, 그들의 교회에 가서 함께 기도하며, 대화를 나누었다. 그리고 그 지역의 팔레스타인들을 일본에 초대해 그들이 겪고 있는 고난이나 문제점을 들으면서 분쟁 지역 사람들의 고난에 눈을 뜨게 되었다."

몇 페이지의 양을 단 몇 줄로 정리한 것으로, 완전한 전달이 되진 못했을 것이다. 불교에서도 흔히 그런 말을 한다. "법당에 앉아 계신 부처님이 아니라 살아 있는 집안의 부처님께 잘하라." 여기서 살아 있는 부처란 배우자로 생각하면 적합할 것 같다. 배우자는 늘 함께 사는 사람이라고 함부로 대하거나 친절하지 않은 경우가 많기 때문이다.

그리스도교의 혼이 담긴 돌만을 찬양하고, 예배하는 것이 아니라 그 지역에 살고 있는 배고픈 동료들에게도 관심을 가지는 것이 진정한 사랑인 것이다. 성경에 "내가 배고플 때에 먹을 것을 주었고, 목마를 때에 마실 것을 주었으며, 나그네를 따뜻하게 맞아들였고, 헐벗었을 때 옷을 주었으니…, 내 형제 중에 보잘것없는 사람들에게 극진히 대접한 것이 바로 내게 한 것과 같은 것이다."라고 하였다. 이 사상은 동학에서 말하는 인내천人乃天[사람이 곧 하늘] 사상과 같은 것이라고 본다. 불교에서도 형상이 아닌 참 내면을 강조하고 모든 사람이 부처가 될 불성을 갖고 있다고 하면서 평등을 강조한다.

『금강경』에서 중시하는 겉모습의 형상에 집착하지 말고, 인간의 내면을 보라는 것과 같은 취지라고 본다. 5품에서 언급했던 단하천연[736~824]이 목불을 태웠다는 '단하소불丹霞燒佛'을 떠올리게 한다. 다음 일화를 통해 깊이 사유하는 시간이었으면 한다.

일본의 잇큐[一休, 1394~1481] 선사는 신도들에게서 공양(식사) 초청을 받곤 했다. 한번은 잇큐가 교토에 위치한 대부호 가문으로부터 초청받았다. 잇큐는 평소에 입던 대로 누더기옷을 입고 그 집을 방문했다. 스님이 대문으로 들어가려고 하자, 문지기가 스님을 제지하였다. 잇큐는 '자신은 이 집의 초대를 받아 온 손님'이라고 하며 들어가게 해달라고 하였다. 문지기는 스님의 모습을 보고, 대꾸도 하지 않고, 다른 친구들을 부르며 소리쳤다.

"저 거지를 쫓아내라. 우리 주인마님이 어떤 분인데, 저런 거지를 초대하였겠느냐?"

하인들이 몰려와 스님을 대문 밖으로 쫓아냈다. 그래도 스님이 '나는 초청받은 손님'이라고 하자, 하인들은 스님을 들어 길바닥에 내동댕이쳐 버렸다.

스님이 일어나 다른 곳으로 가서 누더기옷을 벗고, 목욕을 한 뒤 좋은 승복으로 갈아입었다. 거기다가 스님으로서 최고의 가사인 금란가사[금실로 지은 스님의 법의로서 황실에서 최고 승려에게 하사하는 가사]를 입고, 다시 그 집 대문 앞에 당도했다.

대문을 지키던 문지기뿐만 아니라 모든 하인들이 줄을 지어 나와 스님에게 깍듯이 인사를 하고, 안으로 모셨다. 스님이 주인에게 인도되었고, 그 집의 모든 식구들까지 나와서 스님을 환대하였다. 잠시 후 음식이 나왔다. 스님은 음식을 입으로 먹지 않고, 하나하나 집어 옷 위에 던졌다. 스님의 돌연한 행동에 놀라 주인이 스님에게 말했다.

"아니! 스님, 왜 음식을 옷에 던져 그 좋은 가사를 버리십니까?"

"오늘 초대받은 사람은 내가 아니라 이 옷입니다. 그래서 이 옷에다 음식을 먹이는 겁니다."

이 이야기는 일반적인 교훈으로 삼을 만한 내용이다. 진정으로 그 사람의 진면목을 보는 것이 아니라 겉모습만으로 평가하고 판단하는 사람들의 잘못된 점을 꼬집는 이야기다.

우리가 공부하는『금강경』에 비추어 '선입견 · 아만심 · 자신만의 사상이 최고라는 착각[법상法相] · 고정관념을 끊어야 수행을 제대로 완성시킬 수 있다'고 하였다. 우리는 모든 것을 자신의 관점에서 생각하고 말하며, 더 나아가 자신의 관점이 보편적인 것으로 착각하는 경향이 있다.

또『금강경』에서 "밖으로 드러난 형상을 볼 것이 아니라 그 내면의 모습을 볼 때, 참된 부처를 만난다."고 하였다. 곧 사람을 볼 때도 그 사람에게 담긴 인격이나 마음을 보지 못하고, 겉으로 드러난 것만으로 평가하거나 판단하지 말라는 뜻이다.

우리 사회에서도 그런 점들이 많을 것이다. 경제적 가치나 관직으로 그 사람을 평가하고, 자신의 관점에서 그 사람의 인격까지 손상시킨다. 그렇기 때문에 우리는 끊임없이 사람들과 다툼을 일으킨다.

# 21품 【비설소설분非說所說分】
# 설했으되 설한 바가 없다

"수보리야, 그대는 여래께서는 '내가 마땅히 설한 법이 있다고 생각한다'고 말하지 말라. 이렇게 생각하지도 말라. 혹 어떤 사람이 '여래께서 설한 법이 있다'고 말한다면, 그것은 부처를 비방하는 것이다. 내가 말한 것을 이해하지 못한 것이다.

수보리 여물위여래작시념 아당유소설법 막작시념 하이고
須菩提 汝勿謂如來作是念 我當有所說法 莫作是念 何以故
약인언 여래유소설법 즉위방불 불능해아소설고
若人言 如來有所說法 則爲謗佛 不能解我所說故

수보리야, 설법이란 어떤 법도 설할 것이 없는 것을 '설법'이라고 이름할 뿐이다."

수보리 설법자 무법가설 시명설법
須菩提 說法者 無法可說 是名說法

그때 혜명 수보리가 부처님께 이렇게 말했다.

"세존이시여! 미래세에 중생이 이 법을 듣고 신심을 내겠습니까?"

이시 혜명수보리 백불언 세존 파유중생 어미래세 문설시
爾時 慧命須菩提 白佛言 世尊 頗有衆生 於未來世 聞說是
법 생신심부
法 生信心不

부처님께서 말씀하셨다.

"수보리야, 그들은 중생이 아니며, 중생이 아닌 것도 아니다. 수보리야, '중생, 중생'이라고 하는 것은 여래께서 '중생이 아닌 것'을 말한 것이다. 단지 중생이라고 이름하기 때문이다."

불언 수보리 피비중생 비불중생 하이고 수보리 중생중생
佛言 須菩提 彼非衆生 非不衆生 何以故 須菩提 衆生衆生
자 여래설 비중생 시명중생
者 如來說 非衆生 是名衆生

## 21품 개요

참다운 진리는 언어를 여읜 것이요, 법이란 말로 설해질 수 있는 것이 아님을 설파하고 있다.

➜ "'여래께서 설한 법이 있다'고 말한다면, 그것은 부처를 비방하는 것이다. 내가 말한 것을 이해하지 못한 것이다[여래유소설법如來有所說法 즉위방불則爲謗佛 불능해아소설고不能解我所說故]."

앞에서 여러 번 언급했다. 석가모니 부처님이 35세에 성불하셨다고 하는데, 성불하실 때에 무엇을 깨달았냐고 하면, 연기설이다. 그런데 부처님은 이 연기설을 설하실 때, 제자들에게 이렇게 말씀하셨다. "이는 원래 존재하던 것을 발견한 것이지, 창조한 것이 아니다." 부처가 설했다는 법이 있을 리가 없다. 모든 사람이 본성을 갖고 있는 것을 스스로 빛내야 하는 것이요, 혹 부처가 설한 법이 있다고 한다면 부처는 아상 등 4상에 떨어져 집착심을 갖고 있는 것이다. 이 이야기를 보충 설명하는 차원에서 선사들의 제자 교육에 대해 이야기하려고 한다.

다음은 허운[1940~1959] 스님의 법문이다.

> "보리는 곧 깨달음이고, 깨달음이 곧 도이며, 도는 곧 묘심妙心입니다. 이 마음이 본래 구족 원만하여 조금도 모자람이 없음을 알고, 지금 자기의 성품 가운데서 찾아야 하며, 자기를 긍정해 발심해야 합니다. 만약 자기 스스로 발심하지 않으면 비록 석가모니 부처님이 다시 출세한다고 해도 그대들을 어찌할 수 없습니다."

늘 자기 스스로 발심해 공부하여야 한다는 생각을 가지고 있던 허운 스님은 제자들한테 사과한다는 말씀을 몇 차례 하셨다. 허운은 괜히 제자들에게 진리를 설한다고 하면서 오히려 제자들에게 번뇌만 키워준 것이라는 뜻이다.

위앙종 종조인 위산영우潙山靈祐[771~853]의 제자 가운데 향엄지한香嚴智閑[?~898]이 있다. 지한은 경전 및 유학에도 매우 해박하였다. 어느 날 스승 위산이 향엄에게 물었다.

"그대는 경전 구절에 의지하지 말고, 부모미생전父母未生前 본래면목本來面目을 한번 말해보게나."

향엄은 스승의 질문에 아무 답변도 할 수 없었다.

"네게 대답해 줄 수 없으니, 그대가 직접 궁구해서 답을 찾아야 하느니라."

스승 입장에서 볼 때, 향엄이 뛰어난 근기를 갖고 있는데도 발심하지 못한 것을 안타깝게 여겼던 것이다. 향엄은 답변에 고심고심하다가 만행을 떠났다. 만행 중에 남양혜충南陽慧忠[?~775] 국사가 상주했던 향엄사香嚴寺[하남성河南省 석천淅川]에 머물렀다. 그러던 어느 날, 향엄은 마당을 쓸다가 기왓조각이 떨어지면서 대나무에 '딱!' 하고 부딪치는 소리를 듣고 깨달았다. 향엄은 스승이 있는 쪽을 향해 절을 올리며, 이렇게 말했다.

"화상의 대자대비한 은혜는 부모의 은혜보다 더 지중합니다. 그 당시 나를 위해 자상하게 법을 설해 주었다면, 어찌 오늘날 제가 깨달을 수 있었겠습니까?"

스승이 불친절했기 때문에 깨달음의 기연을 만난 것이다.

다음은 조동종의 종조인 동산양개洞山良价[807~869]와 스승의 이야기이다.

양개는 출가 이래 자신을 지도해줄 선지식을 찾아 오랫동안 행각하였다. 이를 발초첨풍撥草瞻風[풀포기를 헤치며 스승을 찾아다님]

이라고 하는데, 조동종의 특징이기도 하다. 마침내 양개는 운암 담성雲巖曇晟[772~841]을 만났다. 양개는 몇 년간 담성의 도량에 머물며 수행하였다. 스승 담성이 입적하기 전, 양개가 스승에게 물었다.

"스승님께서 입적하신 뒤에 누군가 '화상의 초상을 그릴 수 있는가?'라고 물으면, 무어라고 대답할까요?"

"다만 그에게 '다름 아닌 이것이 바로 그것이다.'라고 하면 된다."

스승이 입적하고 3년이 흘러 양개는 사형인 선산과 함께 스승[운암담성]의 제사를 지내러 위산으로 길을 떠났다. 가는 길녘, 담주에 이르러 큰 개울을 건너게 되었는데, 양개는 물속에 비친 자신의 모습을 보고, 크게 깨달았다. 이후, 양개는 법을 펼치면서 스승에 대해 대중에게 이렇게 말했다.

"스승 운암이 나를 위해 법을 설해 주지 않은 것을 감사하게 여길 뿐이다."

양개는 그의 어록에서 양의공수良醫拱手[훌륭한 의사는 단지 팔짱만 끼고 있을 뿐]라는 말을 강조하였다. 즉 훌륭한 의사는 환자가 자신의 의지를 발휘해 본래의 건강한 모습으로 돌아가도록 도울 뿐이지, 지나치게 베푸는 것은 오히려 독이라는 뜻이다. 불교는 수행의 종교로서 자기 스스로가 체구연마體究練磨[직접 실천하면서 부딪쳐 깨달아가는 것]해야 한다.

**→ "설법이란 어떤 법도 설할 수 없는 것을 '설법'이라고 이름한다[설법**

자說法者 무법가설無法可說 시명설법是名說法].”

이 구절 또한 즉비논리 차원에서 굳이 무엇이 설법이라고 정의할 수 없다. 설법이라는 용어가 나온 김에 선종에서 스승에서 제자로 어떻게 법이 전승되는지를 보자.

법은 이심전심으로 전등傳燈된다. 부처님께서 가섭존자에게 세 곳에서 마음에서 마음으로 법을 전한 것을 삼처전심三處傳心이라고 한다.

첫째, '영산회상염화미소靈山會上拈花微笑'인데, 부처님께서 영산회상에서 법을 설하다 꽃을 들어 보이자, 대중 가운데 가섭만이 그 뜻을 알고 미소를 지었다.

둘째, 다자탑전분반좌多子塔前分半座인데, 부처님께서 법문을 하시는 도중에 가섭이 오자, 가섭이 옆에 앉도록 자리를 내주었다.

셋째, 사라쌍수곽시쌍부沙羅雙樹槨示雙趺인데, 부처님께서 사라쌍수 아래에서 열반에 드셨는데, 가섭존자는 부처님 입멸 후 7일이 지나 도착해 "세존이시여! 세존의 열반이 어찌하여 이렇게 빠르십니까?"라고 하며 관 옆에서 슬피 울자, 부처님께서 관 밖으로 두 발을 내밀어 보였다는 내용이다.

이 삼처전심은 당나라 때, 선종이 형성되고 발전하면서 선사들이 선의 정통성을 정립하기 위해 세운 이론이다. 곧 청정한 본원심인 일심의 일법一法이 부처가 부처에게, 조사가 조사에게로 면면히 깨달음의 흐름이 전해진 것이다.

→ "'중생, 중생'이라고 하는 것은 여래께서 '중생이 아님'을 말한 것이다[중생중생자衆生衆生者 여래설如來說 비중생非衆生 시명중생是名衆生]."

무엇이 중생인가? 중생이라고 정의할 만한 것이 없다는 것이다. 수보리가 '장래에 중생들이 법문을 듣고 신심을 일으킬 수 있겠는가?'라고 염려하자, 부처님은 신심에 대해 언급하지 않고, 무엇이 중생인지에 대해 설하고 있다. 소위 중생이라는 것은 본래 존재하지 않는다. 그 중생도 부처와 다름없는 존재이기 때문이다. 이런 내용들이 등장하는 원인에는 중국이나 한국불교가 선사상이 주류이기 때문이다. 여기서 선의 기본 바탕이 무엇인가를 살펴보자.

『화엄경』이 8세기 조사선祖師禪에 미친 사상은 성기性起 사상이다. 「여래성기품」에서 말하는 성기란 원래 여래의 지혜인 여래의 성품이 그대로 드러난 것인데, 불성현기佛性現起 혹은 체성현기體性現起가 줄여진 말로서 '성의 기', 혹은 '성의 현현顯現'이다. 즉 번뇌가 전혀 없는 부처가 중생에 현재하는 것을 말한다. 그러므로 깨달음이란 법계가 여래로 되어 출현하는 것, 중생의 마음 가운데 지금 바로 일어나 있는[현기現起] 그대로가 바로 여래의 성기라는 것이다. 이는 수행에 의해 부처가 되는 것이 아니라 본래부터 부처를 이루고 있다는 뜻이다.

중기 대승불교 경전인 『열반경』이 조사선에 미친 영향은 바로 불성이다. "모든 중생에게 있는 불성이란 마치 매우 가난한 여인의 집에 있는 보물창고와 같다[중생불성衆生佛性 유여빈녀택중보장猶如貧女宅中寶藏]."고 하면서 '일체중생실유불성'은 선의 대표 문구이다. 이와 똑같이 『여래장경』에서는 '일체중생유여래장一切衆生有如來藏'이라고 하였다.

중국에서 돈오성불론頓悟成佛論을 처음 주장했던 사람은 도생道生[360?~434]이다. 당시 도생의 불성론은 받아들여지지 않고, 부정되었다. 도생은 당시 북방에 머물렀는데, 이단으로 몰려 강남으로 쫓겨났다. 도생이 강소성 소주 금산 일대에 머물며 '일천제도 성불할 수 있다'며, 바위에 설법하자, 바위들이 고개를 끄덕였다는 일화가 있다.

불성과 여래장은 같은 의미를 두고 있는데, 중국에서 여래장보다 불성이라는 용어를 더 활용했기 때문에 불성이 보편화되었다. 『열반경』에서는 한발 더 나아가 극악무도하고 오역죄를 지었거나 어리석은 중생, 곧 일천제일지라도 성불할 수 있다고 하였다. 이 사상을 배경으로 간화선의 대표적인 화두가 구자무불성狗子無佛性이다. 또 6조 혜능[638~713]이 발심하게 된 경전이 『금강경』이라고도 하지만, 어느 일설에는 『열반경』의 불성상청정佛性常淸淨이라고도 한다.

● 마음의 보석 비유

『법화경』 제8 「오백제자수기품」에 의리계주衣裏繫珠 비유가 있다.

가진 것이 없어 구걸하며 사는 사람이 있었다. 이렇게 구걸하며 사는 사람이 우연히 길에서 옛친구를 만났다. 그 친구는 거지가 된 사람을 자기 집으로 데려가 맛있는 식사를 하며 회포를 풀었다. 그 다음 날 새벽에 술에 취해 깊이 잠든 친구를 깨울 수가 없었다. 주인 친구는 아침 일찍 먼 길을 가게 되어 친구 옷 속에 보배구슬 하나를 매어주고 떠났다. 그 거지는 잠에서 깨어난 뒤, 자기 옷에 보배구슬이 있는 줄도 모르고, 다른 나라에 가서 거지 생활을 하며 유랑하였다.

수년이 흘러 어느 날 거지는 구슬을 넣어준 친구를 만나게 되었다. 친구는 자신의 벗이 거지가 되어 돌아다니는 것을 보고 안타까워 '네 옷 속에 꿰매준 구슬을 팔아서 생활하면 거지 생활은 하지 않을 텐데, 왜 이렇게 거지꼴로 사는가? 옷을 한번 살펴보라'고 하였다. 친구의 말을 듣고, 거지가 자신의 옷 속을 살펴보니, 값비싼 보배가 자신에게 있음을 알게 되었다.

앞의 『법화경』과 유사한 내용이 『금강삼매경』에도 있다.

아버지가 자식에게 금전을 주었는데, 아들은 자신이 금전을 갖고 있는 줄 모르고 가난하게 생활하다 아버지를 만나 아버지가 '손에 금전이 있다'고 알려주어 돈을 찾고 기뻐한다는 이야기다.

또 『열반경』에도 같은 내용이 있다.

어떤 장사가 씨름을 하다가 이마의 미간에 달려 있던 구슬이 피부 속으로 박혀 들어갔다. 그런데 장사는 상대편 선수와 격렬하게 싸우다가 자신의 미간에 있는 구슬이 떨어져서 잃어버린 것으로 잘못 알고 있었다. 그러다 후에 의사를 만났는데, 의사가 이 사실을 알려줌으로써 소중한 보배 구슬을 잃지 않았음을 알게 되었다는 이야기다.

이 책에서도 불성·자성·본성이라는 용어를 반복해 쓰고 있는데, 이 보석이란 바로 누구나 다 갖고 있는 청정한 성품인 불성을 말한다. 우리는 자신들 각자가 청정불성을 구족하고 있으면서도 잘 알지 못한 채 어리석게 살아가고 있음을 묘사하고 있다.

## 22품 ······································· 【무법가득분無法可得分】

# 아무것도 얻을 것이 없는 법

수보리가 부처님께 말했다.

"세존이시여! 부처님께서 '최상의 깨달음'을 증득한 것은 법이 없는 것입니까?"

수보리 백불언 세존 불득아뇩다라삼먁삼보리 위무소득야

須菩提 白佛言 世尊 佛得阿耨多羅三藐三菩提 爲無所得耶

부처님께서 말씀하셨다.

"그렇고 그러하다. 수보리야, 내가 최상의 깨달음이든 혹 그 어떤 것에서든 조금도 얻은 바가 없는 것을 이름해서 '최상의 깨달음'이라고 말한다."

불언 여시여시 수보리 아어아뇩다라삼먁삼보리 내지무유

佛言 如是如是 須菩提 我於阿耨多羅三藐三菩提 乃至無有

소법가득 시명아뇩다라삼먁삼보리

少法可得 是名阿耨多羅三藐三菩提

## 22품 개요

진리는 어떤 형태가 있어 얻을 수 있는 것도 아니요, 얻을 것조차 없는 것이다.

→ "내가 최상의 깨달음이든 혹 그 어떤 것에서든 조금도 얻은 바가 없다[아뇩다라삼먁삼보리阿耨多羅三藐三菩提 내지무유소법가득乃至無有少法可得]."

어떤 것이든 얻었다는 관념도 없고, 깨달음이 무엇이라고 정의할 수도 없다. 6조 혜능[638~713]이 스승 홍인 문하에 있을 때, 깨달음의 게송을 내보였다. 이 게송 3구에 한 '물건'이 등장한다. "보리는 본래 나무가 없고 밝은 거울 또한 대가 아니다. 본래 한 물건도 없거니 어느 곳에 티끌이 있으리오[보리본무수菩提本無樹 명경역비대明鏡亦非臺 본래무일물本來無一物 하처야진애何處惹塵埃]." 한 물건이란 굳이 깨달음의 자리에 무엇이라는 형체도 색깔도 없기에 한 물건이라고 한 것뿐이다.

그런데 6조 혜능의 제자인 남악회양南岳懷讓[677~744]이 처음 스승 혜능을 만나 문답할 때도 이 단어가 나온다. 먼저 혜능이 물었다.

"어디서 왔는가?"

"숭산혜안 선사 도량으로부터 왔습니다."

"어떤 물건이 이렇게 왔는고?"

"한 물건이라고 해도 맞지 않습니다[설사일물즉부중說似一物卽

不中]."

"다시 수행하고 증득하여야 할 것이 있는가?"

"수행하고 증득할 것이 없는 것은 아니지만, 더럽혀서는 안 될 것입니다."

여기서 '더럽히다[오염]'란 분별심 · 집착심, 옳고 그름을 판단하는 이분법적 사고를 말한다. 불교에서는 청정한 불성이 본 바탕이기 때문에 더럽히지 말라고 하는 것이다. 혜능은 "참된 불성이 청정하기 때문에 티끌조차 붙지 않는다."고 하였다.

회양의 제자인 마조[709~788]는 늘 제자들에게 "도는 닦아서 되는 것이 아님이요, 다만 더럽히지 말라[도불용수道不用修 단막오염但莫汚染]."고 하였다. 잠깐 법맥을 정리하면, 혜능→회양→마조이다. 이 마조의 손자뻘 제자인 도의 국사가 조계종의 종조이다. 이름 붙일 것도 없기에 한 물건이요, 얻은 것도 없으므로 닦을 것도 없는 것이다. 이 사상의 흐름을 정리하면, 본래무일물 → 설사일물즉부중 → 도불용수로 사상이 전개되고 있다.

● 불교에서의 먼지 · 티끌은 무엇을 상징하는가?

먼지 · 티끌은 번뇌를 상징한다. 한편 청정행을 가로막는 역경계로 표현되기도 한다. 이와 관련된 주리반특 이야기를 하려고 한다.

반특이라는 이름을 가진 형제가 부처님께 출가했다. 형 마하반특(Maha-panthaka)은 매우 영특한 반면 동생 주리반특(Cūda-panthaka)은 조금 부족했다. 당시 출가 수행자들은 부처님의 가르침을 짧은 시로 압축한 게송을 암기하는 것이 법칙이었다. 형은 동생에게 게송 하나를 암기시키려고 무진 애를 썼으나 동생은 글귀 하나 외우지 못하였다.

이윽고 안거安居 날이 되었다. 안거 때는 제자들이 스승으로부터 받은 가르침을 복송復誦하고, 암기가 끝나면 다시 새로운 문구를 받았다. 형은 동생이 안거 날까지 게송 하나를 암기하지 못하자, 화가 치밀어 올라 더 이상 참지 못하고 말했다.

"너는 넉 달 동안 게송 하나 외우지 못하는구나. 너처럼 이렇게 아둔한 사람은 비구 생활을 할 수 없으니, 다시 집으로 돌아가라."

주리반특은 형에게 꾸지람을 듣고, 대문 밖으로 나가 형이 보이지 않는 곳에 쭈그리고 앉아 소리 내어 울었다.

이때 부처님께서 지나가다 주리반특의 울고 있는 모습을 보시고 그를 거두어서 아난에게 일러 주리반특을 특별 지도케 하였다. 아난은 주리반특과 함께 거주하며 짧은 게송을 암기하도록 하였다. 그러나 자상한 아난조차도 두 손을 들어 포기하고 말았다. 아난이 부처님께 주리반특의 아둔함을 푸념하자, 결국 부처님께서 주리반특을 조용한 곳으로 불러 지도하였다.

부처님께서는 주리반특에게 다음과 같은 짧은 문구를 암기하라고 하였다.

"나는 먼지를 턴다. 나는 더러움을 닦는다."

주리반특이 짧은 게송 하나 외우지 못하자, 부처님께서는 직접 빗자루로 마당을 쓸면서까지 이 두 구절을 외우게 하셨다. 주리반특은 홀로 조용히 명상을 하며 이런 생각을 하였다.

'세존께서는 왜 이런 방법으로 나를 가르치는 걸까? 나는 지금 부처님께서 특별 지도해 주는 그 마음을 받들어 뜻을 궁구해야 한다. 지금 내 몸에도 티끌과 때[번뇌]가 있다. 내 스스로를 비유해 보자. 무엇을 없애야 하는가. 무엇이 때인가? 나를 묶고 괴롭히는 〈결박結縛〉이 때이고, 〈지혜〉가 그것을 없애주는 것이다. 나는 지금 지혜의 빗자루로 번뇌와 어리석음을 쓸어버리리라.'

그때 주리반특은 5온이 이루어지는 것과 소멸하는 것을 관찰하기 시작했다. 점차 수행이 깊어지면서 마침내 주리반특은 최고의 경지인 아라한이 되었다.

이와 같이 본 대로 티끌[진塵]이 번뇌로 쓰인다. 그래서 6경六境[색·성·향·미·촉·법]도 6진六塵이라고 한다. 6근의 경계인 6진이 마음을 번뇌롭게 하기 때문이다. 티끌 '진塵'자를 붙이는 것이다.

## 23품 ……【정심행선분淨心行善分】

# 청정한 마음과 바른 실천

"수보리야, 이 법은 평등해서 높고 낮음이 없다. 이것을 '최상의 깨달음'이라고 이름한다. 아상·인상·중생상·수자상이 없는 상태[4상을 여읜 경지]에서 일체 선법을 닦으면, 최상의 깨달음을 얻는다.

부차 수보리 시법평등 무유고하 시명아뇩다라삼먁삼보리
復次 須菩提 是法平等 無有高下 是名阿耨多羅三藐三菩提
이무아 무인 무중생 무수자 수일체선법 즉득아뇩다라삼먁
以無我 無人 無衆生 無壽者 修一切善法 則得阿耨多羅三藐
삼보리
三菩提

수보리야, 말한 바 선법이라는 것은 여래께서 선법이 아닌 것을 말한 것이다. 단지 이름해서 '선법'이라고 말할 뿐이다."

수보리 소언선법자 여래설 즉비선법 시명선법
須菩提 所言善法者 如來說 卽非善法 是名善法

## 23품 개요

청정한 마음[무주상]으로 선법善法 닦을 것을 설파하고 있다.

➔ "이 법은 평등해서 높고 낮음이 없다. 이것을 '최상의 깨달음'이라고 이름한다[시법是法 평등平等 무유고하無有高下 시명아뇩다라삼먁삼보리是名阿耨多羅三藐三菩提]."

이 내용은 『금강경』이라는 경전이 아니라 불교라는 종교는 이런 것이라고 단적으로 설명하는 최적의 진리라고 본다. 상·중·하근기, 소승·대승 진리 등을 대승적인 차원에서 아우르기 때문이다.

조계종의 종지宗旨는 선종을 표방하지만 통불교적인 성향을 지니고 있다. 다양한 형태의 수행법을 인정하는데, 대체로 4대 수행법[참선·염불·간경·주력]을 하고 있다. 그 어떤 수행법이든 전미개오轉迷開悟, 이고득락離苦得樂을 위한 평등한 방편이라고 본다. 조선의 서산휴정[1520~1604]은 사람의 근기가 각각 다르므로 혹 어떤 이에게 타력他力이 필요하다면 염불·주력·참회·보시 등 다양한 수행법이 필요하다고 말씀하셨다.

『능엄경』에서는 "근원으로 돌아가는 성품은 두 길이 없으나 방편 따라가는 길에는 여러 문이 있다[귀원성무이歸元性無二 방편유다문方便有多門]."라고 하였다. 곧 해탈 경지라는 목적지는 똑같지만, 그곳에 이르는 수행 방법에는 다양한 방법이 있음을 시사한다.

『법화경』「방편품」에서는 이렇게 언급하고 있다.

"모든 부처님은 방편의 힘으로 일불승에서 삼승을 설한 것이다 [제불諸佛 이방편력以方便力 어일불승於一佛乘 분별설삼分別說三]."

부처님은 일불승만을 위함이지만 중생들을 이끌기 위해 삼승 방편을 시설하였다. 곧 이승[성문승과 연각승]이 하열하다는 측면이 아닌 방편설이라는 점을 이 경에서 강조하고 있다.

깨달음의 길이 여러 갈래이듯, 그 여러 길들은 방편이며 목표인 부처가 되는 것이 바로 일승이다. 『법화경』에서는 삼승 방편 일승 진실이라고 하여 삼승은 방편설이지만 모두 깨달음[일승一乘]을 지향한다는 뜻으로 인간은 누구나 불성을 가진 존재로서 부처가 될 수 있다는 것이 바로 일승설이다. 바로 만선성불萬善成佛 사상이다.

"만약 누군가 산란한 마음으로 부처님 탑묘에 들어가 한 번이라도 '나무불' 하고 부른다면 이 사람은 이미 불도를 성취한 것이다."

그 어떤 길이든 최선으로 지극한 마음만 있다면, 최상의 진리를 얻을 수 있다. 그런데 생각해봐야 할 점은 법이 문제가 아니다. 불법은 누구에게나 평등하다. 각 중생들의 근기에 따라 자기 스스로 차별을 만들어 낸다.

● 주력으로 수행한 사람

조계종 4대 수행법 가운데 하나가 주력呪力 기도이다.[31]

불자들이 많이 독송하는 『천수경』을 비롯해 경전에 진언과 다라니가 많이 나타나 있다. 우리나라 불자들도 주력기도를 많이 하고, 해인사 성철 스님께서도 능엄주를 강조하셨다.

진리에 대한 굳건한 믿음[자력적自力的·타력적他力的 모두]만 있다면 어떻게 발음해도 공덕에는 차이가 없다고 본다.

한 스님이 길을 가는데, 멀리 한 마을에 붉은 기운이 감도는 것이 보였다. 스님은 그 마을에 위대한 선지식이 있을 거라고 생각하고, 그 선지식을 만나고픈 심정에 빨리 그 마을에 당도했다. 마을에는 사찰도 없거니와 수행자도 없었다. 스님은 실망을 하고 주위를 둘러보니, 한 노파가 '옴마니반메뉴'라고 진언을 외고 있었다. 스님은 보살을 불러 "보살님, 끝 발음에 '뉴'가 아니라 '훔'이라고 발음해야 합니다."라고 간곡히 일러주었다. 보살은 스님에게 "평생을 이렇게 진언을 했는데, 공덕이 없어졌다."고 하며 슬퍼했다.

보살은 이렇게 고쳐서 진언을 외우기 시작했고, 스님은 잠시 머문 뒤 그 마을을 떠났다. 그런데 멀리서 보니, 그 마을의 붉은 기

31 주력은 진언·다라니를 반복하며 염하는 기도이다. '다라니'라는 말을 쓴 경전명이 많다. 『대비심다라니경大悲心陀羅尼經』·『불설소재길상다라니경佛說消災吉祥陀羅尼經』·『무구정광대다라니경無垢淨光大陀羅尼經』 등이 있다. 『무구정광대다라니경』은 불국사 석가탑에서 발견된 세계 최고最古의 통일신라 때 목판 인쇄본이다. 이 진언을 중심으로 동아시아 불교국에서 종파[밀교]가 형성되었다. 티벳은 밀교 중심 국가이다.

운이 사라졌다. 며칠을 머물며 봐도 붉은 기운은 없었다. 스님은 '아차' 싶어 다시 마을로 찾아가서 보살에게 말했다. "보살님, 제가 잘못 알았습니다. 다시 '옴마니반메뉴'라고 하세요." 할머니는 매우 기뻐했고, 그 마을에 다시 붉은 기운이 감돌았다.

발음에 문제가 있다고 공덕이 없는 것이 아니다. 일부러 틀리게 발음을 해서는 안 되지만 굳건한 믿음과 청정한 마음이 중요하다는 뜻이다. 이야기 하나가 또 있다.

한 마을의 노파가 사찰에 가서 늘 큰스님 법문을 들었다. 하루는 스님께서 법문을 하는데, '즉심시불卽心是佛[마음이 곧 부처다]'이라는 말을 언급하며, 꼭 이 화두를 들면서 세상 걱정을 다 내려놓으라고 하였다. 노파는 집으로 오면서 어떻게 '부처가 짚신[신발]이라고 할까?'라고 생각하면서도 큰스님 말씀이라며 조금도 의심하지 않았다. '짚신이 부처다'라는 화두를 수년간 든 노파는 결국 깨달음을 얻었다.

곧 법은 평등해서 높고 낮음이 없는 것, 바로 이것이 '최상의 깨달음'이라고 이름하는 것이다.

→ "여래께서 선법이 아닌 것을 말하는 것이다. 단지 이름해서 '선법'이라고 말할 뿐이다[여래설如來說 즉비선법卽非善法 시명선법是名善法]."

여기서 선법은 착한 법을 말하는 것이 아니라 해탈 열반을 향한 모든 수행 방법들을 지칭한다. 즉 마음을 청정하게 유지하는 최상의 행[실천]이 선법이다. 불교에서 마음을 앞과 연결해서 보았을 때, 어떤 것만이 최상의 수행방법이라는 것은 없다. '반드시 이것만이 최고여서 이렇게 하면 최상의 깨달음을 얻는 것'이라고 국집하거나 집착에 빠져 있다면, 이는 그 사람이 말하는 선법이 아니다.

선법과 연관된 좋은 예로 백낙천白樂天[772~846] 이야기를 하고자 한다. 그는 불교사에서 법맥을 받았으며, 당송唐宋 8대 문장가 중 한 사람이다.

> 백낙천은 젊은 시절에 강직한 성품으로 지방으로 좌천되는 일이 많았는데, 그 지역에서 여러 선사들과 인연이 많았다. 한번은 항주 자사刺史로 있을 때, 그 지방의 고승 조과도림鳥窠道林[741~824, 우두종의 경산법흠 제자]의 사찰을 방문했다. 도림은 새가 나무 위에 집을 짓고 사는 것처럼 나무 위에서 좌선을 한다고 하여 '조과鳥窠'라고 하였다. 낙천이 선사에게 말했다.
>
> "큰스님, 제가 평생에 좌우명으로 삼을 만한 법문을 듣고자 왔습니다."
>
> "모든 악한 행동을 짓지 말고 많은 선한 일만을 받들어 행하며, 스스로 그 마음을 깨끗이 하라. 이것이 모든 부처님의 가르침이다[제악막작諸惡莫作 중선봉행衆善奉行 자정기의自淨其意 시제불교是諸佛敎]."[32]

32 이 구절은 『법구경』의 대표적인 4구게로서 초기 경전뿐만 아니라 여러 대승

"그거야 삼척동자도 아는 일 아닙니까?"

"삼척동자도 알기는 쉬워도 팔십 먹은 노인도 행하기는 어려운 것일세."

이 책에서 몇 번이고, 언급했지만 불교는 지식이나 이해로 알 수 있는 진리가 아니다. 진리에 대한 이해도 중요하지만 굳건한 신심을 바탕으로 반드시 실천이 따라야 한다. 이 실천행이 바로 선법善法이다.

---

경전에도 언급되어 있다. 이 게송은 석가모니 부처님을 포함, 일곱 분의 과거 부처님께서 공통으로 훈계하는 가르침이라고 하여 '칠불통계게七佛通戒偈'라고 한다.

# 24품 【무위복승분無爲福勝分】

## 무위복이 훨씬 뛰어나다

"수보리야, 만약 어떤 사람이 삼천대천세계 가운데 있는 산 가운데 왕인 수미산만큼의 칠보 덩어리를 쌓아놓고 보시하였다고 해보자.

수보리 약삼천대천세계중 소유제수미산왕 여시등칠보취
須菩提 若三千大千世界中 所有諸須彌山王 如是等七寶聚
유인 지용보시
有人 持用布施

그런데 혹 어떤 사람이 이 '금강반야바라밀경'이나 사구게 등을 수지·독송하며, 다른 사람을 위해 해설해 주는 사람이 있다.

약인 이차반야바라밀경 내지사구게등 수지독송 위타인설
若人 以此般若波羅蜜經 乃至四句偈等 受持讀誦 爲他人說

전자의 복덕은 후자의 복덕에 비해 1백분의 일에도 미치지 못하고, 1백 천만 억 분 내지 어떤 산수비유로도 (공덕이) 미치지 못한다."

어전복덕 백분불급일 백천만억분 내지산수비유 소불능급
於前福德 百分不及一 百千萬億分 乃至算數譬喩 所不能及

## 24품 개요

19품에서도 『금강경』에서 말하는 참다운 복덕福德이란 무엇인가를 언급하였다.

복福과 지智는 불교에서 반드시 필요하다. 승려인 경우도 두 가지를 겸비해야 도량도 정비하고, 제자도 양성하며, 법을 전할 수 있다. 이 품은 앞 23품과 연결된다. 23품에서 일체 선법을 닦으면 최상의 정각을 얻을 수 있다고 말했다. 그러면서 재보시와 법보시 가운데 법보시는 비교될 수 없이 수승함을 설하고 있다.

● 수미산須彌山

인도에서 수미산은 세계관을 정의하는 데 중추적인 역할을 한다. 일반적으로 지금의 히말라야산이라고 말하기도 하지만, 이렇게 정의 내리기에 불편한 부분도 있다. 수미산은 『금강경』뿐만 아니라 수많은 대승경전에 나타나 있다. 『금강경』에서는 '세계에서 가장 큰 산'이라고 해석하면 맞을 듯하다.

불교에서 말하는 세계관은 이러하다. 수미산을 중심으로 동서남북 4부주가 있다. 이 4부주를 둘러싼 9산九山과 8해八海가 있다. 수미산 아래 지옥이 있고, 그 위에 인간계가 있다. 또 수미산 중턱에 4천왕천이 있다. 또한 수미산 꼭대기는 정입방체로 되어 있는데, 그 중심에 선견천善見天이 있고 주위의 사방에는 32개의 궁전이 있으므로 삼십삼천三十三天이라고 한다. 이 수미산 위에는 욕계 6욕천, 색계천, 무색계천이 차례대로 있다.

<table>
<tr><td>3계</td><td colspan="2">25유(3계를 세분한 것)</td></tr>
<tr><td rowspan="3">욕계<br>欲界<br>14유</td><td>4악도</td><td>지옥 · 아귀 · 축생 · 아수라</td></tr>
<tr><td>4부주</td><td>동불바제 · 서구야니 · 북울단월 · 남섬부주</td></tr>
<tr><td>6욕천</td><td>사천왕천四天王天[동쪽 지국천, 서쪽 광목천, 남쪽 증장천, 북쪽 다문천] · 도리천(삼십삼천) · 염마천 · 도솔천 · 화락천 · 타화자재천</td></tr>
<tr><td>색계色界<br>7유</td><td colspan="2">초선천初禪天 · 대범천大梵天 · 2선천 · 3선천 · 4선천 · 무상천無想天 · 정거천淨居天</td></tr>
<tr><td>무색계<br>無色界<br>4유</td><td colspan="2">공무변처空無邊處 · 식무변처識無邊處 · 무소유처無所有處 · 비상비비상처非想非非想處</td></tr>
</table>

→ "삼천대천세계 가운데 있는 산 가운데 왕인 수미산만큼의 칠보 덩어리를 쌓아놓고 보시하였다[제수미산왕여시등칠보취諸須彌山王如是等七寶聚 유인지용보시有人持用布施]."

세계의 산 가운데 가장 큰 산인 수미산처럼 높고 매우 많은 칠보를 보시했다는 뜻이다.

→ "금강반야바라밀경이나 4구게 등을 수지 · 독송하며, 다른 사람을 위해 해설해 주다[이차반야바라밀경以此般若波羅蜜經 내지사구게등乃至四句偈等 수지독송受持讀誦 위타인설爲他人說]."

이 보시가 경전 내용이나 4구게 등 진리로 하는 법보시이다. 그런데 『유마경』에서 제시하는 법보시가 조금 다르다. 「보살품菩薩品」에 "만약 시주자가 평등한 마음으로 가장 가난한 걸인에게 베푸는 것이 마치 여래의 복전에 보시한 것과 같아야 한다. 분별심이 없고, 대비로 평등하며, 과보를 바라지 않는 것이 '구족된 법시'라고 할 수 있다."라고 하였다. 즉 그 어느 누구나 부처님께 보시하는 것처럼 누구에게나 평등하게 베푸는 법다운 보시를 법보시라고 하였다.

이처럼 『금강경』에서 말하는 공덕은 삼천대천세계에 가득한 칠보로써 보시하는 것보다 선남자 선여인이 이 경을 잘 간직하되, 4구게라도 수지·독송해서 다른 사람에게 연설하면 공덕이 더 높다고 설하고 있다. 그러면서 『금강경』을 연설할 때는 부동심不動心을 내라고 말한다. 부동심은 애증심이 없는 것이다. 이렇게 좋은 얘기를 한다고 해서 잘 듣는 사람은 좋아하고, 제대로 듣지 않고 졸기만 하는 사람을 싫어해서는 안 된다. 여여부동한 상태로 『금강경』을 이야기해야 옳은 법사라고 할 수 있다. 비단 『금강경』뿐만 아니다. 혹 어디를 가서든 얘기 나눌 때 상대방이 자기 말을 안 들어준다고 해서 화낼 필요가 없다. 상에 집착하니까 애증심을 갖게 된다. 그 상에서 상이 아닌 것을 보는 것이 반야이기 때문이다.

### ● 복 지음은 지혜 증득의 발판

24품의 제목이 '복지무비분福智無比分'이다. 복덕은 감히 지혜로운 자에 비교될 수 없다는 것이다. 다음 이야기를 하나 하려고 한다.

앞의 『금강경』 해제 부분에서 구마라집의 생애를 언급하였다. 구마라집과 관련한 이야기다. 구마라집을 전진의 부견왕에게 추천한 사람이 도안道安[312~385]이다. 도안은 인도 불교를 중국의 불교로 변환하는 중추적인 역할을 한 분이다. 바로 이 도안이 승려들의 법명 앞에 석釋씨 성姓을 쓸 것을 주장해 중국 승려들은 대부분 법명 앞에 석씨를 붙인다.

당시 구마라집은 40대였고, 도안은 나이가 많은 노승임에도 불구하고 구마라집의 뛰어남을 인정하며 존중해 주었다. 반대로 구마라집은 도안을 '동방의 성인'이라 칭하며 흠모하였다. 도안에게는 수십여 명의 제자들이 있었는데, 이 가운데 혜원慧遠[334~416, 중국 정토사상의 시조始祖]도 제자 가운데 한 사람이다. 훗날 혜원과 구마라집은 서로 편지를 주고받으며 법연法緣을 맺었다. 구마라집은 한 서신에서 혜원에게 이런 내용을 보냈다.[33]

"승려의 재산은 다섯 가지인데, 복덕福德 · 지계持戒 · 박문博聞 · 변재辯才 · 심지深智입니다. 이들을 다 갖춘다면 도가 융성하고, 다시는 의심이 일어나지 않을 것입니다. 스님께서는 이 다섯 가지를 모두 갖추고 있습니다. 스님이야말로 동방의 호법보살입니다."

---

33 구마라집과 혜원 사이에 18번이나 오고간 편지가 『대승대의장大乘大義章』에 그대로 실려 있다.

반야를 증득해 해탈하는 것이 불교의 목표이다. 그런데 승려로서 살다 보니, 현실적인 문제들이 이론적인 지혜 증득에 발목을 잡는다. 강의를 하고, 설법을 하면서 지혜만 갖고서는 아닌 것 같다. 그만한 복덕도 있어야 자신이 하고 싶은 공부든 포교든 펼칠 수 있다는 점이다. 이런 점은 과거 전세로부터의 덕인德因이 있어야 가능하다고 본다.

어떠하든 24품에서 지혜를 중시하지만, 현재에 복 짓는 일도 중요하다. 그래서 선객스님들 중에는 선방에서 한 철 동안 공양주를 자청하기도 하고, 대중에서 법랍이 높으면서도 허드렛일을 자청하는 경우도 종종 보았다. 복이 많다고 그 복을 누리는 것도 중요하지만, 복을 축적해 쌓는 것도 필요하다고 본다. 바로 이것이 반야 증득의 밑거름이기 때문이다.

# 25품 【화무소화분化無所化分】

# 관념 두지 않는 중생 교화

"수보리야, 어떻게 생각하는가? 그대들은 여래가 '내가 마땅히 중생을 제도한다는 생각을 갖고 있다'고 말하지 말라. 수보리야, 그런 생각도 하지 말라.

수보리 어의운하 여등 물위 여래작시념 아당도중생 수보
須菩提 於意云何 汝等 勿謂 如來作是念 我當度衆生 須菩
리 막작시념
提 莫作是念

실제로 여래가 제도한 중생이 하나도 없기 때문이다. 만약 여래가 제도한 중생이 있다고 한다면, 여래에게 아상·인상·중생상·수자상이 있는 것이다.

하이고 실무유중생 여래 도자 약유중생 여래 도자 여래즉
何以故 實無有衆生 如來 度者 若有衆生 如來 度者 如來則
유아 인 중생 수자
有我 人 衆生 壽者

수보리야, 여래가 설하는 '내가 있다[유아有我].'는 것은 곧 내가 있는 것이 아니다. 범부들이 '내가 있다.'고 하는 것이다.

수보리 여래설 유아자 즉비유아 이범부지인 이위유아
須菩提 如來說 有我者 卽非有我 而凡夫之人 以爲有我

수보리야, 범부라는 것도 범부가 아니다. 단지 이름해서 '범부'라고 한다."

수보리 범부자 여래설 즉비범부 시명범부
須菩提 凡夫者 如來說 則非凡夫 是名凡夫

## 25품 개요

25품은 중생을 교화하되 실제로는 중생을 교화한 것이 없음을 밝히고 있다. 교화한 중생이 있다는 관념을 버려라. 품 제목인 관념 두지 않는 교화[化無所化]란 보살행을 삶 속에서 구현하는 것이다.

**→ "여래가 제도한 중생이 하나도 없기 때문이다[실무유중생實無有衆生 여래如來 도자度者]."**

제도란 없다. 부처가 제도해주는 것이 아니라 스스로의 노력과 정진으로 부처가 되도록 해야 한다. 석가모니 부처님은 먼저 깨달은 분으로서 우리에게 길을 제시해 주는 안내자요, 스승일 뿐이다. 중세시대에 서양에서는 교황이 면죄권을 팔았다. 하지만 불교는 신으로부터 구원받는 종교가 아니다. 그래서 부처가 제도하는 중생이 없는 것이다. 불교에서는 중생들 각자 자기 스스로의 자성과 불성을 개발하라고 강조한다. 다시 말해 스스로 제도해야 하는 것이다.

한편 이 부분에서 만일 중생을 제도했다고 한다면 자신이 제도했다는 관념과 집착에 빠져 있음을 내포한다. 곧 '나', '내가 했다'는 상을 여읜 경지의 부처가 참 부처임을 시사한다.

➔ 여래가 설하는 '내가 있다'는 것[여래설如來說 유아자有我者]

내가 있다[有我]는 그 배경에는 집착, 자아의 중심성 등이 있다는 것으로 해석할 수 있다. 내가 있다고 하는 속에 번뇌가 있는 것이다. 부처는 '무아'라고 가르치건만 중생은 '유아'라고 해석하고 이에 집착한다. 진정한 무아는 부처의 경계이다. 부처 재세 시에는 제자들이 무아의 경계를 증득해 무상無常·고苦의 속박으로부터 벗어나는 것, 이것이 위빠사나의 뜻이다. 『잡아함경』에 와지라Vajirā[금강金剛] 비구니는 이런 깨달음의 게송을 남겼다.

"수레가 여러 종류의 부속품으로 모여 구성되었을 뿐
'수레'라고 명칭할 수 있는 존재는 실제로 없다.
육신도 5온으로 잠시 모여 이루어진 것이요,
거기에는 '아我'라고 할 만한

실체가 존재하지 않는다."

→ "범부라는 것도 범부가 아님이요, 단지 이름해서 '범부'라고 한다[범부자凡夫者 여래설如來說 즉비범부卽非凡夫 시명범부是名凡夫]."

'범부'라는 명칭 또한 가칭이다. 범부라고 붙일 것조차 없는데, 단지 그렇게 붙인 것뿐이다. 그래서 『화엄경』에 '심불급중생시삼무차별心佛及衆生是三無差別'이라고 하였다. 곧 마음·부처·중생이 차별이 없다는 뜻이다. 조사선祖師禪 시대의 수행자들의 화두는 즉심시불卽心是佛이다. 결국 마음[도道]을 깨치면 부처지만, 깨치지 못하면 범부이다. 그래서 중생과 부처는 차별이 없이 평등한 것이다.

달[月]도 보통 사람들 눈에는 초승달→반달→보름달로 변해 간다. 그런데 중생의 눈으로 이렇게 부르지만, 원래는 원만하고 둥근 형태 그대로다. 중생의 눈으로 달이 '초승달이니', '반달이니'라며 왈가왈부하는 것이다. 그래서 『열반경』에서는 불성[누구나가 다 구족具足하고 있는 깨달음의 본성이므로]을 만월滿月에 비유하기도 한다.

● 무심한 선사 이야기

『금강경』은 앞에서 줄곧 말한 대로 무주상無住相·무주심無住心의 경계를 말하고 있다. 이는 후대에 무심無心이라는 단어로 줄여 쓰고 있다. 앞에서 계속 무주상·무주심을 말했는데, 어떤 마음이 무심인가? 그런 무심한 선사를 소개하려고 한다.

무심한 수행자로 널리 알려진 하쿠인[白隱, 1685~1768] 선사가 있다. 하쿠인은 젊은 시절 산속에서 수행하였는데, 아랫마을 사람들이 하쿠인을 훌륭한 수행자라고 존경하며 선사에게 많은 공양을 올렸다. 특히 두부장사 부부는 선사에 대한 신뢰감이 더욱 컸다.

그런데 이 두부장사에게 과년한 딸이 하나 있었는데, 어느 날 시집도 안 간 딸이 임신을 하였다. 화가 난 부부가 딸에게 윽박지르며 꾸짖자, 이 딸은 엉겁결에 "하쿠인 선사가 자기를 범했다."고 했다. 이 부부와 마을 사람들은 하쿠인에게 크게 실망함은 물론, 그에게 몰려와 욕을 하고 절을 파괴하였다. 이때 하쿠인은 표정도 변하지 않고 "그렇군요."라는 한마디뿐이었다.

시간이 한참 흘러 아기가 태어났고 두부장사는 선사에게 갖은 욕을 해대며 아기를 절에 놓고 가버렸다. 선사는 또 "그렇군요."라는 한마디만 하고 아기를 받아 동냥젖으로 아기를 키웠다. 1년 정도가 흘러, 그 처녀는 죄책감을 느끼고 부모에게 "선사가 범해서 아기를 낳은 것이 아니라, 좋아하는 사람이 있다."며 고백하였다. 이 말에 두부장사는 선사에게 가서 사죄를 올리고 아기를 데려가겠다고 하자 또 "그러지요." 하고 아기를 되돌려 주었다.

혹 하쿠인 선사와 같은 처지에 놓인다면, 그렇게 할 수 있을까? 변호사를 대동해서 당장 고소한다고 난리 칠 것이다. 하쿠인 선사는 누가 뭐라고 하든 자신이 범해서 낳은 아기도 아닌데 욕을 먹고 절까지 파괴하니 얼마나 화가 났겠는가? 하지만 그 아기는 아기대로 커 나가야 되고…. 무심의 경지에 이른 하쿠인 선사는 그 어떤 것에도 흔들림 없이 묵묵히 살아가는 것이다.

무심도 무심이라고 말하면 벌써 무심이 아니다. 무심은 단지 무심이어야 무심인 것이요, 무심이라고 관념을 둔다면 유심이 되어버린다. 하쿠인은 누명을 벗었다고 기뻐하지도 않았다. 누명을 쓰고 있든 누명을 벗었든 자신의 마음자리는 여여부동한 그대로였다. 번뇌에 걸림 없는 무애자재인이었기 때문이다. 이런 하쿠인의 수행 경지가 바로 『금강경』에서 말하는 무주심·무주상으로 '집착하지 않는', '분별심이 없는', '형상을 취하지 않는', '관념 두지 않는' 무심無心인 것이다.

## 26품 ……………………………………… 【법신비상분法身非相分】
# 형상으로 부처를 볼 수 없다

"수보리야, 어떻게 생각하느냐? 32상(몸의 형태) 특징으로 여래를 볼 수 있느냐?"

수보리 어의운하 가이삼십이상 관여래부
須菩提 於意云何 可以三十二相 觀如來不

수보리가 말했다.

"그렇습니다. 32상(몸의 형태) 특징으로써 여래를 볼 수 있습니다."

수보리언 여시여시 이삼십이상 관여래
須菩提言 如是如是 以三十二相 觀如來

부처님께서 말씀하셨다.

"수보리야, 32상(몸의 형태) 특징으로 여래를 볼 수 있다고 한다면, 전륜성왕도 곧 여래라고 할 수 있겠구나."

불언 수보리 약이삼십이상 관여래자 전륜성왕 즉시여래
佛言 須菩提 若以三十二相 觀如來者 轉輪聖王 則是如來

수보리가 부처님께 말했다.

"세존이시여! 제가 부처님의 뜻을 이해하기로는 32상(몸의 형태) 특징으로 여래를 볼 수 없습니다."

수보리 백불언 세존 여아해불소설의 불응이삼십이상 관
須菩提 白佛言 世尊 如我解佛所說義 不應以三十二相 觀
여래
如來

그때, 세존께서 게송으로 말씀하셨다.

"형상으로써 나를 보거나

음성으로써 나를 구하고자 한다면,

이 사람은 사도를 행하는 것이다.

여래를 볼 수 없느니라."

이시 세존 이설게언 약이색견아 이음성구아 시인행사도
爾時 世尊 而說偈言 若以色見我 以音聲求我 是人行邪道
불능견여래
不能見如來

## 26품 개요

26품은 상에 집착해서 보는 것에 대해 비판하고 있다. 부처님의 법신은 모양이 있는 것이 아니요, 모양으로 표현할 수도 없다. 부처님이 32상 몸의 형태로 여래를 볼 수 있다면, 세속의 전륜성왕도 여래라고 말할 수 있겠느냐는 말이다. 수보리는 여래는 형태로써 볼 수 없다는 말로 금방 말을 바꾸고 있다.

→ 전륜성왕轉輪聖王

인도에서는 모범적인 이상형의 성왕聖王을 지칭한다. 전륜轉輪이라는 말은 마차의 바퀴라는 뜻이다. 옛날 고대에는 전쟁이 나면, 제일 먼저 왕이 탄 마차가 부대를 지휘하면서 적군을 향해 간데서 붙여진 이름이다. 우리나라의 경우 세종대왕을 최대의 성군이라고 본다면 인도에서는 마우리아 왕조 3대 왕인 아소까왕[B.C 268~232 재위]을 전륜성왕이라고 한다[인도 돈에 아소까 석주가 새겨져 있음].

→ "32상(몸의 형태) 특징으로 여래를 볼 수 없다[불응이삼십이상不應以三十二相 관觀-여래如來]."

여기서 관觀-여래如來 할 때, 이 '관'은 단순히 본다[견見]는 의미가 아니다. 부처를 색상으로써 볼 수 없다. 『반야심경』에서 색즉시공 공즉시색이라고 하였다. 32상 구체적인 형태를 갖추었다면, 이는 마구니이다. 혹 이런 상에 집착하여서도 안 된다. 부처님도 제자들에게 신통한 힘을 가졌다고 그것을 자랑하거나 이용하지 말라고 하셨다. 종종 어설픈 말을 하는 분들이 있다. 기도를 통해 약간의 신기나 신비한 힘을 얻는 이들이 있다. 이것조차 뛰어넘어야 하는데, 이를 악용하는 이들이 있다. 불자라면 금해야 할 일이다.

**→ "형상으로써 나를 보거나 음성으로써 나를 구하고자 한다면, 이 사람은 사도를 행하는 것이다. 여래를 볼 수 없다[약이색견아若以色見我 이음성구아以音聲求我 시인행사도是人行邪道 불능견여래不能見如來]."**

『잡아함경』에 이런 내용이 있다.

> 부처님 당시 제자 바칼리는 깊은 병이 들었다. 자신이 입적하기 전에 부처님 뵙기를 간청하자, 부처님께서 직접 바칼리를 찾아와 말씀하셨다.
> "바칼리여! 그대가 곧 썩어 문드러질 이 몸을 봐서 무엇을 하겠는가? 법을 보는 자는 나를 보고, 나를 보는 자는 법을 본다."

곧 역사적인 석가모니 부처님 자신이 법을 깨달아 부처가 되었으므로 법은 곧 부처요, 부처는 곧 법 그 자체이기 때문이다. 그래서 『대반열반경』[34]에서 부처님께서 이렇게 말씀하셨다.

34 『열반경』에는 두 종류가 있는데, 『소승열반경=유행경遊行經』과 『대승열반경』이다. 대체로 『대승열반경』을 『열반경』으로 칭하고, 『소승열반경』을 『대반열반경』이라고 칭한다. 한편 전·후자 모두 『대반열반경大般涅槃經』으로 칭하기도 한다. 여기 내용은 『대반열반경』으로 『유행경』이라고도 한다. 『유행경』은

"내가 멸도한 후에는 내가 설한 법과 율을 그대들의 스승으로 삼으라."

부처님 입멸 후 제자들에게 수행의 표본이 될 당체는 법 이외에 다른 것이 없기 때문이며, 법이 곧 부처이기 때문이다. 열반하실 무렵에도 부처님께서는 제자들에게 "자등명自燈明 법등명法燈明 자귀의自歸依 법귀의法歸依."라고 말씀하셨다.

자등명의 '자自'는 자각의 주체로서 『대승열반경』에서 제시하는 불성이라고 본다면, 법등명의 법은 부처님께서 말씀하신 가르침이요, 부처님께서 깨달으신 진리 그 당체이다. 진리, 즉 법을 인격화하여 법신法身이라고 하며, 여래라고 호칭한다. 그러니 굳이 형태로 나타난 32상(몸의 형태)을 잘 갖춰야 부처를 볼 수 있는 것이 아니다. 『전심법요』에도 이런 내용이 있다.

재가자 배휴가 황벽희운 선사에게 물었다.

"부처님은 32상(몸의 형태) 특징으로 모습을 나타내었고, 중생제도를 하였거늘 어찌하여 얻을 수 없다고 하십니까?"

"경전[『금강경』]에 '신체적 특징들은 모두 헛된 것이니, 신체적 특징을 신체적 특징 아닌 것으로 본다면 바로 여래를 볼 수 있으리라.'라고 하였다. 부처와 중생은 다 그대가 지은 헛된 견해이다. 다만 본심을 알지 못하므로 부질없는 견해를 일으키는 것이다. 부처라는 견해를 일으키면 문득 부처라는 장애를 입고, 중생이라는 견해를 일으키면 중생이라는 장애를 입는다. 또한 범부라

---

장아함부에 속한다.

고 하는 것이나 성인이라고 하는 것, 깨끗하고 더럽다는 등의 견해는 모두 장애이다. 그대 마음에 장애가 있으므로 계속 (번뇌의) 굴림을 받는 것이다. 마치 원숭이가 무언가를 잡았다가 다시 놓았다가 하는 행위를 반복하듯이 쉴 기약이 없는 것과 같다."

이와 같이 본 대로 이 품에서 형상으로 혹은 음성으로 부처를 찾고자 한다면, 그릇된 길을 가는 것이니, 참 부처를 만날 수 없다고 하는 것이다.

● 분별심과 관념을 내려놓아라

『유마경』 7품 「관중생품」에 천녀 이야기가 있다. 『유마경』도 『금강경』과 같은 반야부 경전이어서 상相[관념·집착 등]을 타파할 것을 강조한다.

유마의 방에서 큰 법석이 진행되는 중이다. 그 방에 한 천녀가 있었는데, 대인들이 설법하는 것을 듣고, 환희심이 나서 하늘의 꽃을 모든 보살과 제자들[비구스님] 위에 흩뿌렸다. 꽃잎이 모든 보살에게 닿아도 자연스럽게 모두 떨어졌으나 제자들에게는 몸에 꽃잎이 붙어 떨어지지 않았다. 모든 제자들이 신력으로 꽃잎을 제거하려 해도 꽃잎이 떨어지지 않았다.

그때 천녀가 사리불에게 물었다.

"왜 꽃잎을 제거하려고 합니까?"

"꽃잎이 비구의 몸에 붙어 있는 것은 법답지 않아서입니다. 그래서 제거하는 겁니다."
"이 꽃잎이 법답지 않다고 말하지 마십시오. 왜냐하면, 이 꽃은 분별이 없습니다. 그대가 스스로 분별심을 내는 겁니다. … (분별심이 없는) 저 보살들은 모두 꽃잎이 붙어 있지 않습니다. 보살들은 이미 일체 분별하는 생각을 끊었기 때문입니다."

내용을 간단히 축소해서 말한 것이다. 『유마경』이 성문승을 지나치게 비판하지만, 이 경에 담긴 메시지는 『금강경』에서 말하는 이분법적 사고·분별심·관념·상·집착심 등을 갖지 말라는 것이다. 깊이 사유해 보았으면 한다.

## 27품 ……【무단무멸분無斷無滅分】

# 법은 단절도 소멸도 아니다

"수보리야, 그대는 '여래가 상호를 구족하지 않았기 때문에 최상의 깨달음을 얻었다'라고 생각하고 있구나.

수보리 여약작시념 여래불이구족상고 득아뇩다라삼먁삼보리
須菩提 汝若作是念 如來不以具足相故 得阿耨多羅三藐三菩提

수보리야, '여래가 상호를 구족하지 않았기 때문에 최상의 깨달음을 얻었다.' 이렇게 생각하지 말라.

수보리 막작시념 여래불이구족상고 득아뇩다라삼먁삼보리
須菩提 莫作是念 如來不以具足相故 得阿耨多羅三藐三菩提

수보리야, 그대가 혹 이렇게 생각한다면 '최상의 깨달음을 얻고자 하는 마음을 내는 것은 모든 법이 단절되고 소멸된 것이다'라는 것인데, 이렇게 생각하지 말라.

수보리 여약작시념 발아뇩다라삼먁삼보리심자 설제법단
須菩提 汝若作是念 發阿耨多羅三藐三菩提心者 說諸法斷
멸 상 막작시념
滅(相) 莫作是念

왜냐하면, 최상의 깨달음을 얻고자 하는 마음을 낸 사람은 '어떤 법이든 간에 단절되고 소멸되었다'고 말하지 않기 때문이다."

하이고 발아뇩다라삼먁삼보리심자 어법 불설단멸상
何以故 發阿耨多羅三藐三菩提心者 於法 不說斷滅相

## 27품 개요

부처님께서는 상에 집착해서 여래를 보려 해서는 안 된다며, 수보리의 견해가 잘못될까 염려되었다. 이번에는 수보리의 견해가 상에 집착하지 않으려는 데 떨어질까 염려되어 말하고 있다. 즉 5온이 공이라는 것이지, 반야바라밀이 공이라고 말한 것이 아니다.

● 27품은 앞의 26품과 연결된다.

26품에서 '부처님을 32상 몸의 형태로 여래를 볼 수 있느냐?'고 묻자, 수보리는 볼 수 있다고 대답하였다. 부처님께서 '32상으로 볼 수 있다면 전륜성왕도 여래라고 하겠느냐?'고 재차 질문하자, 수보리는 자신의 잘못된 견해를 자각하고, '32상으로 여래를 볼 수 없다'고 말을 바꾼다.

다시 여래가 상호를 구족하지 않았기 때문에 최상의 깨달음을 얻은 것이라고 생각할지도 모른다는 생각에 부처님은 단멸견에 대한 경계를 하고 있다. 단멸견을 쉽게 설명해보면 이렇다. 촛불이 꺼져 불이 없듯이 사람도 죽으면 이렇게 단멸된다고 보는 이가 있다. 삼세의 인과나 윤회를 부정하는 것이라고 볼 수 있다. 단멸견은 삼세 인과를 배제하는 것이다.

● **진공묘유**眞空妙有

본체는 일체의 작용과 현상 속에서 볼 수 있다. 일체의 현상은 모두 본체의 현상이며, 일체의 작용 또한 본체의 작용이다. 습성濕性이라는 본체가 있기 때문에 물이 다양한 형태로 변화될 수 있다. 『대승기신론』으로 보면, 불변不變하는 본체 속에 수연隨緣이라는 작용이 있다. 본체란 현상과 작용 속에서 볼 수 있으며, 현상과 작용은 본체가 있기 때문에 가능하다. 본체든 현상과 작용이든 그 어떤 것에도 집착하지 않아야 비로소 본체를 볼 수 있다. 즉 불성이 따로 있고, 부처와 중생이 따로 있는 것이 아니라 중생으로서 움직이고 말하며 행동하는 그 모든 것이 다 불성의 작용으로서 모두 인연에 따른 응용[隨緣]이다. 이 사상이 조사선 사상이고, 간화선의 기본 사상이다. 우리가 흔히 말하는 진공眞空 속에 묘유妙有[작용]이다.

● 여래10호如來十號의 의미

10호란 석가모니 부처님을 칭하는 열 가지 이름이다. 『금강경』에서는 부처님의 대표적인 열 가지 이름 가운데 불佛 · 여래如來 · 세존世尊이라는 용어만 등장한다. 여래10호를 모두 살펴보기로 하자.

첫째, 여래如來는 빨리어로 '따타가따tathāgata'라고 하며, 진여眞如, 즉 진리 실상에서 오신 분이라는 뜻이다.

둘째, 응공應供은 빨리어로 '아라한뜨arahant'라고 하며, 깨달음을 완성한 분이다. 인간계나 천상계 사람들에게 공양받을 만한 분이라는 뜻이다.

셋째, 정변지正遍知는 지혜가 바르고 넓게 골고루 미쳐 있는 분으로, 세상과 우주의 이치를 잘 아는 분이라는 뜻이다.

넷째, 명행족明行足은 지知와 행行을 원만히 갖춘 분이라는 뜻이다.

다섯째, 선서善逝는 모든 번뇌를 소멸해 불과佛果를 성취해 깨달음의 세계로 잘 가신 분이라는 의미이다.

여섯째, 세간해世間解는 세상의 모든 이치를 잘 알고 이해하는 분이라는 뜻이다.

일곱째, 무상사無上士는 부처님은 일체 중생 가운데서 가장 높은 분이라는 뜻이다.

여덟째, 조어장부調御丈夫는 중생들을 잘 이끌고 조절해 주시는 분이라는 뜻이다.

아홉째, 천인사天人師는 부처님은 하늘과 인간의 스승이라는 뜻이다.

열째, 불세존은 불佛은 깨달은 이라는 뜻이며, 세존世尊은 세상에서 가장 존귀한 분이라는 뜻이다.

이 10호가 모두 부처님을 상징하는 것인가? 그렇지 않다고 본다. 이 또한 단지 이름 붙인 것에 불과하다. 이름 각각은 중생에게 수행하는 표본을 보이기 위한 하나의 방편이다.

● 무주상인욕無住相忍辱

이 품을 정리하면서 『금강경』에서 말하는 공空[무주상·무주심·무심]을 현실 삶에서 어떻게 실천하는지를 이야기하려고 한다. 『선림보훈』에 나오는 내용이다.

어느 날 제자가 발을 씻고 있는데, 노스님이 자신이 걸레 빨았던 더러운 물을 제자에게 뿌렸다. 스승이 이렇게 하기를 몇 차례 반복했는데도 이 제자는 아무렇지도 않은 척 유유히 일어나 사라졌다. 기분이 나쁠 수도 있고, 얼마든지 다른 사찰로 옮겨갈 수도 있는데 제자는 스승 곁을 떠나지 않았다. 그런데 노스님의 악행은 여기서 끝나지 않았다. 이번에는 아예 대놓고, 제자에게 '나가라!'고 소리친 뒤 문까지 걸어 잠갔다. 이렇게 쫓겨난 제자는 몰래 사찰로 들어와 사찰 끝 마루 복도에 앉아 있었다. 노스님이 법을 설할 때는 제자는 창 밖에서 몸을 숨기고 법문을 들었다.

1년이 지나 노스님은 사찰 경영권을 물려주고, 새 주지를 선택해야 했다. 노스님은 그 쫓겨난 제자를 불러오게 한 뒤에 제자에게 법을 전하고, 주지 지위를 인계했다. 그때가 되어서야 사람들은 노스님이 제자의 인물됨이나 승려로서의 자질을 살피고, 교육시키기 위한 방편이었음을 알았다.

이 제자가 참았던 것이 바로 '무주상인욕無住相忍辱'이다. 인욕한다는 그런 마음조차 없이 인욕하는 것을 말한다.

물론 요즘 새로 출가하고자 하는 이들에게 이렇게 하면, 절집에 남아 있는 사람이 하나도 없을 것이다. 그런데 옛날에는 이런 정도의 고난을 겪은 뒤에 정식 출가자가 되는 이들이 많았다. 하여튼 저 제자가 더러운 물을 뒤집어쓸 때, 더럽다거나 깨끗하다는 분별심이 없었을 거라고 생각된다. 또 스승으로부터 부당한 내쫓음을 당할 때도 '좋다 · 싫다'라는 이분법적 분별심이 없었기 때문에 스승으로부터 법을 받고, 인정받는 위치에 올랐다. 『유마경』으로 보면, 이를 '불이不二 사상'이라고 볼 수 있다.

세상사도 비슷하다고 본다. 요즘은 어렵게 공무원이 된 젊은 친구들 중에는 1년도 안 되어 사직하는 이들이 많다고 한다. 물론 새로운 일을 하는데 빠른 결정도 중요하다. 하지만 한 번쯤 자신의 인욕 정신을 실험하고 실천하는 것도 인생사에서 필요하지 않을까?

## 28품 ········· 【불수불탐분不受不貪分】

# 복덕은 받지도 탐착하지도 않아야 한다

"수보리야, 만약 보살이 갠지스 강가의 모래 수만큼의 세계에 칠보를 갖고 보시를 한다고 해보자. 혹 다시 어떤 사람은 일체법이 무아인 것을 알고, 인忍을 성취한다. (후자) 보살의 공덕은 (전자) 보살의 공덕보다 훨씬 뛰어나다.

수보리 약보살 이만항하사등세계칠보 지용보시 약부유인
須菩提 若菩薩 以滿恒河沙等世界七寶 持用布施 若復有人
지일체법무아 득성어인 차보살 승전보살 소득공덕
知一切法無我 得成於忍 此菩薩 勝前菩薩 所得功德

수보리야, 모든 보살은 복덕을 받지 않기 때문이다."

하이고 수보리 이제보살 불수복덕고
何以故 須菩提 以諸菩薩 不受福德故

수보리가 부처님께 사뢰어 말했다.

"세존이시여! 어찌해서 모든 보살이 복덕을 받지 않는 것입니까?"

수보리 백불언 세존 운하보살 불수복덕
須菩提 白佛言 世尊 云何菩薩 不受福德

"수보리야, 보살은 자신이 지은 복덕에 탐착하지 않기 때문에 '복덕을 받지 않는다'고 하느니라."

수보리 보살 소작복덕 불응탐착 시고 설불수복덕
須菩提 菩薩 所作福德 不應貪着 是故 說不受福德

## 28품 개요

28품에 이르러 전체 내용을 요약하고 있다. 보살은 지은 복덕에 대해 받으려고도 그것을 탐하지도 않음을 언급하고 있다. 복덕이라는 것을 기대하지 않고 복을 심어야 참된 보살임을 강조한다.

→ 일체법이 무아인 것을 알다[일체법무아一切法無我].

일체법이란 세간과 출세간의 일체를 모두 포괄한다. 앞에서 무아에 대한 설명을 몇 차례 했으므로 여기서는 부처님 재세 시 케마 비구니 이야기를 하려고 한다.

케마Khema 비구니는 비구니계 '지혜제일' 존자이다. 케마는 출가 전에 마가다국의 왕비였다. 그녀는 여성으로서 늘 아름다운 몸매에 관심이 많았다. 그녀는 남편을 따라 우연한 기회로 죽림정사를 방문했다. 원치 않았지만, 그녀는 그곳에서 법문을 들어야 했다. 그런데 그녀에게 법문은 들리지 않았다. 케마는 법문보다는 부처님의 양 옆에서 부채질을 하고 있는 예쁜 미인들을 쳐다보았다. 자신보다 예뻐 질투까지 하였다. 그런데 이 미인들은 점차 중년으로 변한 뒤에 금세 노년이 되더니, 추한 늙은이로 변했다. 또 몇 분이 흘러 늙은 여인들은 해골과 뼈만 남은 모습으로 서 있었다. 실은 부처님의 양 옆에 서 있는 미인들은 부처님께서 케마를 이끌기 위해 케마에게만 보이도록 변화해[신통으로] 만든 것이다. 부처님께서는 종종 인간을 '가죽 주머니', '더러운 주머니'에 비교하였다.

케마 왕비는 아름답던 여인들이 늙더니, 결국 해골과 뼈만 남은 것을 보고, 이런 생각을 하였다. '아, 저렇게 아름다운 모습을 한 미인도 결국에는 늙고 죽는구나. 물질로 구성된 이 몸뚱이는 영원한 것이 아니구나.'

이때 부처님께서 왕비가 그런 생각을 하고 있는 것을 아시고, 이렇게 말씀하셨다.

"케마 왕비여! 그대는 단순히 미모와 몸매만을 가지고 교만한 마음으로 살아가고 있구나. 그러나 육신이란 영원한 것도 아니고 참되지도 아니하다. 케마여! 이 몸뚱이는 4대5온四大五蘊으로 구성되어 있는 거짓된 몸으로서 병이 발병하기도 하고, 더러운 물질이 몸에서 흘러나온다는 사실을 알아야 한다. 어리석은 자들은 헛된 육신에 집착하고, 끊임없는 욕망을 일으킨다."

즉 육신이란 지수화풍 4대[5온 가운데 색온色蘊]와 정신세계[5온 가운데 수·상·행·식受想行識의 온蘊]의 결합이다. 육신+정신으로 잠시 뭉쳐 있을 뿐이다[5온가화합五蘊假和合]. 게다가 육신이란 청정하지 못한 존재요, 마음 또한 원숭이처럼 잠시도 머물지 않는다. 그러니 무엇을 '나'라고 할 것인가?

➜ 인忍을 성취한다[득성어인得成於忍].

필자는 이 부분 해석을 "일체법이 무아인 것을 증득하는 경지에 이르면 자연적으로 무생법인의 경지에 이른다."고 본다. 『금강경』 해석에 있어 학자·스님들 간에 이 부분에서 의견이 분분하다. 인忍은 불법을 수지하는 과정 중에서 하나의 큰 경계에 해당한다. 출·재가자들은 불법을 배우면서 선정禪定을 성취해야 한다[득정得定]. 그런데 대승불도들은 반드시 인을 성취해야 한다. 인을 얻는 것과 정을 얻는 것은 다르다. 인에는 세 가지 뜻이 있다.

① 생인生忍 : 살아가면서 끊임없이 고가 발생한다. 이를 견디며 참고 살아가야 한다. 이렇게 힘듦을 견디며 살아가려고 노력할 때, 지혜와 힘이 만들어진다.

② 법인法忍 : 모든 것이 인연과 조건에 의해 생겨나는 것이므로 그 자성이 공함을 체득하고 자신이 지은 인연업보에 따라 과보 받는 것을 체득함으로써 얻는 반야지혜이다.

③ 무생법인無生法忍 : 일체법이 생도 없고 멸도 없는 둘이 아닌 경지[不二]이며, 어느 위치든 어떤 것이든 집착하지 않는 무주

상의 경지를 말한다.[35] 곧 보살은 무생법인을 성취해야 비로소 대승의 경계로 진입할 수 있다. 조계종 표준본『금강경』해석에서는 '인욕을 성취한다.'고 언급하고 있다. 단순히 인욕으로 해석하기보다는 '무생법인'으로 봐야 한다고 본다.

● 무주상無住相 · 무상無相 · 이상離相

자성自性은 무생무멸無生無滅이다.『반야심경』으로 말하면 불생불멸이다. 자성은 공성空性으로서 반드시 무아의 경지에서만 도달할 수 있다. 무아의 경지를 닦아 증득하면 지혜를 얻는데, 이것이 유식에서 말하는 평등성지平等性智이다. 내가 없으면[무아無我] 사람도 없고[무인無人], 사람이 없으면 중생도 없으며[무중생無衆生], 중생이 없으면 번뇌가 없고, 번뇌가 없으면 일체의 모든 것이 없다. 곧 이런 경지는『금강경』에서 거듭 강조하는 무주상無住相 · 무상無相 · 이상離相의 경지인 것이다. 그래서 14품의 제목이 이상적멸분離相寂滅分[관념을 여읜 적멸의 경지]이고, 내용 중에도 "보살은 일체의 모든 관념을 여의고 최상의 깨달음을 내라[응리일체상應離一切相 발아뇩다라삼먁삼보리심發阿耨多羅三藐三菩提心]."고 하였다. 또한 20품의 제목도 이색이상분離色離相分[형상을

35 무생법인에 대해서는 대승불교 경전이나 어록에 자주 등장한다.
"입불이법문入不二法門이 설해질 때 모여 있던 대중 가운데 5천 명 보살이 불이법문에 들어가 무생법인을 얻었다." -『유마경』「입불이법문품」/ "마음과 그 대상을 다 깨닫고 나면, 망상은 더 이상 생기지 않는다. 망상이 생기지 않는 것, 이것이 곧 무생법인이다." -『마조어록』/ "털끝만큼도 사량 분별이 없으며 의지할 것도 없고, 달라붙을 것도 없는 한 줄기 투명한 흐름이 바로 자성自性의 무생법인이다." -『전심법요』

여의고 관념을 여의다]이다.

● "보살은 자신이 지은 복덕에 탐착하지 않기 때문에 '복덕을 받지 않는다'고 한다[보살菩薩 소작복덕所作福德 불응탐착不應貪着 시고是故 설불수복덕說不受福德]."

28품에 이르러 전체 내용을 요약하고 있다. 선호념하고, 응무소주 이생기심하며, 일체에 집착하지 말고 상을 갖지 말라. 선호념, 응무소주이생기심, 집착하지 않고 상을 갖지 않으면 일체법이 무아인 것을 알 수 있고, 무생법인을 성취한다 등등.

재물로써 보시하는 것은 상相이 있는 보시이다. 무상無相의 보시에 비한다면, 그 공덕이 만분의 일에도 미치지 못한다.

그런데 구하는 바가 있다면, 머무름[주住]이 있는 것인가? 즉 보살이 제대로 깨닫지 못한 것인가에 수보리가 의문을 갖는다. 이에 부처님은 "보살은 자신의 복덕에 탐착하지 않기 때문에 복덕을 받지 않는다."고 답한다.

보살은 설령 좋은 복덕이 있더라도 집착하지 않고 중생에게 회향해야 한다고 하였다. 보살이 선업을 짓는 것은 복덕을 얻기 위해 복을 지어서는 안 된다. 선을 행하고도 마음에 구하는 바가 없으니, 이것이 바로 머물지 않는 것이다. 4품에서 언급한 양무제가 달마에게 "공덕을 많이 지었는데, 어떤 과보가 있느냐?"고 질문한 데 대해 달마가 "과보 받을 것에 집착해 보시한다면, 공덕이 하나도 없다."고 말한 것이 바로 이것이다.

인도의 마하트마 간디의 에피소드를 하나 하려고 한다.

간디가 여행할 때의 일이다. 간디가 마침 기차에 올랐을 때, 신발 한 짝이 벗겨져 플랫폼으로 떨어졌다. 그런데 이미 기차는 서서히 출발하려고 움직이기 시작했다. 이 글을 읽는 독자는 간디와 같은 상황에 처했다면 어떻게 하겠는가…?
간디는 지체하지 않고 나머지 신발 한 짝을 벗어 먼저 신발이 떨어졌던 곳으로 던졌다. 주위 사람들이 놀라 "달려가서 주울 수도 있는데, 왜 그랬느냐?"며 묻자, 간디는 태연하게 대답했다.
"신발 각각의 한 짝들은 쓸모가 없지 않습니까? 누군가 신발 한 짝을 주우면 쓸모가 없을 겁니다. 그런데 두 짝을 주우면 쓸모가 있지 않습니까? 가난한 사람이 줍는다면 더욱 뜻깊은 일이지요."

이런 마음가짐을 가졌기에 인도 사람들이 그를 인도의 아버지라고 칭하는 것이 아닌가 싶다. 독자들은 왜 필자가 간디 이야기를 했는지 파악했으면 한다.

## 29품 【위의적정분威儀寂靜分】
# 여래는 오는 것도 가는 것도 아니다

"수보리야, 만약 어떤 사람이 '여래가 혹 오고, 가며, 앉고, 눕는다.'고 말한다면, 이 사람은 나의 뜻을 이해하지 못한 것이다.

수보리 약유인언 여래 약래 약거 약좌 약와 시인 불해아
須菩提 若有人言 如來 若來 若去 若坐 若臥 是人 不解我
소설의
所說義

여래는 오는 바도 없고, 가는 바도 없다. 단지 '여래'라고 이름하기 때문이다."

하이고 여래자 무소종래 역무소법 고명여래
何以故 如來者 無所從來 亦無所去 故名如來

### 29품 개요

29품은 부처님의 위의가 늘 고요한 경지라고 설명한다. '여래'

라는 이름은 깨달은 성자를 지칭하는 것이 아닌 깨달음의 경지를 표현한다. 곧 누구나 다 가지고 있는 불성의 차원이다.[36]

→ "여래는 어디에서부터 온 것도 아니고, 어디로 가는 것도 아닌 것을 여래라고 이름할 뿐이다[여래자如來者 무소종래無所從來 역무소거亦無所去 고명여래故名如來]."

여래에 대해서는 앞 17품에서 자세하게 설명하였다.

여여如如 · 진여眞如라고 통칭될 수 있는 법신法身은 생겨나는 것도 아니고, 사라지는 것도 아니다. 이를 여래如來(tathāgata)라고 한다. 여래는 참된 진리 세계에서 사바세계로 왔다고 하지만, 실은 오는 것도 아니다. 황벽의 『전심법요』에서 "여래라고 하는 것은 곧 모든 법에 여여하다는 뜻이다."라고 하였다. 또 『유마경』 「아촉불품」에서는 "여래는 장소에 머물러 있지도 않지만, 장소를 여읜 것도 아니다[부재방不在方 불리방不離方]."라고 하였다. 곧 여래는 어떤 장소에 머물러 있거나 어디에서부터 오거나 가는 것이 아니다. 바로 이것이 '여래'에 대한 정의이다.

또 진리 세계로 간다고 해서 여래를 여거如去라고 한다. 여거는 여래 10호에서 '선서善逝'라고 하여 잘 가신 분이라고 하는데, 같은 뜻이라고 봐도 된다. 그런데 가는 것도 아니다. 그래서 원문

36 혜능의 돈황본 『육조단경六祖壇經』에서는 "보리본무수菩提本無樹 명경역비대明鏡亦非臺 불성상청정佛性常淸淨 하처야진애何處惹塵埃"라고 하여 '불성이 항상 청정하다'고 되어 있다. ; 『육조단경』의 판본은 돈황본焞煌本(780년)·혜흔본慧昕本(967)·덕이본德異本(1290년)·종보본宗寶本(1291년) 등 4종이다. 돈황본이 최초의 본이다.

에서 "법이란 본래 생한 것도 아니고, 지금 또한 멸하는 것도 아니다."라고 하였다. 참된 본 성품 그대로이지, 생겨나거나 사라지는 것도 아니며, 중생의 시비분별로 판단해서 알 수 있는 경지가 아니다. 그래서 참다운 경지는 성문승도 연각승도 아닌 일불승인 것이다. 바로 이 일불승이란 대승의 최상승인 부처 경지이다.

보편화된 호칭이 여래라고 한 점은 '여거'보다 뉘앙스가 좋다. 간다는 표현은 사라진다, 없어진다는 뉘앙스를 주지만, 여래는 앞으로 '다가오다', '나아가다' 등 희망적이고, 미래 지향적인 이미지라는 점 때문에 여래라고 표현했을 거라고 본다. 그렇다면, 어떤 여래이고, 어떤 부처님을 말하는가? 다음 선시를 소개한다.

밤마다 부처를 보듬고 자다가 아침마다 같이 일어난다.
일어나건 앉건 서로 붙어 다니며, 말을 하건 하지 않건 간에
함께 머물고 같이 눕는다.
털끝만큼도 서로 떨어지지 않으니 몸의 그림자 같구나.
부처가 어디에 있는지 알고자 할진대
다만 말하는 이놈이니라.
야야포불면夜夜胞佛眠 조조환공기朝朝還共起
기좌진상수起坐鎭相隨 어묵동거지語黙同居止
섬호불상리纖豪不相離 여신영상사如身影相似
욕식불거처欲識佛居處 지저어성시只這語聲是

위의 선시는 당나라 말기 포대 화상[계차契此, ?~917]의 작품이

다. 이 책 전반에서 설명했지만, 여래가 법상法床에 앉아계신 부처님을 말하는 것이 아니라는 것을 파악했을 것이다. 여래[부처]는 우리들과 잠시도 떨어져 있지 않다. 하루종일 봄을 찾아다니다 봄을 못 찾고 집에 돌아와 보니, 자기 집 뒤편에 매화꽃이 피어있다고 하듯이 멀리서 찾지 말라. 그대 발밑에 있을 것이다.

● 포대화상

포대화상은 우리나라에서 부르는 호칭이고, 중국에서는 '미륵부처의 화신'이라고 한다. 중국 사찰은 포대화상을 모셔놓지 않은 곳이 없다. 거짓말 같지만 100%라고 해도 맞다. 특히 큰 사찰은 공양간 옆에 스님들이 공양 드시는 공간이 따로 있는데, 상단 중간에 포대화상이 모셔져 있다. 포대화상은 뚱뚱한 몸집에 큰 배를 내밀고, 늘 웃음을 띠고 있으며, 등에 포대를 짊어지고 있는데 중생들이 원하는 모든 것을 다 주었다. 계차는 늘 길에서 생활했는데, 길에서 잠을 청했으며, 중생들과 저잣거리에서 함께했던 보살이다. 날씨를 점쳐 주기도 하고, 먹을 것을 받으면 포대에 넣었다가 다시 나눠주었다. 불자뿐만 아니라 중국 사람들은 포대화상을 희망의 아이콘이요, 재신財神과 같은 이미지로, 행복의 신으로 여긴다.

이 포대화상은 당나라 말기, 실제 인물로 절강성浙江省 봉화현奉化縣의 승려 계차契此[?~917]이다. 계차의 고향인 봉화현은 중국 미륵불교의 발상지이다. 계차 입멸 후 중국인들은 그를 미륵의 화신으로 받들고 있다.

● '금강경' 기연機緣으로 정각을 이룬 선사들

한암 선사는 5품의 게송에서 정각의 기연이 있었고, 원나라 때 중봉명본은 15품에서 '여래를 짊어진다[하담여래荷擔如來]'라는 말에 깨달음을 얻었다고 언급하였다. 또한 앞에서 『금강경』이 선종[우리나라 조계종은 선종]의 소의경전이 된 데는 6조 혜능[638~713]의 영향이라고 하였다. 혜능은 처음 출가할 때도 『금강경』 10품 '응무소주 이생기심' 구절을 듣고 출가하였고, 이후 6조 혜능으로부터 인가를 받고 가르침을 받을 때도 『금강경』 덕분이었다.

혜능은 돈황본 『육조단경』에서 제자들에게 이렇게 말했다.

> "『금강반야바라밀경』 한 권을 수지해서 독송하는 것만으로도 곧바로 견성해 반야삼매에 들어간다. … 만약 (그대가) 대승적인 근기라면, 『금강경』 설하는 것을 들으면 마음이 열려 깨달을 것이다."

중국의 부대사傅大士[497~569]는 24세에 숭두타嵩頭陀에게 감오感悟하여 숭산에 숨어 수행하면서 깨달음을 얻었다. 때때로 무애행으로 출가자와 재가자 모두에게 존경을 받았고 양무제의 귀의를 받았으며 종산 정림사定林寺에 머물렀다. 만년에 비승비속으로 생활하여 자유자재한 도인으로 알려졌다. 부대사는 『금강경 오가해』의 저자 가운데 한 분이다.

양무제가 부대사에게 『금강경』 강의를 부탁한 일이 있었다. 부대사는 법좌에 오르자마자 즉시 법탁을 '탁' 치고는 즉시 내려왔다. 무제가 깜짝 놀라 당황해하자, 지공 화상이 말했다.

"폐하께서는 이 뜻을 알겠습니까?"

"모르겠습니다."

그러자 지공 화상이 말했다.

"부대사께서는 이미 설법을 마쳤습니다."

양나라 무제 아들인 소명태자는 현재 통용되고 있는 금강경을 32품으로 나눈 장본인이다. 소명태자는 금강경을 뜻에 따라 나눌 정도로 『금강경』에 대해 해박했는데, 양무제 또한 『금강경』을 즐겨 독송하였다.

명나라 때, 단전丹田[1535~1614] 선사는 광동성廣東省 신회新會 사람이다. 18세에 출가해 조계남회曹溪南懷 사찰로 출가했다. 선사는 늘 『금강경』을 끊이지 않고 독송했다. 단전은 홀연히 좌탈입망했다. 시호는 '진각 선사眞覺禪師'이다. 단전이 원적 후 400년이 지나 진신상을 남화선사에 모셨다.[37]

---

37 6조 혜능의 사찰이 광동성廣東省 소관韶關 남화선사南華禪寺이다. 도량 내 〈육조전六祖殿〉에 혜능의 진신상眞身像이 모셔져 있는데, 혜능을 중심으로 좌측에 감산덕청[명나라 때, 선사], 오른쪽에 단전 선사의 진신상이 모셔져 있다.

# 30품 ……………………………………… 【일합이상분—合理相分】

## 이치와 현상이 일합상이다

"수보리야, 만약 선남자 선여인이 삼천대천세계를 부수어 가는 티끌을 만든다면, 그대는 어떻게 생각하는가? 이 티끌 덩어리가 많지 않겠는가?"

수보리 약선남자선여인 이삼천대천세계 쇄위미진 어의운
須菩提 若善男子善女人 以三千大千世界 碎爲微塵 於意云
하 시미진중 영위다부
何 是微塵衆 寧爲多不

수보리가 말했다.

"매우 많습니다. 세존이시여! 이 티끌 덩어리가 실제로 있다고 한다면, 부처님께서 티끌 덩어리라고 설하지 않았을 것입니다. 부처님께서 설하신 이 티끌덩어리는 곧 티끌덩어리가 아니요, 이름해서 '티끌덩어리'이기 때문입니다.

수보리언 심다 세존 하이고 약시미진중 실유자 불즉불설
須菩提言 甚多 世尊 何以故 若是微塵衆 實有者 佛則不說
시미진중 소이자하 불설미진중 즉비미진중 시명미진중
是微塵衆 所以者何 佛說微塵衆 卽非微塵衆 是名微塵衆

세존이시여! 여래가 설하는 삼천대천세계가 곧 세계가 아니요, 단지 이름이 세계입니다. 만약 세계가 실제로 있다고 한다면, 곧 한 덩어리이기 때문입니다. 여래께서 설하는 한 덩어리는 곧 한 덩어리가 아니요, 단지 이름해서 '한 덩어리'라고 하기 때문입니다."

세존 여래소설 삼천대천세계 즉비세계 시명세계 하이고
世尊 如來所說 三千大千世界 卽非世界 是名世界 何以故
약세계 실유자 즉시일합상 여래설 일합상 즉비일합상 시
若世界 實有者 則是一合相 如來說 一合相 卽非一合相 是
명일합상
名一合相

"수보리야, 한 덩어리란 곧 언어로 말할 수 없는 것인데, 범부들이 그것을 탐내고 집착을 한다."

수보리 일합상자 즉시불가설 단범부지인 탐착기사
須菩提 一合相者 則是不可說 但凡夫之人 貪着其事

## 30품 개요

삼천대천세계의 티끌이든 세계이든 간에 결국 한 덩어리다. 이 한 덩어리조차 가상의 존재인데, 범부들은 실제라고 집착한다. / 이치와 상相이 하나가 되다.

→ "이 티끌 덩어리가 실제로 있다고 한다면, 부처님께서 티끌 덩어리라고 설하지 않았을 것입니다[약시미진중실유자若是微塵衆實有者 불즉佛則 불설시미진중不說是微塵衆]."

근본적으로 티끌은 존재하지 않기 때문에 일체는 모두 공으로부터 형성된 것이다. 물리세계의 전자니, 원자니 하는 것은 모두 거짓 이름[가명假名]이다.

미진은 극히 미세한 것으로 물체의 가장 기본 단위이지만, 실제로 존재하는 것은 아니다. 이를 분석해 들어가면 아무것도 남지 않는다. 즉 공空이다.

→ "여래가 설하는 삼천대천세계가 곧 세계가 아니요, 단지 이름이 세계입니다[여래소설삼천대천세계如來所說三千大千世界 즉비세계卽非世界 시명세계是名世界]."

여기서 먼저 '세계'에 대해 정의해 보자. 9품에서 4과四果를 설명하면서 세계관을 언급하였고, 24품에서 수미산을 설명하면서 불교의 세계관을 언급했다. 그런데 인도에서 수미산을 중심으로 세계관을 정의하는데, 이것이 전 세계와 공통인가? 아니다. 경전에서 말하는 세계관은 인도 문화요, 불교도 인도 문화를 수용해 불교적으로 정립되었다. 그러니 세계라는 정의는 단순히 이름일 뿐이다.

세대 간의 세계관도 마찬가지다. 70대 어른들이 생각하는 세계관이 다르고, 20대 젊은 청년이 생각하는 세계관이 다르다. 심지어 3~4살 아이들의 세계관도 분명히 있다. 각각이 추구하는 자신만의 세계라는 것이 있는데, 누구를 기준에 두고 세계라고 정의할 것인가? 20대에 최고라고 생각하던 것이 30대가 되면 관심이 떨어진다. 곧 시기와 공간 등 조건에 따라 세계관 또한 달라진다. 그러니 어떤 세계를 세계라고 할 수 있겠는가?

현재 우리가 살고 있는 공간도 마찬가지다. 교실이라고 할 때, 학생들과 선생들, 그리고 의자와 책상이 합해서 '교실'이라고 이름 붙인 것이다. 여러 가지 요소가 잠시 모여서 이루어진 것이지, 궁극적인 것이 아니다. 이렇듯 세계는 모든 것들이 우연히 모여서 순간순간 조건에 의해 결합해 생겨난 가상세계이다.

**→ "여래께서 설하는 한 덩어리는 곧 한 덩어리가 아니요, 단지 이름해 '한 덩어리'이기 때문입니다[여래설如來說 일합상一合相 즉비일합상卽非一合相 시명일합상是名一合相]."**

여기서도 '일합상一合相'을 먼저 살펴보자. 말 그대로 한 덩어리로 합해진 것을 말한다. 사람도 일합상이다. 즉 지·수·화·풍 4대로 응결된 더러운 덩어리이기 때문이다. 우리가 입고 있는 옷도 폴리에스터 20% + 면 20% + 나일론 60% 등으로 일합상이다. 그러니 이 일합상 또한 공이요, 가상의 존재인 것이다.

**→ "범부들이 그것을 탐내고 집착을 한다[범부지인凡夫之人 탐착기사貪着其事]."**

범부는 우리 보통 사람들이다. 사람이 태어날 때는 주먹을 움켜쥐고 태어난다. 평생을 움켜쥐다가 관에 들어가서야 손을 편다. 사람들은 자기 고집, 자기 주장으로 가득 차 있어 어떤 사상을 받아들이는 데 쉽지 않다.

모든 것이 그러하다. 재물이든 명예든 간에 한번 잡으면 절대 놓으려고 하지 않는다. 결국, 죽음에 다다라서야 내려놓는다. 아니, 죽음에 임박하여 타인에게 어쩔 수 없이 뺏긴다고 하는 것이 정확할 것 같다. 늘 뺏기지 않으려고, 남들보다 위에 군림하려고 하니 스트레스가 만만치 않다. 그러면서 자신은 불행하다고 푸념만 늘어놓는다.

서양 우화를 하나 들려주며, 이 품을 마치려고 한다. 답은 각자 하였으면 한다.

어느 나라의 대왕이 나라를 크게 발전시켰다. 대왕은 매일 진수성찬으로 식사를 하고, 수많은 노예와 궁녀들을 거느렸으며, 값비싼 보석 등 이 세상에 갖지 못한 것이 없었다. 어느 날 회의감이 든 대왕은 한 신하를 불러 "근자에 자신은 몸도 힘들고, 행복하지 않다. 참된 행복을 구해오라."고 명을 내렸다. 신하는 왕에게 이렇게 답했다.

"대왕님, 대왕께서 이 나라에서 가장 행복한 사람의 상의를 얻어 입으면, 큰 행복을 얻을 수 있을 것입니다."

대왕은 신하들에게 명을 내려 그런 사람의 상의를 구해오라고 하였다. 신하들은 사방팔방으로 수색해서 가장 행복한 사람을 찾아냈지만, 그의 상의를 얻어오지 못했다. 대왕에게 얻어오지 못했다고 고하자, 대왕은 불같이 화를 냈다.

"이 나라의 국왕이 어찌 백성의 옷 한 벌을 얻지 못한단 말이냐?"
그 신하는 마지못해 이렇게 답변을 올렸다.
"이 나라에서 가장 행복한 그 백성은 너무 가난해서 옷도 하나 걸치지 않고 살고 있었습니다. 그래서 상의를 얻어올 수 없었습니다."

## 31품 ······························ 【지견불생분知見不生分】

# 관념을 여의다

"수보리야, 만약 어떤 사람이 '부처님께서 아견·인견·중생견·수자견을 설했다'고 한다면, 수보리야, 그대는 어떻게 생각하느냐? 이 사람은 내가 설한 뜻을 잘 이해하고 있는 것이냐?"

수보리 약인언 불설아견 인견 중생견 수자견 수보리 어의
須菩提 若人言 佛說我見 人見 衆生見 壽者見 須菩提 於意
운하 시인 해아소설의부
云何 是人 解我所說義不

"아닙니다. 세존이시여! 이 사람은 여래께서 설한 뜻을 이해하지 못한 것입니다.

불야 세존 시인 불해여래소설의
不也 世尊 是人 不解如來所說義

세존께서 말씀하신 아견·인견·중생견·수자견은 곧 아견·인견·중생견·수자견이 아니라 단지 '아견·인견·중생견·수자견'이라고 이름하기 때문입니다."

하이고 세존 설아견 인견 중생견 수자견 즉비아견 인견
何以故 世尊 說我見 人見 衆生見 壽者見 卽非我見 人見
중생견 수자견 시명아견 인견 중생견 수자견
衆生見 壽者見 是名我見 人見 衆生見 壽者見

"수보리야, 최상의 깨달음을 얻고자 하는 마음을 낸 사람은 일체법에 대해 이와 같이 알고, 이와 같이 보며, 이와 같이 믿고 이해해서 '법'이라는 관념이나 집착을 갖지 않아야 한다.

수보리 발아뇩다라삼먁삼보리심자 어일체법 응여시지 여
須菩提 發阿耨多羅三藐三菩提心者 於一切法 應如是知 如
시견 여시신해 불생법상
是見 如是信解 不生法相

수보리야, 법상이라는 것은 여래가 '법상이 아닌 것'을 설한 것이요, 단지 이름해서 '법상'이라고 하기 때문이다."

수보리 소언법상자 여래설 즉비법상 시명법상
須菩提 所言法相者 如來說 卽非法相 是名法相

## 31품 개요

4견[=4상]과 법상을 일으키지 말아야 한다. 곧 어떤 분별심이나 망상을 내지 말라.

→ "이와 같이 알고, 이와 같이 보고, 이와 같이 믿고 이해하라[응여시지應如是知 여시견如是見 여시신해如是信解]."

일반적으로 말해서 관점, 보통 인식하는 생각이나 견해가 낮은 것을 일러서 '소견所見머리'라고 한다. 여기서 더 발전되어 '소갈딱지'라고 하는데, 융통성이 없고, 부족한 견해나 마음가짐이 낮은 사람을 지칭한다. 경전에서 말하는 견見도 일종의 이런 의미로 봐도 좋을 듯하다. 그렇다면 소견의 반대인 능견을 보자.

능견能見은 '잘 볼 수 있다'는 의미로 해석된다. 마음의 눈으로 꿰뚫어 보는 뛰어난 명심견성明心見性의 견이라고 할 수 있다. 한문 해석이지만, 심안으로 보는 견해요, 진리 증득의 한 경지라고 볼 수 있다.

오분향[계향戒香 · 정향定香 · 혜향慧香 · 해탈향解脫香 · 해탈지견향解脫知見香]에서도 마지막이 지견이다. 지견이란 대승심을 내어 범부가 도를 닦아 성불하고자 한다면 일체법에 마땅히 이렇게 알고, 이렇게 봐야 함을 의미한다. 이런 측면에서 지견[응여시지應如是知 여시견如是見]은 피동적으로 보고 아는 것이 아니라 적극적인 심안의 안목이라고 볼 수 있다.

● 법상法相을 이해하기 위한 불교 공부

❶ 이 세상은 세계 4대 종교 이외 다양한 종교가 있으며, 각 종교마다 지향하는 점이 다르다.

❷ 남방불교 국가에서는 니까야Nikāya만을 근본 경전으로 삼고, 수행은 위빠사나를 위주로 한다. 북방불교 국가에서는 대승

불교 경전과 아함부를 의지하며, 수행은 묵조·간화·염불선이 주류를 이룬다[근자에는 우리나라에 남방불교 수행법이 널리 보급되어 있음].

❸ 불교의 각 종파도 진리를 추구하는 방법이나 수행법이 각기 다르다. 선학·선사상은 깨달음의 가능성에 무게를 두고, 마음의 본성[불성·여래장]에 비중을 둔다. 반면 유식에서는 수도증과修道證果의 경과를 심리적·철학적·형이상학적으로 설명하고 있다. 즉 '마음'이라는 문제도 선과 유식이 달리 해석한다. 또한 천태종은 『법화경』을 최고의 경전이라고 하지만, 화엄종에서는 『화엄경』을 최고로 여기며, 정토종에서는 정토삼부경을 최고로 여긴다. 곧 각 종파마다 소의경전이 다르다.

❹ 수행적인 측면에서도 다르다. 조계종 종법에서도 선을 근본으로 여기지만 간경看經·주력·염불 등 수행법을 인정하다 보니, 불자들마다 평소 지향하는 기도법이 다르다.

네 가지를 예로 든 것은 대략 나눈 것이지, 이보다 매우 세밀하고 다양하다. ❶번만 제외하고 ❷~❹까지는 모두 불교사상이다. 어떤 불교사상이 최고이고, 어떤 수행법이 최고인가?

필자가 출가해서 공부할 때만 해도 '소승불교'라고 칭하며 성문승과 연각승을 낮춰 보았고, 근기가 매우 낮은 것으로 보았었다. 시대가 바뀐 탓도 있지만, 이는 어불성설이다. 지금은 소승불교라 하지 않고 상좌부불교라고 칭한다. 물론 상좌부불교 스님들 중에는 대승불교를 대승비불설이라고 하여 불교로 인정하지 않는 분도 있으며, 대승불교의 비구니를 존중하지 않는 경우도 있다.[38] 이는 담판한擔板漢과 같다『벽암록』. 큰 판자를 한쪽 어깨에 짊어지고 길을 가면, 당연히 한쪽밖에 볼 수 없다. 담판한은 반대편은 보지 못하고, 자기가 볼 수 있는 한쪽만을 갖고 주장하는 어리석은 이를 말한다.

과연 어떤 종파·교리가 옳고, 어떤 진리가 훌륭하며, 어떤 수행법이 최고인가? 이를 구분하려고 하는 것조차 의미가 없다. 어떤 것이든 최고이며, 어떤 행이든 최상의 수행법이다. 자기 종파의 교리만이 지상 최고라고 주장하는 것 자체가 어리석은 일이다. 31품에서는 4상을 아울러 법상 타파를 강조한다.

### ● 법상과 관련한 이야기

옛날 인도에 어떤 왕이 신하들과 진리에 대해 말하는 중간에, 왕이 대신을 시켜 코끼리를 한 마리 몰고 오도록 하였다. 그리고는 왕은 맹인 여섯 명을 불러 손으로 코끼리를 만져 보고, 각각 자기가 만져 본 것에 대해 소견을 말해보라고 하였다. 제일 먼저 코끼리의 이빨[상아]을 만진 맹인이 말했다.

"폐하, 코끼리는 무같이 생긴 동물입니다."

그러자 이번에는 코끼리의 귀를 만졌던 맹인이 말했다.

"아닙니다. 폐하, 저 사람이 말한 것은 틀렸습니다. 코끼리는 곡

---

38 현재 남방불교 국가에서는 비구니 교단이 없어서 사미니·비구니가 없다. 물론 여성 출가자들이 엄연히 존재해 출가자로서 인정은 받지만, 비구와 동등하지 않다. 반면 대승불교 국가인 한국이나 중국에서는 비구니 교단이 존재한다. 티벳은 사미니는 있지만, 비구니는 인정하지 않는다.

식을 까불 때 사용하는 키같이 생겼습니다."

옆에서 코끼리의 다리를 만진 맹인이 나서며 큰소리로 말하였다.

"둘 다 틀렸습니다. 제가 보기에 코끼리는 마치 커다란 절구공이 같이 생긴 동물입니다."

또 코끼리 등을 만진 맹인이 말했다.

"코끼리는 평상같이 생겼습니다. 저 사람들이 모두 틀렸습니다."

배를 만진 이는 코끼리가 '장독같이 생겼다'고 주장하고, 꼬리를 만진 이는 '코끼리는 굵은 밧줄같이 생겼다'고 우기면서 서로 자신들의 소견이 옳다며 다투었다. 왕은 그들을 모두 물러가게 하고 신하들에게 말했다.

"보아라. 코끼리는 하나이거늘, 저 여섯 맹인들은 제각기 자기가 보고 느낀 것만을 가지고 '코끼리는 바로 이것이다'라고 주장하고 있다. 그러면서 그들은 남의 의견은 전혀 받아들이지 않고, 자신의 과오는 조금도 부끄러워하지 않는다. 진리를 아는 것도 또한 이와 같다."

위 내용은 『열반경』 「사자후보살품」에 전하는 '군맹모상群盲摸象'이다. 일부를 갖고 전체라고 우기면서, 자신이 보고 아는 것만이 최고라고 우기고 있으니 얼마나 어리석은 일인가? 결국 진정한 지견을 갖추지 못한 허상을 갖고 진짜라고 우기는 법상인 것이다.

생각하는 방식을 바꾸어야 한다. 미국 애플Apple 회사의 스티브 잡스Steve Jobs[1955~2011]는 명상과 비즈니스를 결합해 새로운 기업문화를 만든 CEO로 평가받았다. 그가 처음으로 애플 회사 광고 문구를 만들었는데, "다른 방식으로 생각하라."였다. 기존의 관념이나 의견, 자신의 편견에서 벗어나 대상을 완전히 새로 보는 '제로 베이스 사고(zero-base thinking)'를 해야 한다.

### ● 선호념善護念과 법상

2품에서 '부처님께서 보살들을 잘 보호해 준다[선호념善護念].'는 것은 구체적으로 어떤 것인가? 바로 머물지 않도록 하는 것[무소주無所住]이다. 그렇다면 어떻게 머물지 않는가? 바로 법상을 내지 말 것[불생법상不生法相]을 늘 염려한다.

# 32품 【응화비진분應化非眞分】
## 모든 교화는 참된 것이 아니다

“수보리야, 혹 어떤 사람이 무량 아승지 세계에 칠보를 가득히 채워 보시하는 이가 있다고 해보자.

수보리 약유인 이만무량아승지세계칠보 지용보시
須菩提 若有人 以滿無量阿僧祇世界七寶 持用布施

그런데 또 어떤 선남자 선여인이 보살심[菩提心]을 내어 이 경 혹은 사구게 등을 수지하거나 독송하며 다른 사람을 위해서 해설해 준다면, 이 복은 전자의 (보시한) 복보다 매우 뛰어나느니라.

약유선남자선여인 발보살심자 지어차경 내지사구게등 수
若有善男子善女人 發菩薩心者 持於此經 乃至四句偈等 受
지독송 위인연설 기복승피
持讀誦 爲人演說 其福勝彼

어떻게 남을 위해 연설해 줘야 하는가? (그 상대에게 연설해 준다는) 관념이나 집착심 없이 여여如如하되, 흔들림이 없어야 한다.

운하위인연설 불취어상 여여부동
云何爲人演說 不取於相 如如不動

왜냐하면 일체 모든 것은 꿈·환상·물거품·그림자·이슬·번갯불과 같으니, 이와 같이만 관할지니라."

하이고 일체유위법 여몽환포영 여로역여전 응작여시관
何以故 一切有爲法 如夢幻泡影 如露亦如電 應作如是觀

부처님께서 이 경을 설해 마치자, 장로 수보리 및 모든 비구·비구니·우바새·우바이 일체 세간의 천·인·아수라가 부처님 설법을 듣고, 크게 기뻐하며 믿음으로 받들어 행하였다.

불설시경이 장로수보리 급제비구비구니 우바새우바이 일체세간천인아수라 문불소설 개대환희 신수봉행
佛說是經已 長老須菩提 及諸比丘比丘尼 優婆塞優婆夷 一切世間天人阿修羅 聞佛所說 皆大歡喜 信受奉行

## 32품 개요

이 경을 다른 사람에게 어떻게 설해 주어야 하는지에 대한 방법을 설명하고 있다. 경을 설하는 사람은 상대방이 청중이고, 자신이 설법자라는 생각에서 벗어나야 하고, 4상의 관념에 머물지 않은 상태에서 설해야 한다.

→ "관념이나 집착심 없이 여여如如하되, 흔들림이 없어야 한다[불취어상不取於相 여여부동如如不動]."

여기서 여여부동이란 세상사에 흔들림이 없어야 한다는 그런 부동심을 말하는 것이 아니다. 여여如如란 본래 있는 그대로의 모습, 본연本然의 실상實相을 말한다. 여如 앞에 진眞 글자를 붙여 '진여眞如'라고도 한다. 29품에서 말했듯이 '여래'는 온 것도 아니고, 어디로 가는 것도 아닌 존재이기 때문이다. 여여如如를 '여래'라고도 하는데, 있는 그대로가 곧 진실인 '제법의 실상을 깨닫고, 진리 설하는 사람'을 뜻하기 때문이다.

→ "일체 모든 것은 꿈 · 환상 · 물거품 · 그림자 · 이슬 · 번갯불과 같으니, 이와 같이만 관하라[일체유위법一切有爲法 여몽환포영如夢幻泡影 여로역여전如露亦如電 응작여시관應作如是觀]."

무상無常을 말하고 있다. 먼저 가볍게 시인들의 시를 읽어 보자. 당나라 때 시인인 이백李白[701~762]은

"덧없는 인생은 꿈과 같거늘 얼마나 즐거움을 누리리."
[부생약몽浮生若夢 위환기하爲歡幾何?]

송나라 소동파蘇東坡[1037~1101]는

"모든 일은 봄날의 꿈처럼 흔적도 없이 사라지는구나."
[사여춘몽요무흔事如春夢了無痕]

한국인들의 애창곡 중 하나인 장사익의 '봄날은 간다'에서도 꽃 피면 같이 웃고 꽃 지면 같이 울자고 굳은 맹세를 했건만 마음이 변한 것이다. 봄이 가고 여름이 오듯이, 인간과 육신 모두가 무상하다. 이러한 무상함을 가장 잘 표현한 경전이 『사십이장경』이다.

부처님께서 제자들에게 물었다.
"사람의 목숨이 얼마 동안에 있느냐?"
한 제자가 답했다.
"며칠 사이에 있습니다."
또 한 제자는 '하루 사이', '밥 먹는 사이'라고 답했다.
마지막 한 제자가 답했다.
"사람의 목숨은 호흡과 호흡 사이에 있습니다."
부처님께서 마지막 제자를 칭찬해 주었다.

내쉬는 숨을 호呼라고 하고, 들이마시는 숨을 흡吸이라고 한다. 숨을 내쉬고 난 뒤에 들이마시지 못하면 삶과 죽음이 갈라지는 것이다. 결국 호흡은 삶과 죽음의 경계선이다. 얼마나 무상한가? 『유마경』에서도 인간의 육신이 얼마나 무상無常한가에 대해 잘 나타내고 있다.

"이 몸뚱이는 물방울 같아서 잠시도 잡을 수 없고, 물거품과 같아서 만질 수도 없으며, 불꽃처럼 한 순간의 애정으로 인해 생긴 것이다. 파초처럼 견고하지도 않고, 꿈속의 일과 같이 허망한 것이며, 뜬구름처럼 잠시 있다가 사라지는 것과 같고, 순간 번쩍이는 번개와 같아 잠시도 머물러 있지 않다. … 무엇이 '나(我)'라고 할 만한 실체가 없다. 단지 지수화풍地水火風 4대로 이루어졌으며, 이 몸은 '나의 것'이라고 부를 만한 것이 없으므로 비어 있는[공空] 형상일 뿐이다."

이런 것이거늘 평생 그 육신에 목욕하고 화장하며 옷 입히고 먹여 주어도 언젠가는 나를 배신하고 죽어 사라진다. 그러면서 『유마경』에는 그 거짓된 나를 원수·도둑놈과 같다고 표현하였다. 그래서 지혜로운 사람은 육신이라는 것이 단단하고 영원하다는 것을 믿지 않는다고 하였다.

위빠사나 수행에서는 4념처四念處가 중요하다.[39] 고苦·무상無常·무아無我, 이 세 가지는 불교의 중요한 텍스트요, 긴요한 사상이다.[40] 이 세 요소는 서로서로 유기적인 관계 속에 놓여 있다. 무아이기 때문에 무상함이요, 무상하기 때문에 무아이다. 무상하고 무아이기 때문에 고가 발생하는 것이다. 앞 7품에서 '무위법과 유위법'에 대해 언급했는데, 지금 말하고 있는 모든 것들이 유위법이다.

생명이 있는 것은 여러 인연에 의해 모여진 것이므로 시시각

---

39 관신부정觀身不淨·관수시고觀受是苦·관심무상觀心無常·관법무아觀法無我이다.

40 위빠사나(vipassanā, 관觀)는 '분리해서(vi) 보는 것(passana)'이라는 문자적인 뜻 그대로, 대상이 나타난 모양대로 보는 것이 아니라 그들의 무상하고 고이고 무아인 특성을 여실지견如實知見이라고 말한다. 그래서 중국에서는 '관觀'으로 옮겼다.

각 생멸生滅의 변천을 겪는 것이 당연하다. 중생은 태어나서 이 세상에 머물다 죽어가는 생로병사生老病死의 존재라면, 물건은 만들어져 이 세상에 존재하다가 쓸모없게 되면 사라지는 성주괴공成住壞空의 물질이다. 모든 것은 과거에서 현재로 다시 미래로 끊임없이 흘러서 움직이고 있다. 현상적인 모든 것이 잠시도 멈추지 않고, 끊임없이 흘러 움직이는 것, 바로 이것을 '무상'이라고 정의할 수 있다. 즉 순간순간 변화(change)하고 흘러가는 속성(stream)이다. 이런 진리인데도 사람들은 불교를 허무주의로 잘못 이해하는 이들이 있다.

누가 죽었다고 해서 허무한 일이고, 꽃잎이 떨어졌다 해서 슬픈 일인가? 이와 반대로 생명이 태어나서 기쁜 일이고, 꽃이 활짝 피어서 기분 좋은 일인가? 즉 꽃잎이 떨어지거나 죽었다고 슬퍼할 일도 기뻐할 일도 아니다. 또한 생명이 태어났다고 해서 기쁜 것도 아니고 꽃이 피었다고 해서 행복한 것도 아니다. 즉 그냥 있는 그대로의 현실 적나라한 모습이다. 바로 무상無常이다.

모든 것은 제법실상諸法實相[있는 그대로의 모습을 간직했다는 것]임을 꿰뚫어 보라고 부처님은 수없이 권고하고 있다.

# 4

# 경의 장

● 독송을 위한 금강반야바라밀경

금강반야바라밀경
# 『金剛般若波羅蜜經』

요진 삼장법사 구마라집 봉조역
姚秦 三藏法師 鳩摩羅什 奉詔譯

법회인유분 제일
## 【法會因由分】第一

여시아문 일시 불 재사위국기수급고독원 여대비구중
如是我聞 一時 佛 在舍衛國祇樹給孤獨園 與大比丘衆
천이백오십인 구 이시 세존 식시 착의지발 입사위대성 걸
千二百五十人 俱 爾時 世尊 食時 着衣持鉢 入舍衛大城 乞
식 어기성중 차제걸이 환지본처 반사흘 수의발 세족이 부좌
食 於其城中 次第乞已 還至本處 飯食訖 收衣鉢 洗足已 敷座
이좌
而坐

선현기청분 제이
## 【善現起請分】第二

시 장로수보리 재대중중 즉종좌기 편단우견 우슬착지 합
時 長老須菩提 在大衆中 卽從座起 偏袒右肩 右膝着地 合
장공경 이백불언 희유세존 여래 선호념제보살 선부촉제
掌恭敬 而白佛言 希有世尊 如來 善護念諸菩薩 善付囑諸

보살 세존 선남자선여인 발아뇩다라삼먁삼보리심 응운하
菩薩 世尊 善男子善女人 發阿耨多羅三藐三菩提心 應云何

주 운하항복기심 불언 선재선재 수보리 여여소설 여래 선
住 云何降伏其心 佛言 善哉善哉 須菩提 如汝所說 如來 善

호념제보살 선부촉제보살 여금제청 당위여설 선남자선여인
護念諸菩薩 善付囑諸菩薩 汝今諦聽 當爲汝說 善男子善女人

발아뇩다라삼먁삼보리심 응여시주 여시항복기심 유연 세존
發阿耨多羅三藐三菩提心 應如是住 如是降伏其心 唯然 世尊

원요욕문
願樂欲聞

대승정종분 제삼
## 【大乘正宗分】第三

불고수보리 제보살마하살 응여시항복기심 소유일체중생지
佛告須菩提 諸菩薩摩訶薩 應如是降伏其心 所有一切衆生之

류 약난생 약태생 약습생 약화생 약유색 약무색 약유상 약무
類 若卵生 若胎生 若濕生 若化生 若有色 若無色 若有想 若無

상 약비유상비무상 아개영입무여열반 이멸도지 여시멸도
想 若非有想非無想 我皆令入無餘涅槃 而滅度之 如是滅度

무량무수무변중생 실무중생 득멸도자 하이고 수보리 약보
無量無數無邊衆生 實無衆生 得滅度者 何以故 須菩提 若菩

살 유아상인상중생상수자상 즉비보살
薩 有我相人相衆生相壽者相 則非菩薩

묘행무주분 제사
## 【妙行無住分】第四

부차수보리 보살 어법 응무소주 행어보시 소위부주색보
復次須菩提 菩薩 於法 應無所住 行於布施 所謂不住色布

시 부주성향미촉법보시 수보리 보살 응여시보시 부주어상
施 不住聲香味觸法布施 須菩提 菩薩 應如是布施 不住於相

하이고 약보살 부주상보시 기복덕 불가사량 수보리 어의운
何以故 若菩薩 不住相布施 其福德 不可思量 須菩提 於意云

하 동방허공 가사량부 불야 세존 수보리 남서북방 사유상
何 東方虛空 可思量不 不也 世尊 須菩提 南西北方 四維上

하허공 가사량부 불야 세존 수보리 보살 무주상보시복덕
下虛空 可思量不 不也 世尊 須菩提 菩薩 無住相布施福德

역부여시 불가사량 수보리 보살 단응여소교주
亦復如是 不可思量 須菩提 菩薩 但應如所敎住

여리실견분 제오
## 【如理實見分】第五

수보리 어의운하 가이신상 견여래부 불야 세존 불가이신상
須菩提 於意云何 可以身相 見如來不 不也 世尊 不可以身相

득견여래 하이고 여래소설신상 즉비신상 불고수보리 범소
得見如來 何以故 如來所說身相 卽非身相 佛告須菩提 凡所

유상 개시허망 약견제상비상 즉견여래
有相 皆是虛妄 若見諸相非相 則見如來

정신희유분 제육
## 【正信希有分】第六

수보리 백불언 세존 파유중생 득문여시언설장구 생실
須菩提 白佛言 世尊 頗有衆生 得聞如是言說章句 生實

신부 불고수보리 막작시설 여래멸후 후오백세 유지계수
信不 佛告須菩提 莫作是說 如來滅後 後五百歲 有持戒修

복자 어차장구 능생신심 이차위실 당지시인 불어일불
福者 於此章句 能生信心 以此爲實 當知是人 不於一佛

이불삼사오불 이종선근 이어무량천만불소 종제선근 문
二佛三四五佛 而種善根 已於無量千萬佛所 種諸善根 聞

시장구 내지일념 생정신자 수보리 여래 실지실견 시제
是章句 乃至一念 生淨信者 須菩提 如來 悉知悉見 是諸

중생 득여시무량복덕 하이고 시제중생 무부아상인상중생
衆生 得如是無量福德 何以故 是諸衆生 無復我相人相衆生

상수자상 무법상 역무비법상 하이고 시제중생 약심취상
相壽者相 無法相 亦無非法相 何以故 是諸衆生 若心取相

즉위착아인중생수자 약취법상 즉착아인중생수자 하이고
則爲着我人衆生壽者 若取法相 卽着我人衆生壽者 何以故

약취비법상 즉착아인중생수자 시고 불응취법 불응취비법
若取非法相 卽着我人衆生壽者 是故 不應取法 不應取非法

이시의고 여래상설 여등비구 지아설법 여벌유자 법상응사
以是義故 如來常說 汝等比丘 知我說法 如筏喩者 法尙應捨

하황비법
何況非法

무득무설분 제칠
## 【無得無說分】第七

수보리 어의운하 여래 득아뇩다라삼먁삼보리야 여래 유소
須菩提 於意云何 如來 得阿耨多羅三藐三菩提耶 如來 有所

설법야 수보리언 여아해불소설의 무유정법 명아뇩다라삼먁
說法耶 須菩提言 如我解佛所說義 無有定法 名阿耨多羅三藐

삼보리 역무유정법 여래가설 하이고 여래소설법 개불가취
三菩提 亦無有定法 如來可說 何以故 如來所說法 皆不可取

불가설 비법 비비법 소이자하 일체현성 개이무위법 이유차
不可說 非法 非非法 所以者何 一切賢聖 皆以無爲法 而有差

별
別

의법출생분 제팔

## 【依法出生分】第八

수보리 어의운하 약인 만삼천대천세계칠보 이용보시 시
須菩提 於意云何 若人 滿三千大千世界七寶 以用布施 是

인 소득복덕 영위다부 수보리언 심다 세존 하이고 시복덕
人 所得福德 寧爲多不 須菩提言 甚多 世尊 何以故 是福德

즉비복덕성 시고 여래설 복덕다 약부유인 어차경중 수지
卽非福德性 是故 如來說 福德多 若復有人 於此經中 受持

내지사구게등 위타인설 기복 승피 하이고 수보리 일체제불
乃至四句偈等 爲他人說 其福 勝彼 何以故 須菩提 一切諸佛

급제불아뇩다라삼먁삼보리법개종차경출 수보리 소위불법
及諸佛阿耨多羅三藐三菩提法皆從此經出 須菩提 所謂佛法

자 즉비불법
者 卽非佛法

일상무상분 제구

## 【一相無相分】第九

수보리 어의운하 수다원 능작시념 아득수다원과부 수보
須菩提 於意云何 須陀洹 能作是念 我得須陀洹果不 須菩

리언 불야 세존 하이고 수다원 명위입류 이무소입 불입
提言 不也 世尊 何以故 須陀洹 名爲入流 而無所入 不入

색성향미촉법 시명수다원 수보리 어의운하 사다함 능작
色聲香味觸法 是名須陀洹 須菩提 於意云何 斯陀含 能作

시념 아득사다함과부 수보리언 불야 세존 하이고 사다함
是念 我得斯陀含果不 須菩提言 不也 世尊 何以故 斯陀含

명일왕래 이실무왕래 시명사다함 수보리 어의운하 아나
名一往來 而實無往來 是名斯陀含 須菩提 於意云何 阿那

함 능작시념 아득아나함과부 수보리언 불야 세존 하이고
含 能作是念 我得阿那含果不 須菩提言 不也 世尊 何以故

아나함 명위불래 이실무불래 시고 명아나함 수보리 어의
阿那含 名爲不來 而實無不來 是故 名阿那含 須菩提 於意

운하 아라한 능작시념 아득아라한도부 수보리언 불야 세
云何 阿羅漢 能作是念 我得阿羅漢道不 須菩提言 不也 世

존 하이고 실무유법 명아라한 세존 약아라한 작시념 아득
尊 何以故 實無有法 名阿羅漢 世尊 若阿羅漢 作是念 我得

아라한도 즉위착아인중생수자 세존 불설아득무쟁삼매 인
阿羅漢道 卽爲着我人衆生壽者 世尊 佛說我得無諍三昧 人

중최위제일 시제일이욕아라한 세존 아부작시념 아시이욕
中最爲第一 是第一離欲阿羅漢 世尊 我不作是念 我是離欲

아라한 세존 아약작시념 아득아라한도 세존 즉불설 수보리
阿羅漢 世尊 我若作是念 我得阿羅漢道 世尊 則不說 須菩提

시요아란나행자 이수보리 실무소행 이명수보리 시요아란나
是樂阿蘭那行者 以須菩提 實無所行 而名須菩提 是樂阿蘭那

행
行

장엄정토분 제십
## 【莊嚴淨土分】第十

불고수보리 어의운하 여래 석재연등불소 어법 유소득부 불
佛告須菩提 於意云何 如來 昔在燃燈佛所 於法 有所得不 不

야 세존 여래 재연등불소 어법 실무소득 수보리 어의운하
也 世尊 如來 在燃燈佛所 於法 實無所得 須菩提 於意云何

보살 장엄불토부 불야 세존 하이고 장엄불토자 즉비장엄
菩薩 莊嚴佛土不 不也 世尊 何以故 莊嚴佛土者 卽非莊嚴

시명장엄 시고 수보리 제보살마하살 응여시생 청정심
是名莊嚴 是故 須菩提 諸菩薩摩訶薩 應如是生-清淨心

불응주색생심 불응주성향미촉법생심 응무소주 이생기심
不應住色生心 不應住聲香味觸法生心 應無所住 而生其心

수보리 비여유인 신여수미산왕 어의운하 시신 위대부 수보
須菩提 譬如有人 身如須彌山王 於意云何 是身 爲大不 須菩

리언 심다 세존 하이고 불설비신 시명대신
提言 甚多 世尊 何以故 佛說非身 是名大身

무위복승분 제십일
## 【無爲福勝分】第十一

수보리 여항하중소유사수 여시사등항하 어의운하 시제항
須菩提 如恒河中所有沙數 如是沙等恒河 於意云何 是諸恒

하사 영위다부 수보리언 심다 세존 단제항하 상다무수 하황
河沙 寧爲多不 須菩提言 甚多 世尊 但諸恒河 尙多無數 何況

기사 수보리 아금 실언 고여 약유선남자선여인 이칠보만이
其沙 須菩提 我今 實言 告汝 若有善男子善女人 以七寶滿爾

소항하사수삼천대천세계 이용보시 득복다부 수보리언 심다
所恒河沙數三千大千世界 以用布施 得福多不 須菩提言 甚多

세존 불고수보리 약선남자선여인 어차경중 내지수지사구
世尊 佛告須菩提 若善男子善女人 於此經中 乃至受持四句

게등 위타인설 이차복덕 승전복덕
偈等 爲他人說 而此福德 勝前福德

존중정교분 제십이
## 【尊重正敎分】第十二

부차수보리 수설시경 내지사구게등 당지차처 일체세간
復次須菩提 隨說是經 乃至四句偈等 當知此處 一切世間

천인아수라 개응공양 여불탑묘 하황유인 진능수지독송
天人阿修羅 皆應供養 如佛塔廟 何況有人 盡能受持讀誦

수보리 당지시인 성취최상제일 희유지법 약시경전소재지처
須菩提 當知是人 成就最上第一 希有之法 若是經典所在之處

즉위유불 약존중제자
則爲有佛 若尊重弟子

여법수지분 제십삼
## 【如法受持分】第十三

이시 수보리 백불언 세존 당하명차경 아등 운하봉지 불고
爾是 須菩提 白佛言 世尊 當何名此經 我等 云何奉持 佛告

수보리 시경 명위금강반야바라밀 이시명자 여당봉지 소이
須菩提 是經 名爲金剛般若波羅蜜 以是名者 汝當奉持 所以

자하 수보리 불설반야바라밀 즉비반야바라밀 시명반야바
者何 須菩提 佛說般若波羅蜜 卽非般若波羅蜜 是名般若波

라밀 수보리 어의운하 여래유소설법부 수보리 백불언 세
羅蜜 須菩提 於意云何 如來有所說法不 須菩提 白佛言 世

존 여래 무소설 수보리 어의운하 삼천대천세계 소유미진
尊 如來 無所說 須菩提 於意云何 三千大千世界 所有微塵

시위다부 수보리언 심다 세존 수보리 제미진 여래설 비
是爲多不 須菩提言 甚多 世尊 須菩提 諸微塵 如來說 非

미진 시명미진 여래설 세계 비세계 시명세계 수보리 어
微塵 是名微塵 如來說 世界 非世界 是名世界 須菩提 於

의운하 가이삼십이상 견여래부 불야 세존 불가이삼십이상
意云何 可以三十二相 見如來不 不也 世尊 不可以三十二相

득견여래 하이고 여래설 삼십이상 즉시비상 시명삼십이상
得見如來 何以故 如來說 三十二相 卽是非相 是名三十二相

수보리 약유선남자선여인 이항하사등신명 보시 약부유인
須菩提 若有善男子善女人 以-恒河沙等身命 布施 若復有人

어차경중 내지수지사구게등 위타인설 기복 심다
於此經中 乃至受持四句偈等 爲他人說 其福 甚多

이상적멸분 제십사
## 【離相寂滅分】第十四

이시 수보리 문설시경 심해의취 체루비읍 이백불언 희유
爾是 須菩提 聞說是經 深解義趣 涕淚悲泣 而白佛言 希有

세존 불설여시심심경전 아종석래 소득혜안 미증득문여
世尊 佛說如是甚深經典 我從昔來 所得慧眼 未曾得聞如

시지경 세존 약부유인 득문시경 신심 청정 즉생실상 당
是之經 世尊 若復有人 得聞是經 信心 淸淨 則生實相 當

지시인 성취제일 희유공덕 세존 시실상자 즉시비상 시
知是人 成就第一 希有功德 世尊 是實相者 則是非相 是

고 여래설명실상 세존 아금득문 여시경전 신해수지 부
故 如來說名實相 世尊 我今得聞 如是經典 信解受持 不

족위난 약당래세 후오백세 기유중생 득문시경 신해수지
足爲難 若當來世 後五百歲 其有衆生 得聞是經 信解受持

시인 즉위제일희유 하이고 차인 무아상무인상무중생상무
是人 則爲第一希有 何以故 此人 無我相無人相無衆生相無

수자상 소이자하 아상 즉시비상 인상중생상수자상 즉시
壽者相 所以者何 我相 卽是非相 人相衆生相壽者相 卽是

비상 하이고 이일체제상 즉명제불 불고수보리 여시여시
非相 何以故 離一切諸相 則名諸佛 佛告須菩提 如是如是

약부유인 득문시경 불경불포불외 당지시인 심위희유 하
若復有人 得聞是經 不驚不怖不畏 當知是人 甚爲希有 何

이고 수보리 여래설 제일바라밀 즉비제일바라밀 시명제
以故 須菩提 如來說 第一波羅蜜 卽非第一波羅蜜 是名第

일바라밀 수보리 인욕바라밀 여래설 비인욕바라밀 시명
一波羅蜜 須菩提 忍辱波羅蜜 如來說 非忍辱波羅蜜 是名

인욕바라밀 하이고 수보리 여아석위가리왕 할절신체 아어
忍辱波羅蜜 何以故 須菩提 如我昔爲歌利王 割截身體 我於

이시 무아상무인상무중생상무수자상 하이고 아어왕석절
爾時 無我相無人相無衆生相無壽者相 何以故 我於往昔節

절지해시 약유아상 인상중생상수자상 응생진한 수보리 우
節支解時 若有我相 人相衆生相壽者相 應生嗔恨 須菩提 又

념과거어오백세 작인욕선인 어이소세 무아상무인상무중생
念過去於五百世 作忍辱仙人 於爾所世 無我相無人相無衆生

상무수자상 시고 수보리 보살 응리일체상 발아뇩다라삼먁삼
相無壽者相 是故 須菩提 菩薩 應離一切相 發阿耨多羅三藐三

보리심 불응주색생심 불응주성향미촉법생심 응생무소주심
菩提心 不應住色生心 不應住聲香味觸法生心 應生無所住心

약심유주 즉위비주 시고 불설보살 심불응주색보시 수보
若心有住 則爲非住 是故 佛說菩薩 心不應住色布施 須菩

리 보살 위이익일체중생 응여시보시 여래설 일체제상
提 菩薩 爲利益一切衆生 應如是布施 如來說 一切諸相

즉시비상 우설일체중생 즉비중생 수보리 여래 시진어자
卽是非相 又說一切衆生 卽非衆生 須菩提 如來 是眞語者

실어자 여어자 불광어자 불이어자 수보리 여래소득법 차법
實語者 如語者 不誑語者 不異語者 須菩提 如來所得法 此法

무실무허 수보리 약보살 심주어법 이행보시 여인 입암
無實無虛 須菩提 若菩薩 心住於法 而行布施 如人 入闇

즉무소견 약보살 심부주법 이행보시 여인유목 일광명조
則無所見 若菩薩 心不住法 而行布施 如人有目 日光明照

견종종색 수보리 당래지세 약유선남자선여인 능어차경
見種種色 須菩提 當來之世 若有善男子善女人 能於此經

수지독송 즉위여래이불지혜 실지시인 실견시인 개득성취
受持讀誦 則爲如來以佛智慧 悉知是人 悉見是人 皆得成就

무량무변공덕
無量無邊功德

## 지경공덕분 제십오
## 【持經功德分】第十五

수보리 약유선남자선여인 초일분 이항하사등신 보시 중
須菩提 若有善男子善女人 初日分 以恒河沙等身 布施 中

일분 부이항하사등신 보시 후일분 역이항하사등신 보시
日分 復以恒河沙等身 布施 後日分 亦以恒河沙等身 布施

여시 무량백천만억겁 이신보시 약부유인 문차경전 신심
如是 無量百千萬億劫 以身布施 若復有人 聞此經典 信心

불역 기복 승피 하황서사수지독송 위인해설 수보리 이요
不逆 其福 勝彼 何況書寫受持讀誦 爲人解說 須菩提 以要

언지 시경 유불가사의 불가칭량무변공덕 여래위발대승
言之 是經 有不可思議 不可稱量無邊功德 如來爲發大乘

자설 위발최상승자설 약유인 능수지독송 광위인설 여래
者說 爲發最上乘者說 若有人 能受持讀誦 廣爲人說 如來

실지시인 실견시인 개득성취 불가량불가칭 무유변불가사의
悉知是人 悉見是人 皆得成就 不可量不可稱 無有邊不可思議

공덕 여시인등 즉위하담여래 아뇩다라삼먁삼보리 하이고
功德 如是人等 則爲荷擔如來 阿耨多羅三藐三菩提 何以故

수보리 약요소법자 착아견인견중생견수자견 즉어차경 불능
須菩提 若樂小法者 着我見人見衆生見壽者見 則於此經 不能

청수독송 위인해설 수보리 재재처처 약유차경 일체세간 천
聽受讀誦 爲人解說 須菩提 在在處處 若有此經 一切世間 天

인아수라 소응공양 당지차처 즉위시탑 개응공경 작례위요
人阿修羅 所應供養 當知此處 則爲是塔 皆應恭敬 作禮圍遶

이제화향 이산기처
以諸華香 而散其處

## 능정업장분 제십육
## 【能淨業障分】第十六

부차수보리 선남자선여인 수지독송차경 약위인경천 시인
復次須菩提 善男子善女人 受持讀誦此經 若爲人輕賤 是人

선세죄업 응타악도 이금세인 경천고 선세죄업 즉위소멸
先世罪業 應墮惡道 以今世人 輕賤故 先世罪業 則爲消滅

당득아뇩다라삼먁삼보리 수보리 아념 과거무량아승지겁
當得阿耨多羅三藐三菩提 須菩提 我念 過去無量阿僧祇劫

어연등불전 득치팔백사천만억나유타제불 실개공양승사
於燃燈佛前 得値八百四千萬億那由他諸佛 悉皆供養承事

무공과자 약부유인 어후말세 능수지독송차경 소득공덕
無空過者 若復有人 於後末世 能受持讀誦此經 所得功德

어아소공양제불공덕 백분불급일 천만억분 내지산수비유
於我所供養諸佛功德 百分不及一 千萬億分 乃至算數譬喩

소불능급 수보리 약선남자선여인 어후말세 유수지독송
所不能及 須菩提 若善男子善女人 於後末世 有受持讀誦

차경 소득공덕 아약구설자 혹유인 문심즉광란 호의불신
此經 所得功德 我若具說者 或有人 聞心則狂亂 狐疑不信

수보리 당지시경의 불가사의 과보 역불가사의
須菩提 當知是經義 不可思議 果報 亦不可思議

## 구경무아분 제십칠<br>【究竟無我分】第十七

이시 수보리 백불언 세존 선남자선여인 발아뇩다라삼먁
爾時 須菩提 白佛言 世尊 善男子善女人 發阿耨多羅三藐

삼보리심 운하응주 운하항복기심 불고 수보리 약선남자
三菩提心 云何應住 云何降伏其心 佛告 須菩提 若善男子

선여인 발아뇩다라삼먁삼보리심자 당생여시심 아응멸도
善女人 發阿耨多羅三藐三菩提心者 當生如是心 我應滅度

일체중생 멸도일체중생이 이무유일중생 실멸도자 하이고
一切衆生 滅度一切衆生已 而無有一衆生 實滅度者 何以故

수보리 약보살 유아상인상중생상수자상 즉비보살 소이
須菩提 若菩薩 有我相人相衆生相壽者相 則非菩薩 所以

자하 수보리 실무유법 발아뇩다라삼먁삼보리심자 수보리
者何 須菩提 實無有法 發阿耨多羅三藐三菩提心者 須菩提

어의운하 여래 어연등불소 유법 득아뇩다라삼먁삼보리
於意云何 如來 於燃燈佛所 有法 得阿耨多羅三藐三菩提

부 불야 세존 여아해불소설의 불 어연등불소 무유법 득
不 不也 世尊 如我解佛所說義 佛 於燃燈佛所 無有法 得

아뇩다라삼먁삼보리 불언 여시여시 수보리 실무유법 여
阿耨多羅三藐三菩提 佛言 如是如是 須菩提 實無有法 如

래 득아뇩다라삼먁삼보리 수보리 약유법 여래 득아뇩다
來 得阿耨多羅三藐三菩提 須菩提 若有法 如來 得阿耨多

라삼먁삼보리자 연등불 즉불여아수기 여어래세 당득작
羅三藐三菩提者 燃燈佛 則不與我授記 汝於來世 當得作

불 호석가모니 이실무유법 득아뇩다라삼먁삼보리 시고
佛 號釋迦牟尼 以實無有法 得阿耨多羅三藐三菩提 是故

연등불 여아수기 작시언 여어래세 당득작불 호석가모니
燃燈佛 與我授記 作是言 汝於來世 當得作佛 號釋迦牟尼

하이고 여래자 즉제법 여의 약유인 언여래 득아뇩다라삼먁
何以故 如來者 卽諸法 如義 若有人 言如來 得阿耨多羅三藐

삼보리 수보리 실무유법 불 득아뇩다라삼먁삼보리 수보리
三菩提 須菩提 實無有法 佛 得阿耨多羅三藐三菩提 須菩提

여래소득아뇩다라삼먁삼보리 어시중 무실무허 시고 여래
如來所得阿耨多羅三藐三菩提 於是中 無實無虛 是故 如來

설 일체법 개시불법 수보리 소언일체법자 즉비일체법
說 一切法 皆是佛法 須菩提 所言一切法者 卽非一切法

시고 명일체법 수보리 비여인신 장대 수보리언 세존 여래
是故 名一切法 須菩提 譬如人身 長大 須菩提言 世尊 如來

설 인신장대 즉위비대신 시명대신 수보리 보살 역여시
說 人身長大 卽爲非大身 是名大身 須菩提 菩薩 亦如是

약작시언 아당멸도 무량중생 즉불명보살 하이고 수보리
若作是言 我當滅度 無量衆生 則不名菩薩 何以故 須菩提

실무유법 명위보살 시고 불설일체법 무아무인무중생무수자
實無有法 名爲菩薩 是故 佛說一切法 無我無人無衆生無壽者

수보리약보살 작시언 아당장엄불토 시불명보살 하이고
須菩提-若菩薩 作是言 我當莊嚴佛土 是不名菩薩 何以故

여래설 장엄불토자 즉비장엄 시명장엄 수보리 약보살
如來說 莊嚴佛土者 卽非莊嚴 是名莊嚴 須菩提 若菩薩

통달무아법자 여래설 명진시보살
通達無我法者 如來說 名眞是菩薩

일체동관분 제십팔
## 【一體同觀分】第十八

수보리 어의운하 여래 유육안부 여시 세존 여래 유육안
須菩提 於意云何 如來 有肉眼不 如是 世尊 如來 有肉眼

수보리 어의운하 여래 유천안부 여시 세존 여래 유천안
須菩提 於意云何 如來 有天眼不 如是 世尊 如來 有天眼

수보리 어의운하 여래 유혜안부 여시 세존 여래 유혜안
須菩提 於意云何 如來 有慧眼不 如是 世尊 如來 有慧眼

수보리 어의운하 여래 유법안부 여시 세존 여래 유법안
須菩提 於意云何 如來 有法眼不 如是 世尊 如來 有法眼

수보리 어의운하 여래 유불안부 여시 세존 여래 유불안
須菩提 於意云何 如來 有佛眼不 如是 世尊 如來 有佛眼

수보리 어의운하 여항하중소유사 불설시사부 여시 세존
須菩提 於意云何 如恒河中所有沙 佛說是沙不 如是 世尊

여래설시사 수보리 어의운하 여일항하중소유사 유여시
如來說是沙 須菩提 於意云何 如一恒河中所有沙 有如是

사등항하 시제항하소유사수 불세계 여시 영위다부 심다
沙等恒河 是諸恒河所有沙數 佛世界 如是 寧爲多不 甚多

세존 불고수보리 이소국토중 소유중생 약간종심 여래실지
世尊 佛告須菩提 爾所國土中 所有衆生 若干種心 如來悉知

하이고 여래설 제심 개위비심 시명위심 소이자하 수보리
何以故 如來說 諸心 皆爲非心 是名爲心 所以者何 須菩提

과거심불가득 현재심불가득 미래심불가득
過去心不可得 現在心不可得 未來心不可得

법계통화분 제십구
## 【法界通化分】第十九

수보리 어의운하 약유인 만삼천대천세계칠보 이용보시
須菩提 於意云何 若有人 滿三千大千世界七寶 以用布施

시인 이시인연 득복 다부 여시 세존 차인 이시인연 득복
是人 以是因緣 得福 多不 如是 世尊 此人 以是因緣 得福

심다 수보리 약복덕 유실 여래 불설득복덕다 이복덕무고
甚多 須菩提 若福德 有實 如來 不說得福德多 以福德無故

여래설 득복덕다
如來說 得福德多

이색이상분 제이십
## 【離色離相分】第二十

수보리 어의운하 불 가이구족색신 견부 불야 세존 여래
須菩提 於意云何 佛 可以具足色身 見不 不也 世尊 如來

불응이구족색신견 하이고 여래설 구족색신 즉비구족색신
不應以具足色身見 何以故 如來說 具足色身 卽非具足色身

시명구족색신 수보리 어의운하 여래 가이구족제상 견부
是名具足色身 須菩提 於意云何 如來 可以具足諸相 見不

불야 세존 여래 불응이구족제상견 하이고 여래설 제상구족
不也 世尊 如來 不應以具足諸相見 何以故 如來說 諸相具足

즉비구족 시명제상구족
卽非具足 是名諸相具足

비 설 소 설 분　제 이 십 일
## 【非說所說分】第二十一

**수보리 여물위 여래작시념 아당유소설법 막작시념 하이고**
須 菩 提 汝 勿 謂 如 來 作 是 念 我 當 有 所 說 法 莫 作 是 念 何 以 故

**약인언 여래유소설법 즉위방불 불능해아소설고 수보리**
若 人 言 如 來 有 所 說 法 則 爲 謗 佛 不 能 解 我 所 說 故 須 菩 提

**설법자 무법가설 시명설법 이시 혜명수보리 백불언 세존**
說 法 者 無 法 可 說 是 名 說 法 爾 時 慧 命 須 菩 提 白 佛 言 世 尊

**파유중생 어미래세 문설시법 생신심부 불언 수보리 피비**
頗 有 衆 生 於 未 來 世 聞 說 是 法 生 信 心 不 佛 言 須 菩 提 彼 非

**중생 비불중생 하이고 수보리 중생중생자 여래설 비중생**
衆 生 非 不 衆 生 何 以 故 須 菩 提 衆 生 衆 生 者 如 來 說 非 衆 生

**시명중생**
是 名 衆 生

무 법 가 득 분　제 이 십 이
## 【無法可得分】第二十二

**수보리 백불언 세존 불득아뇩다라삼먁삼보리 위무소득**
須 菩 提 白 佛 言 世 尊 佛 得 阿 耨 多 羅 三 藐 三 菩 提 爲 無 所 得

**야 불언 여시여시 수보리 아어아뇩다라삼먁삼보리 내지**
耶 佛 言 如 是 如 是 須 菩 提 我 於 阿 耨 多 羅 三 藐 三 菩 提 乃 至

**무유소법가득 시명아뇩다라삼먁삼보리**
無 有 少 法 可 得 是 名 阿 耨 多 羅 三 藐 三 菩 提

정 심 행 선 분　제 이 십 삼
## 【淨心行善分】第二十三

부차수보리 시법 평등 무유고하 시명아뇩다라삼먁삼보리 이
復次須菩提 是法 平等 無有高下 是名阿耨多羅三藐三菩提 以

무아무인무중생무수자 수일체선법 즉득아뇩다라삼먁삼보리
無我無人無衆生無壽者 修一切善法 則得阿耨多羅三藐三菩提

수보리 소언선법자 여래설 즉비선법 시명선법
須菩提 所言善法者 如來說 卽非善法 是名善法

복 지 무 비 분　제 이 십 사
## 【福智無比分】第二十四

수보리 약삼천대천세계 중소유 제수미산왕 여시등칠보
須菩提 若三千大千世界中所有 諸須彌山王 如是等七寶

취 유인 지용보시 약인 이차반야바라밀 내지사구게등 수
聚 有人 持用布施 若人 以此般若波羅蜜經 乃至四句偈等 受

지독송 위타인설 어전복덕 백분불급일 백천만억분 내지
持讀誦 爲他人說 於前福德 百分不及一 百千萬億分 乃至

산수비유 소불능급
算數譬喩 所不能及

화 무 소 화 분　제 이 십 오
## 【化無所化分】第二十五

수보리 어의운하 여등물위 여래작시념 아당도중생 수보리
須菩提 於意云何 汝等勿謂 如來作是念 我當度衆生 須菩提

막작시념 하이고 실무유중생 여래도자 약유중생 여래도자
莫作是念 何以故 實無有衆生 如來度者 若有衆生 如來度者

여래 즉유아인중생수자 수보리 여래설 유아자 즉비유아
如來 則有我人衆生壽者 須菩提 如來說 有我者 卽非有我

이범부지인 이위유아 수보리 범부자 여래설 즉비범부 시명
而凡夫之人 以爲有我 須菩提 凡夫者 如來說 卽非凡夫 是名

범부
凡夫

## 법신비상분 제이십육
## 【法身非相分】第二十六

수보리 어의운하 가이삼십이상 관여래부 수보리언 여시
須菩提 於意云何 可以三十二相 觀如來不 須菩提言 如是

여시 이삼십이상 관여래 불언 수보리 약이삼십이상 관여래
如是 以三十二相 觀如來 佛言 須菩提 若以三十二相 觀如來

자 전륜성왕 즉시여래 수보리백불언 세존 여아해불소설의
者 轉輪聖王 則是如來 須菩提白佛言 世尊 如我解佛所說義

불응이삼십이상 관 여래 이시 세존 이설게언 약이색견아
不應以三十二相 觀 如來 爾時 世尊 而說偈言 若以色見我

이음성구아 시인행사도 불능견여래
以音聲求我 是人行邪道 不能見如來

## 무단무멸분 제이십칠
## 【無斷無滅分】第二十七

수보리 여약작시념 여래 불이구족상고 득아뇩다라삼먁삼보
須菩提 汝若作是念 如來 不以具足相故 得阿耨多羅三藐三菩

리 수보리 막작시념 여래 불이구족상고 득아뇩다라삼먁삼
提 須菩提 莫作是念 如來 不以具足相故 得阿耨多羅三藐三

보리 수보리 여약작시념 발아뇩다라삼먁삼보리심자 설제법
菩提 須菩提 汝若作是念 發阿耨多羅三藐三菩提心者 說諸法

단멸 막작시념 하이고 발아뇩다라삼먁삼보리심자 어법
斷滅 莫作是念 何以故 發阿耨多羅三藐三菩提心者 於法

불설단멸상
不說斷滅相

## 불수불탐분 제이십팔
## 【不受不貪分】第二十八

수보리 약보살 이만항하사등세계칠보 지용보시 약부유인
須菩提 若菩薩 以滿恒河沙等世界七寶 持用布施 若復有人

지일체법무아 득성어인 차보살 승전보살 소득공덕 하이고
知一切法無我 得成於忍 此菩薩 勝前菩薩 所得功德 何以故

수보리 이제보살 불수복덕고 수보리 백불언 세존 운하보살
須菩提 以諸菩薩 不受福德故 須菩提 白佛言 世尊 云何菩薩

불수복덕 수보리 보살 소작복덕 불응탐착 시고 설불수복덕
不受福德 須菩提 菩薩 所作福德 不應貪着 是故 說不受福德

## 위의적정분 제이십구
## 【威儀寂靜分】第二十九

수보리 약유인 언여래 약래약거약좌약와 시인 불해아소설
須菩提 若有人 言如來 若來若去若坐若臥 是人 不解我所說

의 하이고 여래자 무소종래 역무소거 고명여래
義 何以故 如來者 無所從來 亦無所去 故名如來

일합이상분 제삼십
## 【一合理相分】第三十

수보리 약선남자선여인 이삼천대천세계 쇄위미진 어의운하
須菩提 若善男子善女人 以三千大千世界 碎爲微塵 於意云何

시미진중 영위다부 수보리언 심다 세존 하이고 약시미진중
是微塵衆 寧爲多不 須菩提言 甚多 世尊 何以故 若是微塵衆

실유자 불즉 불설시미진중 소이자하 불설미진중 즉비미진
實有者 佛則 不說是微塵衆 所以者何 佛說微塵衆 卽非微塵

중 시명미진중 세존 여래소설삼천대천세계 즉비세계 시명
衆 是名微塵衆 世尊 如來所說三千大千世界 卽非世界 是名

세계 하이고 약세계 실유자 즉시일합상 여래설 일합상 즉비
世界 何以故 若世界 實有者 則是一合相 如來說 一合相 卽非

일합상 시명일합상 수보리 일합상자 즉시불가설 단범부
一合相 是名一合相 須菩提 一合相者 則是不可說 但凡夫

지인 탐착기사
之人 貪着其事

지견불생분 제삼십일
## 【知見不生分】第三十一

수보리 약유인 불설아견인견중생견수자견 수보리 어의운하
須菩提 若有人 佛說我見人見衆生見壽者見 須菩提 於意云何

시인 해아소설의부 불야 세존 시인 불해여래소설의 하이고
是人 解我所說義不 不也 世尊 是人 不解如來所說義 何以故

세존 설아견인견중생견수자견 즉비아견인견중생견수자견
世尊 說我見人見衆生見壽者見 卽非我見人見衆生見壽者見

시명아견인견중생견수자견 수보리 발아뇩다라삼먁삼보리
是名我見人見衆生見壽者見 須菩提 發阿耨多羅三藐三菩提

심자 어일체법 응여시지 여시견 여시신해 불생법상 수보리
心者 於一切法 應如是知 如是見 如是信解 不生法相 須菩提

소언법상자 여래설 즉비법상 시명법상
所言法相者 如來說 卽非法相 是名法相

응화비진분 제삼십이
## 【應化非眞分】第三十二

수보리 약유인 이만무량아승지세계칠보 지용보시 약유
須菩提 若有人 以滿無量阿僧祇世界七寶 持用布施 若有

선남자선여인 발보살심자 지어차경 내지사구게등 수지독
善男子善女人 發菩薩心者 持於此經 乃至四句偈等 受持讀

송 위인연설 기복 승피 운하위인연설 불취어상 여여부동
誦 爲人演說 其福 勝彼 云何爲人演說 不取於相 如如不動

하이고 일체유위법 여몽환포영 여로역여전 응작여시관 불
何以故 一切有爲法 如夢幻泡影 如露亦如電 應作如是觀 佛

설시경이 장로수보리 급제비구비구니 우바새우바이 일체세
說是經已 長老須菩提 及諸比丘比丘尼 優婆塞優婆夷 一切世

간 천인아수라 문불소설 개대환희 신수봉행
間 天人阿修羅 聞佛所說 皆大歡喜 信受奉行

# 서른 즈음, 꼭 읽어야 할
# 금강경

초판 1쇄 인쇄 | 2022년 12월 10일
초판 1쇄 발행 | 2022년 12월 15일

지은이 | 지겸정운至謙定芸
펴낸이 | 윤재승
펴낸곳 | 민족사

주간 | 사기순
기획편집팀 | 사기순, 김은지
기획홍보팀 | 윤효진
영업관리팀 | 김세정

출판등록 | 1980년 5월 9일 제1-149호
주소 | 서울 종로구 삼봉로 81 두산위브파빌리온 1131호
전화 | 02)732-2403, 2404 팩스 | 02)739-7565
홈페이지 | www.minjoksa.org
페이스북 | www.facebook.com/minjoksa
인스타그램 | www.instagram.com/minjoksa
이메일 | minjoksabook@naver.com

ISBN 979-11-6869-027-1 03220

값 18,000원